中国宏观经济与财政政策分析

（2018—2019）

THE ANALYSIS OF CHINA'S MACRO ECONOMIC
SITUATION AND FISCAL POLICY

闫 坤 等著

中国社会科学出版社

图书在版编目(CIP)数据

中国宏观经济与财政政策分析：2018—2019／闫坤等著 . —北京：中国社会科学出版社，2020.4
ISBN 978 - 7 - 5203 - 6277 - 1

Ⅰ.①中… Ⅱ.①闫… Ⅲ.①中国经济—宏观经济—经济分析—研究—2018 - 2019②财政政策—政策分析—中国—2018 - 2019　Ⅳ.①F123.16②F812.0

中国版本图书馆 CIP 数据核字（2020）第 059429 号

出 版 人	赵剑英
责任编辑	田　文
特约编辑	金　泓
责任校对	张爱华
责任印制	王　超

出　　版	中国社会科学出版社
社　　址	北京鼓楼西大街甲 158 号
邮　　编	100720
网　　址	http://www.csspw.cn
发 行 部	010 - 84083685
门 市 部	010 - 84029450
经　　销	新华书店及其他书店
印　　刷	北京君升印刷有限公司
装　　订	廊坊市广阳区广增装订厂
版　　次	2020 年 4 月第 1 版
印　　次	2020 年 4 月第 1 次印刷
开　　本	710×1000　1/16
印　　张	19
插　　页	2
字　　数	293 千字
定　　价	89.00 元

凡购买中国社会科学出版社图书，如有质量问题请与本社营销中心联系调换
电话：010 - 84083683
版权所有　侵权必究

前　言

世界经济总因分歧与共谋而跌宕起伏，变幻莫测。为此，"中国宏观经济与财政政策分析"课题组自成立（2008年）以来，以季度为单元，始终关注我国宏观经济的运行和世界经济的发展情况。对各国财政收支及风险情况、宏观调控的搭配框架，以及财政政策的运行和调整方案等做了深入的跟踪分析，形成了系列季度报告。通过对各季度报告的整理编排，课题组每两年出版一本年度成果：《中国宏观经济与财政政策分析》（2008—2009）、（2010—2011）、（2012—2013）、（2014—2015）、（2016—2017）。本书是就课题组2018—2019年度的研究成果整理而成。

复苏中的世界本就层次多样、矛盾交织，而中美之间的贸易争端更加加剧了当前形势的不确定性。美国经济增长较为平稳，同时保持了渐进加息的态势，资金从新兴市场国家向美国流动的态势较为显著。但美国推行的贸易保护主义使得地区间的贸易摩擦升级，干扰了全球经济的复苏态势，不利于经济形势和金融市场的稳定。虽然2019年美国经济各项核心指标均处于较为平稳的区间，但增速已经略显疲态。美国资本市场的高估值与美联储宽松的货币政策正相关。欧洲经济基本面较为疲弱，经济复苏的动能减缓，虽然"脱欧"等政治风波已经缓和，但货币政策紧缩的速度较为迟缓。日本经济增长较为平稳，景气度有所提升，货币宽松延缓。新兴市场经济体，特别是外部融资较多、外汇储备脆弱的经济体上半年波动较大，风险集聚较多。因此，前进的道路并不平坦，一是世界主要国家的经济发展乏力，经济可持续发展不具备牢固的基础。二是国际机构对世界经济的预测并不乐观，经济可持续发展不具备稳定的预期。三是为应对经济可持续发展困境，各国竞相实施更为宽松的货币政策，在世界范围内掀起"降息潮"，但预期效果并未出现，需要财政政策助力。

虽然距国际金融危机已经过去了十年，世界经济正在从脆弱复苏走向稳定增长，但扩张性宏观经济政策也已经运用十年，效力和弹性均已达到极限，难以支撑世界经济稳定增长。在这个节点上，基于安全的需要，应以内生式发展机制替换扩张性宏观经济政策作为支撑经济增长的架构。这是一个世界经济发展策略从宏观转向微观的过程，因为内生式发展机制的核心是促进微观经济主体的发展。而从当前国际经济形势看，打造有利于微观经济主体发展的营商环境，可作为内生式发展机制形成的起点。营商环境优化主要在于更好地发挥政府的作用，在经济领域，主要是更好地发挥财政、货币等经济政策的作用，在不直接干预市场的前提下，为市场主体创造更好的发展条件。这就是说，更换支撑经济增长的架构与更换房屋架构一样，并不需要经济政策的退出，而是将经济政策着力点由宏观转向微观，力度由扩张转向宽松。在这个过程中，新兴和发展中国家更有优势，因为其有比发达国家更高的经济增长率，有比发达国家弹性更好、空间更大的经济政策。

就我国而言，党的十九届四中全会提出的"持续推动拥有近十四亿人口大国进步和发展"，这要求我们在经济运行层面，不仅仅要关注经济总量和速度，更要关注经济结构，进而关注经济结构决定的经济发展质量。目前，我国经济总量仍处于中高速增长区间，经济结构的质量也在不断改善，经济发展策略转换的基础比较好。事实上，随着大规模减税降费、定向信贷和定向降准等政策的实施，这一转换已在我国启动，但还没有见到成效。以减税降费为例，目前企业感到税费负担不降反升，关键是减税降费的同时强化了征收，后者对减税降费起到了对冲的作用。因此，需要从整体谋划，在保证财政可持续的前提下，真正降低企业成本，优化营商环境。把握机会，尽快借财政、货币政策之力优化营商环境，进而形成内生式发展机制，那时再推动经济政策由微观转向宏观，形成宏观经济政策与内生式发展机制共同构成的宏微观双层架构，牢牢地支撑经济稳定增长，并最终走向繁荣。

一个国家实现伟大复兴可能面临三大陷阱:"中等收入陷阱""塔西佗陷阱"和"修昔底德陷阱"。中美贸易争端和国内稳杠杆就与这三个陷阱密切相关。本报告详细分析了国内稳杠杆的内在逻辑,以及中美贸易争端未来可能的发展态势。并在此基础上研究呼吁供给侧改革2.0版本。从供给侧改革前后行业 ROE(净资产收益率)变化来看,去产能增强了上游行业的营利能力,但略微削弱了中游行业和下游消费行业的利润份额。供给侧改革2.0版本即为,进一步减税降费,释放改革红利,增加中游行业和下游消费行业的利润份额。同时,加快建设发达的资本市场,增加直接融资比例,为科技创新提供更有效的金融供给。

2019年以来国内外风险挑战明显上升,在"经济下行压力加大"的情况下,遭遇新冠肺炎疫情的挑战,为此,宏观经济政策体系的设计和宏观调控框架的分析就需要基于中央经济工作会议的部署和新冠肺炎疫情防控的需要来进行展开。依照中央经济工作会议提出的"确保经济实现量的合理增长和质的稳步提升"的调控目标,将"稳字当头"的原则和"积极财政政策+稳健货币政策"的框架作为宏观经济政策体系的设计基础和宏观调控在2020年的"中长期"要求予以落实;与此同时,将新冠肺炎疫情防控工作作为重大突发事件和2020年的"中期管理"对象进行设计,从而将2020年经济政策的一般原则与当前及今后一个阶段的疫情防控要求有效地结合在一起,按照保供应、保稳定和保增长三个阶段,着力实施相关财政、金融和产业政策的支持,以实现疫情防控、经济发展、社会稳定、人民幸福的综合目标,圆满收官"十三五",胜利实现全面小康的宏伟目标。

受制于课题组研究力量、分析工具和资料上的缺陷,以及微观数据的欠缺,对如何通过财政和货币政策优化营商环境的研究尚不充足。相关报告对供给侧2.0版本的系统性分析研究尚存在一些欠缺。在今后的研究中,我们将着力补充、加强和完善这些方面的研究,着力化解经济下行阶段的投入产出风险和杠杆风险,有针对性地引导市场预期。

在课题组的研究工作和出版过程中,得到了财政部、中国社会科学院科研局、中国社会科学出版社领导和专家们的重要指导和大力支持。

在此，谨向各位领导和专家们表示我们真诚的谢意。并请各位同仁和读者对我们的研究提出宝贵的批评和建议，我们将吸收借鉴，进一步深化和完善研究工作。

目 录

2018 年

中美贸易争端下的"稳中求进"与"五位平衡"
——2018 年第一季度我国宏观经济与财政政策分析报告 ……（3）
  一 美国经济运行情况与中美贸易争端分析 ……（4）
    （一）美国经济保持繁荣期运行，但竞争优势小幅回落 ……（4）
    （二）中美贸易争端的起因、实质与交锋 ……（9）
  二 中国经济的"稳中求进"和"五位平衡" ……（17）
    （一）经济运行总体保持"稳中求进" ……（18）
    （二）政策协同保障"五位平衡" ……（19）
  三 "紧平衡"和"大减税"下的中国财政运行 ……（24）
    （一）一季度赤字再现与增值税改革的启动 ……（24）
    （二）民生支出和基础设施建设成为支出增速最快的
        领域 ……（26）
    （三）土地出让收入增长过快，专项债务运行基本平稳 ……（27）
  四 中美贸易争端的化解与经济关系的"协整" ……（28）
    （一）中美贸易争端化解的基本思路 ……（28）
    （二）中美贸易争端化解的主要举措 ……（29）

中美贸易争端与国内稳杠杆
——2018 年上半年我国宏观经济与财政政策分析报告 ……（34）
  一 美国经济运行情况与中美贸易争端本质 ……（35）

（一）美国经济保持平稳运行，货币政策紧缩周期 …………… (35)
（二）中美贸易争端的细节与本质 ……………………………… (39)
（三）欧洲复苏乏力，新兴市场风险累积 ……………………… (45)
二　中国经济保持稳定，稳杠杆成效显著 ……………………… (48)
（一）经济运行总体保持稳健 …………………………………… (48)
（二）金融部门稳杠杆的成效显著 ……………………………… (55)
三　中国财政运行良好，控制地方政府债务 …………………… (58)
（一）财政收入增速平稳，减税效应显现 ……………………… (58)
（二）民生支出增速较快 ………………………………………… (60)
（三）土地出让收入增长较快 …………………………………… (61)
四　如何跨越"中等收入陷阱""塔西佗陷阱"和
"修昔底德陷阱" …………………………………………… (63)
（一）三大陷阱的概念和内涵 …………………………………… (63)
（二）如何走出三大陷阱，实现平稳发展 ……………………… (65)

世界经济发展策略转变与我国进一步减税降费的政策思路
——2018年第三季度我国宏观经济与财政政策分析报告 ……… (71)
一　世界经济发展策略正在转变：由宏观到微观 ……………… (71)
（一）当前世界经济发展：经济策略从宏观到微观转换的
大环境 ………………………………………………… (72)
（二）主要国家和地区：经济策略从宏观到微观转换的
基础 …………………………………………………… (77)
（三）优化营商环境：经济策略从宏观到微观转换的
必然要求 ……………………………………………… (85)
二　我国营商环境改进推动经济发展质量提高 ………………… (87)
（一）经济总量仍处于中高速增长区间，但下行压力
加大 …………………………………………………… (87)
（二）经济结构质量总体改善，地区结构现风险因素 ………… (89)
（三）供给侧结构性改革不断深化，供给结构仍欠平衡 ……… (91)
（四）需求增速回落，结构有所优化 …………………………… (93)

三 我国财政运行与营商环境优化要求之间尚存距离 ……… (95)
 (一)大幅减税的同时实现税收收入高速增长 ……………… (96)
 (二)财政收支对比关系有较大波动 ………………………… (98)
 (三)财政支出结构风险加大 ………………………………… (98)
 (四)财政收入结构风险加大 ………………………………… (99)

四 推动减税降费策略向优化营商环境转变 ……………… (100)
 (一)调整减税降费政策目标:从稳增长为主到降成本
   为主 ……………………………………………………… (100)
 (二)提高政策对冲能力:找准方向、把握力度 …………… (101)
 (三)通过减税降费优化营商环境:以社保征收机构
   改革为例 ………………………………………………… (103)

稳中有变,六稳框架协调发力;变中有忧,贸易摩擦压力加大
——2018年我国宏观经济与财政政策分析报告 ……………… (106)

一 美国经济:繁荣阶段特征显著,政策逐步回归中性 …… (106)
 (一)经济形势总体处于繁荣期,经济指标处于良好
   区间 ……………………………………………………… (107)
 (二)中美贸易摩擦:态势不断升级,战略各有克制 ……… (113)
 (三)美国宏观经济政策:总体回归中性,着力提升
   结构 ……………………………………………………… (115)

二 中国经济运行:巩固"六稳"基础,应对"稳中有变" …… (117)
 (一)"六稳"框架成果初显,经济运行平稳有序 ………… (117)
 (二)稳中有变、变中有忧的六大风险表征 ……………… (122)

三 财政收入增速明显放缓,收支压力持续加大 ………… (125)
 (一)结构性减税效果显现,收支缺口有所增大 ………… (125)
 (二)政府性基金收入出现缺口,专项债券改革势在
   必行 ……………………………………………………… (129)
 (三)政府债务总体安全,新增债务仍有空间 …………… (131)

四 从长期大势谋划当前形势,有序做好四大战略布局 …… (132)
 (一)宏观调控布局:逆周期调节 …………………………… (132)

(二)经济体制改革的布局:坚持供给侧结构性改革
　　不动摇 ……………………………………………………(133)
(三)市场发展布局:促进形成强大国内市场 ……………(134)
(四)风险防控布局:结构性去杠杆 ………………………(136)

2019 年

美国经济政策调整总体趋缓与中国经济的逆周期调节
——2019年第一季度我国宏观经济与财政政策分析报告 ……(139)
一　美国经济"两高一低"下的"三大隐忧" ………………(139)
(一)总体保持"四大平衡",协调驱动"三驾马车" ………(139)
(二)制造业、收益率和高赤字成为"三大隐忧" …………(143)
(三)宏观政策的"松紧"搭配将持续,但力度上各自
　　"放松" …………………………………………………(145)
(四)中美贸易谈判有了重大进展,但仍有"横生枝节"的
　　隐忧 ……………………………………………………(149)
二　经济运行总体好于预期,经济仍处下行周期 …………(150)
(一)债务风险压力仍在加大,宏观杠杆率快速上升 ……(150)
(二)经济运行出现良性变化,稳增长基础进一步夯实 …(151)
三　普惠性减税效应初显,财政可持续压力加大 …………(160)
(一)财政收入增速放缓,普惠性减税效果显现 …………(160)
(二)财政支出快速增长,收入缺口矛盾加剧 ……………(162)
(三)政府性基金预算收入增长缓慢,土地出让收入
　　压力较大 ………………………………………………(163)
四　坚持结构性改革方向,更好地实施逆周期调节 ………(163)
(一)通过改革开放和结构调整的新进展巩固经济社会
　　稳定大局 ………………………………………………(164)
(二)完善宏观资产负债表的定位,构建新治理与调控
　　框架 ……………………………………………………(165)

中美贸易战背景下呼唤供给侧改革2.0版本
——2019年上半年我国宏观经济与财政政策分析报告 (174)
一 美国下半年将重新走向宽松 (174)
（一）美国经济基本面平稳，但美联储将重回宽松 (174)
（二）欧洲、日本等增长乏力，也将重回宽松 (183)
（三）美联储货币政策将影响全球金融市场稳定 (185)
二 中国经济运行平稳，结构化改革效果显著 (188)
（一）经济运行显示韧性，下半年仍需政策发力 (189)
（二）供给侧改革深入推进 (197)
三 减税效应显著，期待更大力度 (198)
（一）财政收入增速放缓，减税效果显现 (198)
（二）财政支出快速增长，发债工作成绩显著 (200)
（三）政府性基金预算收入增长缓慢，土地出让收入压力仍大 (201)
四 呼吁供给侧改革2.0版本 (201)
（一）通过更大力度的减税降费来支持实体经济 (202)
（二）通过金融供给侧改革支持实体经济 (206)

世界经济可持续发展困境与财政可持续的解困之策
——2019年第三季度我国宏观经济与财政政策分析报告 (208)
一 世界经济可持续发展：任务艰巨 (208)
（一）可持续发展目标界定 (208)
（二）经济可持续发展境况不佳 (210)
（三）财政可持续发展对于世界经济可持续发展更为重要 (217)
二 我国经济可持续发展：以结构优化和质量提升为基础 (220)
（一）经济增速仍全球领先，下行态势未变 (221)
（二）经济结构进一步改善，经济发展质量有所提升 (222)
（三）供给侧结构性改革继续深化，供给质量稳步提升 (225)

（四）需求结构持续优化,与供给双向发力拉动经济
　　　　高质量发展 ………………………………………… (227)
三　我国财政可持续发展:经济可持续发展的根本保障 …… (230)
　　（一）减税降费政策力度加大,效果明显 ………………… (231)
　　（二）税收收入增速、规模双降,非税收入增速、规模
　　　　双升 ………………………………………………… (233)
　　（三）财政支出快速增长,收支矛盾进一步加大 ………… (235)
四　以财政收入为突破口缓解财政可持续之困 …………… (236)
　　（一）影响财政可持续的一系列问题 ……………………… (237)
　　（二）以治理财政收入低效运行为突破口 ……………… (240)
　　（三）保障地方财政可持续运行 …………………………… (242)

美国经济增长进入后半程及中国稳增长再创新成就
——2019年我国宏观经济与财政政策分析报告 ………… (245)
一　美国经济运行依然稳定,后半程的特征不断显现 ……… (245)
　　（一）美国主要经济指标进入分化期 ……………………… (246)
　　（二）2019年美国经济政策分析 ………………………… (253)
二　我国经济存在周期性和结构性的问题交织压力 ……… (256)
　　（一）我国经济下行周期压力加大,但运行亮点有所
　　　　增多 ………………………………………………… (257)
　　（二）四大结构性问题困扰经济发展,亟待结构性改革
　　　　深入推进 …………………………………………… (259)
三　财税金融运行总体平稳,净投资能力未能改善 ………… (262)
　　（一）减税降费成绩显著,民生保障重点突出 …………… (262)
　　（二）降杠杆、降成本、降风险,货币金融政策"三降"
　　　　并举 ………………………………………………… (265)
　　（三）净投资能力仍然下行,宏观经济增长压力明显 …… (270)
四　应对经济下行压力挑战　稳字当头实施宏观调控 …… (272)
　　（一）2020年宏观经济政策体系和宏观调控的基本
　　　　框架 ………………………………………………… (273)

（二）保供应阶段的宏观经济政策与宏观调控要点 ………（278）
（三）保稳定阶段的宏观经济政策与宏观调控要点 ………（282）
（四）保增长阶段的宏观经济政策与宏观调控要点 ………（285）

参考文献 ……………………………………………………（290）

2018 年

中美贸易争端下的"稳中求进"与"五位平衡"

——2018年第一季度我国宏观经济与财政政策分析报告

2018年第一季度，世界经济在分歧中开启了新年的发展。中美两国以"贸易争端"开启了新一年的经济关系，在短短的一个月时间内，双方先后两次针对对方的贸易活动实施制裁和反制裁，并将1060亿美元的贸易额纳入政策干预的范围①，双方还互相预设了1000亿美元的贸易商品作为进一步制裁的安排。双方这种霹雳列缺的手段和电石火光的手法震惊了全世界，世界铁矿石贸易骤然减缓，信息技术产品的交易额明显下降，满载着高粱的远洋船舶紧急调整航向……复苏中的世界本就层次多样、矛盾交织，而中美之间的贸易争端更加加剧了当前形势的不确定性，究竟是难分难舍的混战还是高水平的战略交手，世界也在静静地等待答案。而在国内战略的设计上，中美两国均表现出了大国形象，将贸易争端作为外生事件，都将主要注意力集中在国内的经济发展之中。中国政府提出，2018年要成为供给侧结构性改革的实质性推进之年②；而美国政府则提出，2018年将通过美国人的力量与技巧，继续

---

① 2018年3月1日，美国启动了中美贸易争端，涉及钢铁、铝材等30亿美元的商品；随后，中国根据WTO的规则启动30亿美元的贸易报复。2018年4月3日，美国宣布贸易调查，涉及中国对美出口中的500亿美元商品；随后，中国继续按照WTO的规则启动对等的贸易报复。

② 李克强：《2018年政府工作报告》，新华网，2018年3月5日。

塑造世界的明天。① 2018年的世界，仍将由中美两个发动机作为引领和牵引，着力于实体经济，着力于重大系统性风险的治理，将全球财富水平和人类福祉推进到新的阶段。

一 美国经济运行情况与中美贸易争端分析

2018年第一季度，美国经济继续保持稳定增长，各项指数持续稳定在高位，减税政策的扩张效应初步显现，而紧缩性货币政策也初步收到了稳定的效果，平稳运行的美国经济是世界经济增长的重要支撑力量和带动力量。受到世界经济失衡性发展的影响，部分发达国家将自身经济运行中的困难归结为中国的经济崛起和中国主导的亚洲经贸秩序，并以此为由向中国对外贸易及秩序体系发起质疑，并由美国牵头形成对中国对外贸易发展的遏制，引发了中美贸易争端。本文通过对美国经济运行情况的了解和分析，厘清中美贸易争端的实质，以及解决中美贸易争端的相关建议。

（一）美国经济保持繁荣期运行，但竞争优势小幅回落

2018年第一季度，美国经济继续保持平稳运行的状态，GDP的增速达到2.3%（名义GDP增速为4.3%）②，超过了市场的预期，并超过了近年来一季度经济增速的一般情况。根据世界银行的工作研究预测，一季度美国经济增速超过了一季度世界经济平均增速约2个百分点，仍是世界经济增长的重要发动机。2016年以来，美国的季度经济增速如图1所示。

---

① 特朗普：《2018年新年讲话》，哥伦比亚广播公司，2017年12月31日。
② 通常用法是在各国纵向GDP增速与美国GDP纵向增速之间的比较作为各国经济增长之间的关系；而如果衡量单季度世界各国经济增速的情况，则应将各国名义GDP换算到现价美元值后，与美国现价GDP增速之间的比较。因此，国际经济组织进行的各国经济比较应以名义GDP为标准测算；而各国GDP增速比较则应以扣除物价因素之后的实际GDP比较。

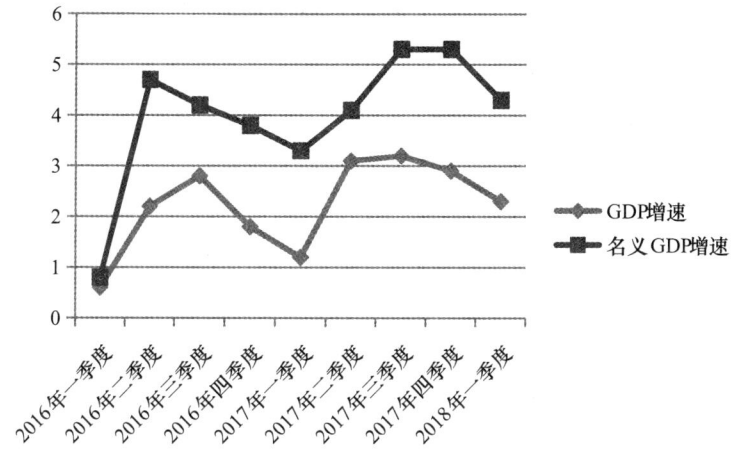

图 1　2016 年以来美国 GDP 增速情况

资料来源：美国经济分析局（BEA）数据库。

在美国经济保持较快增长的同时，美国的就业形势继续保持在过热的区间内运行①，考虑到劳动力市场的持续紧张和弱势美元政策的推行，美国的通货膨胀压力将有所上升。表 1 显示了 2017 年 11 月以来美国的月度失业率情况与消费者物价指数（CPI）情况。

表 1　2017 年 11 月以来美国的月度失业率和 CPI 情况（%）

项目	2017.11	2017.12	2018.1	2018.2	2018.3
失业率	4.1	4.1	4.1	4.1	4.1
就业参与率	62.7	62.7	62.7	63	62.9
CPI	1.8	2.1	2.3	2.5	2.4
PPI	3.0	2.6	2.7	2.8	3.0

资料来源：美国经济分析局（BEA）和美国劳工统计局（BLS）统计数字。

根据表 1 的情况，随着美国就业参与率的提升，美国家庭的实际就业情况仍在提高，3 月份新增就业规模达到 10.3 万人，新增规模总体

---

① 美联储预设的美国充分就业区间为失业率在 4.5% 至 5.5% 之间，目前已明显低于 4.5% 的水平。

低于市场预期,但考虑到美国失业率已经连续 20 个月低于 4.5% 的情况,总体就业形势应属正常。从 CPI 的值来看,名义值在一季度维持在 2.4% 的水平上(与 3 月一致),表明美国通胀压力加大,美国要么采取加大进口的政策,要么就将进一步的加息、缩表,以保持通胀水平位于不超过 2% 的指标线上。从 PPI 的值来看,一季度 PPI 的涨幅有所加快,总体维持在 2.8% 的水平上,但与 CPI 的关系基本保持协调,不影响美国现有产业结构和企业利润,加快进口,适当转向强势美元是美国宏观经济政策的重要取向。

从居民收入(PI)和居民消费支出(PCE)来看,总体结构保持稳定,均呈现出平稳增长的态势。表 2 汇总了 2017 年 11 月以来居民收入和消费支出的环比增速,并测算了 2018 年 3 月的消费倾向。① 根据相关数据可以看出居民收入的稳定增长和消费倾向的基本稳定成为美国经济保持平稳增长的重要支撑力量,但消费中缺乏新的消费热点以及通胀水平的提高,则会在未来一定程度上削弱美国经济系统的稳定性。

表 2　2017 年 11 月以来美国居民收入和消费支出的环比增速情况

项目	2017 年 11 月(%)	2017 年 12 月(%)	2018 年 1 月(%)	2018 年 2 月(%)	2018 年 3 月(%)	消费倾向②(元)
PI	0.3	0.4	0.4	0.3	0.3	0.52
PCE	0.2	0.1	0.4	0.2	0	

资料来源:美国经济分析局(BEA)。

从美国企业的利润情况来看,由于美国经济分析局的企业利润数据仍停留在 2017 年第四季度,我们采用市场预测数字和标准普尔 500 指数公司的利润情况实施预期。从市场预测数字来看,普遍对一季度企业的新增利润规模预测在 920 亿美元至 1000 亿美元之间,较 2017 年第四

---

① 考虑到 2018 年数据的变动性,我们只做平均消费倾向,而不做边际消费倾向的测算。
② 消费倾向只做 3 月的,不做全季度的是因为美国自 2018 年 1 月 1 日起对个人所得税实施大规模减税计划,因部分退税措施,导致 1 月的家庭可支配收入数据异常,故只对 3 月份的情况进行评估。

季度增长明显。而根据标准普尔500指数公司的情况,至3月末平均每股的价值在157美元,较2017年12月末上涨了10美元,企业营利能力上升约16%,每股盈利超过30.89美元,66%的企业经营业绩超出了华尔街的预期。

受到中美贸易争端的影响,美国贸易数据广受关注。美国经济分析局只释放了2018年1—2月的贸易数据情况,据此分析:美国2月份出口了2044亿美元,同比上涨5.9%;进口2620亿美元,同比上涨9.1%;进出口逆差达到576亿美元,同比上升22.7%。由于美方缺乏一季度的数据,我们将中国海关总署的数据纳入分析,即按照美元计价,一季度中国对美国进出口1415.9亿美元,同比增长13%;对美出口999.2亿美元,增长14.8%;自美进口416.7亿美元,增长8.9%;贸易顺差582.5亿美元,扩大19.4%。也即美国对中国的贸易制裁并未收到预期的效果,在中美经济合作不断加深的大背景下,中美两国对彼此都有很强的依赖,也具有较明显的难替代性,贸易摩擦的结果除了让双方企业受损和消费者剩余减少之外,不会形成明显的政策效果,早日解决分歧,就关键问题达成共识才是当前最为紧要的关键之策。

在美国宏观经济政策上,受到2017年12月开启的美国历史上最大规模减税计划的影响,美国财政政策的运行成为这一时期宏观经济政策的焦点。从一季度的数据来看,美国财政部为弥补联邦赤字共发行了4880亿美元的债券,较预算的安排超出了470亿美元,成为2008年第四季度金融危机顶峰时期债务发行规模的新高[1],也是美国历史上一季度联邦赤字型债务发行规模最大的一次。但综合考虑一季度财政部持有的现金余额达到2900亿美元,较预期高出800亿美元,所以总体上财政形势并未偏离预定的轨道。根据美国联邦预算和一季度的执行情况,预期二季度的债券规模将显著减少,以平衡不必要的现金累积。[2] 但从三季度起,美国联邦政府的借款需求将重新高涨,债券发行规模将达到

---

[1] 2008年第四季度债务发行规模为5690亿美元。
[2] 据美国财政部预测,二季度债券发行规模将下降1010亿美元,但至6月末的现金余额仍将保持上涨,至3600亿美元。

2730亿美元以上,现金余额则出现小幅度下降。据此测算,美国政府的大规模减税给美国联邦债务管理带来了一定程度的压力,全财政年度的赤字规模在9500亿美元左右,再度逼近1万亿美元的市场心理底线。

在美国政府债务余额大幅度增加的情况下,加之美联储实施的缩表和加息计划,美国10年期国债的收益率突破了3%,重新达到了2014年美国停止量化宽松货币政策过渡阶段的政策性冲击影响。作为全球基准利率和无风险资产的最佳代表,美国国债利率的攀升,不仅对美国的利率曲线和融资成本影响巨大,而且将明显推动国际金融市场的融资成本上升和利率水平提高,从而给世界其他国家的融资和投资活动带来紧缩性的影响,并对部分长期资产市场(如房地产市场)带来显著抑制。作为通过加杠杆和营造新增需求绕行两次系统性风险的我国国内房地产市场,则须高度关注这一时期国际金融市场的资金成本和利率水平,建议以解决问题为方向安排政策,不再谋求绕行风险。要尽早启动市场平稳方案,全面推行房地产信托投资基金(REITS),支持房地产市场重组,打破房地产领域的金融刚性兑付,主动释放房地产泡沫,引导并支持房地产价格有序下行,真正将金融资源、人力资源、科技资源引导进实体经济领域,降低资产久期,提高收益率回报,形成迈向高质量发展的坚实基础。

一季度,美联储的缩表计划进入到第二阶段。每个月,美联储将回收200亿美元的流动性,并出售或到期偿还80亿美元的住房抵押贷款支持证券(MBS)和120亿美元的国债。一季度,美联储缩表计划进展顺利,共减少市场上的流动性约600亿美元,并导致世界其他国家被迫减少流动性约2000亿美元(美元在多个国家属于强制结售汇货币和央行抵押货币),对于收缩国际信用规模,挤出资产泡沫发挥了重要作用。此外,美联储不出意外地在3月选择加息0.25个百分点,成为本轮加息周期的第六次加息,美国联邦基金利率上升到1.75%—2%,较为明显地抬升了全球的资金成本,对于债务余额较高、杠杆水平较大的国家形成挤压。从目前的形势看①,本年度美联储加息3次,甚至达到

---

① 综合考虑经济形势、就业状况、通胀压力和企业利润水平等指标确定。

4次的可能性都存在，年末美国联邦基金利率预期将达到2.5%左右。这一利率水平将给经营性收益率低于6%的企业的债务偿还带来明显的压力，并给依靠资产溢价开展债务展期（借新还旧）的企业带来巨大的风险。

表3　美国供应管理协会（ISM）的经济先行指标汇总（%）

项目	2017年10月	2017年11月	2017年12月	2018年1月	2018年2月	2018年3月	2018年4月
制造业PMI	58.7	58.2	59.3	59.1	60.8	59.3	57.3
非制造业PMI	57.4	57.4	56.0	59.9	59.5	58.8	56.8

资料来源：美国供应管理协会数据库。

总之，美国在一季度仍保持稳定的增长态势，各项经济指标均表现出明显的繁荣期特征。减税政策进入实施阶段，并未形成明显的产出和投资激励效应（见表3所示的经济先行指标），但也没有将美国的联邦赤字推进到风险阶段；缩表政策开始在数量上紧缩美元供给，但总体上未能对企业的投资热度形成干预，全球美元的回流有效弥补了美国国内的资金缺口，并将全球资产投资带回到收益率投资时代；加息政策持续推进，已对市场产生了明显的效果，资金成本上升，对美国及部分国际金融市场的债务展期和杠杆运用产生重要影响。

（二）中美贸易争端的起因、实质与交锋

中美贸易争端成为一季度国际经济关系的焦点所在。但中美贸易争端的形成及其实质却并非如表象所见到的贸易争议，而是对现行亚太地区贸易体系、国际竞争规则和贸易秩序话语权的一次交锋，中美两国也并非在打"贸易战"，而是以贸易为手段和工具，展开的国际经济关系的高水平"对话"。

1. 亚太贸易发展的"黄金阶段"与区域结构优化

2001年，我国正式加入世界贸易组织（WTO），并作为WTO的重要成员与世界主要经济体之间形成了稳定的经济贸易关系，拥有了无条件最惠国待遇，并可通过WTO的争端解决机制化解棘手的贸易争端。在全国人民的努力下，在良好的国际经济环境的支持下，我国经过10年的努力，从全球第六大贸易国①上升到全球第二大贸易国和第一大出口国，从全球第六经济大国②上升到全球第二大经济体。截止到2017年底，贸易总量增长了约7.5倍，而GDP规模则增长了约10倍，中国在世界经济贸易中的地位和作用急剧上升，并推动亚太地区特别是发展中的亚洲国家（Developing Asia）③进入到对外贸易的"黄金阶段"。

与中国经贸地位变化相适应的是亚太地区贸易结构的变化。根据2003年WTO的《世界贸易报告》，2002年发展中的亚洲国家的出口规模为11140亿美元，进口规模为10330亿美元，进出口合计规模为21470亿美元；全球出口总额为62400亿美元，进口总额为65000亿美元。考虑到全球贸易不能进行进出口加总（因为一个国家的出口就是另一个国家的进口，加总将产生无意义的重复计算），本文以全球出口贸易总额作为世界贸易总额的指标。据此测算，则有：发展中的亚洲国家出口额占世界贸易额的比重为17.9%，发展中的亚洲国家进出口额占世界贸易额的比重为34.4%。

而根据WTO的《2017年世界贸易评论》的数据，在2016年，发展中的亚洲国家出口总额为43930亿美元，占世界贸易总额（出口总额）的28.9%；进出口总额为83350亿美元，占世界贸易总额（出口总额）的53.9%。而根据中国国家统计局和商务部的数据④，将发展中的亚洲国家与中国之间的进出口贸易剔除，可得如下的新数值关系：发展中的亚洲国家出口总额占世界贸易总额（出口总额）的比重为25.2%，而发展中的亚洲国家的GDP总额占世界经济总量的比重为22.5%。从这里可以看出，包括中国在内的发展中的亚洲国家的贸易地

---

① 2001年我国出口总额为2662亿美元，进口总额为2436亿美元，货物进出口总额为5098亿美元，在世界贸易中的排名上升到第6位。

② 2001年我国GDP总量为11590亿美元，超过意大利（11409亿美元）成为全球第六大经济体。

③ 来自WTO的概念，主要包括中国、中国台北、韩国、马来西亚、菲律宾、新加坡和泰国等国家和地区。

④ 商务部数据（http：//data.mofcom.gov.cn/hwmy/imexCountry.shtml）。

位近年来出现了明显的提升，但其贸易地位与经济地位的变化是适应的和匹配的，并没有出现什么"新重商主义"大国，而"采用贸易倾销"的方式，将其他国家挤出市场的"不公平贸易行为"。

更进一步的纳入美国经济分析局的统计数据。2002年，美国商务部和经济分析局所统计的进口结构中，自发展中的亚洲国家合计进口额为2256亿美元，约占美国当年总进口额的19.2%，与发展中的亚洲国家进口额占世界贸易总额的比重（17.9%）基本相当。而2016年，自发展中的亚洲国家合计进口额为5985亿美元，约占美国当年总进口额的27.1%，尽管占比上升明显（41.0%），但与发展中的亚洲国家出口（对美国来说就是进口）占世界贸易总额的比重（25.2%）基本相当。所以并不存在"有一些国家去利用这种体制，给别人带来伤害"[1]，发展中的亚洲国家对美贸易的增长是其全球贸易增长的一部分，而超过的比例也在合理的范围之内，并与美国进口增速放缓的情况也具有良好的匹配性。

在这种情况下，真正意义理解中美贸易就具有良好的基础。2002年，美国自中国进口的贸易额[2]为1255亿美元，约占当年总进口额的10.7%；而2016年，美国自中国进口的贸易额增长[3]到4633亿美元，占当年总进口额的比例达到21.0%，比重上升了96.0%。表面上看，中国对美国的出口增长很快，对美国的贸易平衡也带来了极大的压力，但综合考虑发展中的亚洲国家的整体，并未与其在全球经济贸易中的地位和占比出现明显的差异。也即，中国对美国出口的增长是建立在亚太区域贸易结构的调整和优化的基础上，是因为产业结构的升级和分工体系的延伸，使得部分发展中的亚洲国家对美出口改由与中国进行进一步的分工合作和产业链、价值链融合完成，即呈现出如图2所示的贸易结构调整状态。

2. 亚太新区域贸易结构究竟"动了谁的奶酪"

根据图2所示的情况，很显然美国并不是亚太新区域贸易结构的受

---

[1] 特朗普：《2018年冬季达沃斯论坛特别演讲》，凤凰网，2018年1月26日。
[2] 考虑到中美贸易统计上的差异，本处采用美国商务部及经济分析局的进口数据。
[3] 同上。

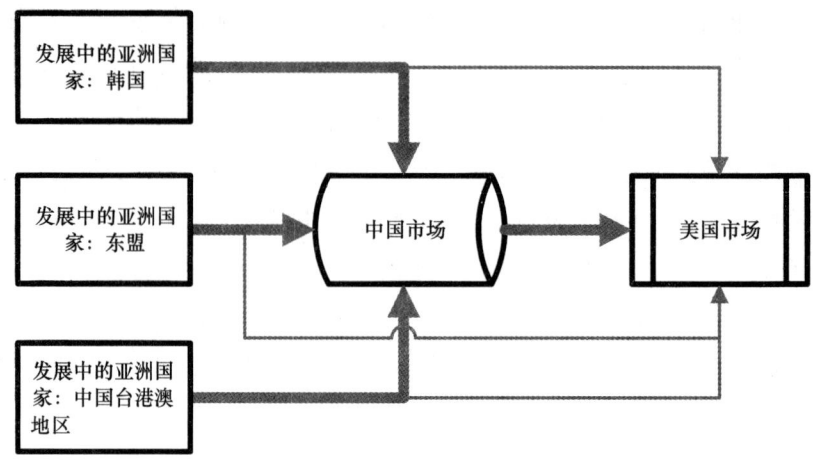

图 2 发展中的亚洲国家新区域贸易结构示意图

害者,而是受益者。这是因为:第一,发展中的亚洲国家在美国进口中的占比的提升属于区域经济发展和贸易竞争能力提高的自然结果,既是美国作为全球经济增长发动机带动效果的有效体现,也通过进一步密切的美亚贸易关系,更好地为美国提供商品、服务和市场;第二,发展中的亚洲国家的出口与美国"再工业化"的发展战略和先进制造业的竞争是分层和错位的,美国"再工业化"的核心并不是要让转移出去的低端产业回流,而是要通过产品形态创新和生产模式创新参与到新的产业组织体系之中,其指向是"个性化、多样化"需求的满足,而发展中的亚洲国家则仍以标准化和低成本策略进入美国市场,即使在相叠加的产业中,双方也并不在同一个层面上,不会产生直接的竞争;第三,中美贸易增长既是两国的直接需求和现实利益所在,也是符合公平竞争和自由贸易原则的典范,中国迅速成长为全球最大的出口国和第二大进口国,靠的就是依赖国际多边贸易体系,遵守国际多边贸易规则,以公平为基础开展多层次的多边贸易合作,而美国作为全球贸易规则的倡导者和维护者,也正是通过自由贸易和公平竞争将世界各国凝聚在一起,并实现"共同发展"①;第四,发展中的亚洲国家新区域贸易结构对于

---

① 特朗普:《2018 年冬季达沃斯论坛特别演讲》,凤凰网,2018 年 1 月 26 日。

作为最终进口国的美国来讲是"无害有益"的,"无害"是指美国作为最终进口国,所进口的商品是国内需求的,而无论是由谁来向美国出口,美国都将作为进口国存在,"有益"是指由于中国部分成为发展中的亚洲国家对美出口的"通道",良好的中国产品质量,稳定的中美贸易关系,完善的国际支付体系,有效的贸易纠纷解决机制都使得中国为美国提供了更好的贸易"刚性兑付"。

日本、澳大利亚等发达国家出现了被边缘化的压力。以日本为例,根据日本财务省贸易统计局[①]的统计,2002年日本与发展中的亚洲国家开展的出口贸易总额仅为8443亿日元,约占日本出口贸易总额的1.6%;而进口贸易总额则达到371427亿日元,约占日本进口贸易总额的53.0%。2017年日本与发展中的亚洲国家开展的出口贸易额上升到178045亿日元,约占日本出口贸易额的42.2%,但进口贸易额则达到357270亿日元,约占日本进口贸易额的54.1%。也即发展中的亚洲国家出口贸易额占日本出口总额的比重明显提升,而在出口日本的商品层面则比例几乎没有变化。日本作为亚洲国家重要的出口目的地的地位徘徊不前,但发展中的亚洲国家作为日本重要的目标市场的地位和作用则明显上升,从价值链的角度出发,发展中的亚洲国家从其他目标市场获得了重要的顺差积累,并用以支付向日本的进口增长。进一步来看,在将中国的数据剔除后,2002年,日本向发展中的亚洲国家(除中国外)的出口规模仅为6489亿日元,约占当年出口规模的1.2%;向发展中的亚洲国家(除中国外)的进口规模达到222530亿日元,约占当年进口规模的31.8%。2017年,日本向发展中的亚洲国家(除中国外)的出口规模达到100767亿日元,约占当年出口规模的23.9%;日本向发展中的亚洲国家(除中国外)的进口规模达到172677亿日元,约占当年进口规模的26.1%。也即,惊人的变化是日本作为发展中的亚洲国家(除中国外)重要出口目的地的地位明显下降,日本20世纪所构建和维护的亚洲"雁阵模式"事实上解体,发展中的亚洲国家逐渐脱离

---

① 日本财务省贸易统计局英文网站(http://www.customs.go.jp/toukei/info/index_e.htm)。

日本的国际分工体系而转向新的以中国为中心分工组织模式，日本在出现区域贸易边缘化的同时，对中国的国家竞争优势也在显著下降。

与日本的情况相类似，澳大利亚、印度，甚至是部分欧盟的工业化国家都面临着类似的压力。这样，以中国为中心的亚太新区域贸易体系在事实上形成了以下三重关系：第一，亚太新区域贸易体系遵守WTO的贸易规则，积极推进自由贸易和公平贸易，促进产业分工体系的进一步延伸，并积极支持部分落后国家的快速发展；第二，亚太新区域贸易体系并不影响美国的贸易利益，而事实上是增加了美国的贸易收益，并强化了对美贸易的结构优化和体系治理，对中美两国都是有益的；第三，亚太新区域贸易体系对原有的日本、澳大利亚、印度和部分欧盟国家产生竞争性的影响，并动摇了部分国家的既得利益结构，将形成由这些国家所发起或主倡的贸易反对力量。

这样，本文将形成一个很有意思的结论，即：美国发起的中美贸易争端实际上对美国并没有直接的贸易利益，甚至美国还将付出较大的成本和承担明显的风险来处理与中国的新型贸易关系；而日本、澳大利亚、印度等国家才是真正意义上的关联方和实质受益人，但其并没有站在与中国直接进行贸易对抗的"前台"。这更像是一场"代理人战争"，发起人美国是代替亚太地区部分国家出手，以强迫中国减少贸易顺差、加强知识产权保护、扩大市场开放等方式意图干预亚太新区域贸易结构的形成，在支持亚太地区盟友改善经贸地位的同时，也明显违反了特朗普政府的"美国优先"原则。从这个角度出发，将给我们解决中美贸易争端提供良好的角度，也便于我们开展好整体的政策设计——我们的目标不是形成贸易上的对抗，而是在继续深化中美贸易合作、提升自由贸易水平的同时，以贸易平衡换新区域结构的稳定，以中美协调替代"代理人战争"。

3. 中美贸易争端的交锋与相互妥协

中美贸易争端的挑起方是美国。2017年8月，美国贸易代表办公室宣布对中国进行"301"贸易调查，并将中国存在知识产权侵权的产品和知识产权侵权的"不端"行政行为列为重要的调查对象。这应该算是本轮中美贸易争端正式开始的起点。

2017年11月10日，APEC越南岘港领导人非正式会议召开，特朗普在会议上发表了《对自由和开放的印度太平洋的展望》的讲话。在讲话中，特朗普先对美国与APEC国家之间的友好关系作了回顾和概括，接下来把话锋转向贸易问题和中美分歧，他说，"最近我在中国有一次了不起的旅行，我公开和直接地就中国的不公正贸易和中美经贸的巨额赤字与中国领导人进行了交流"，并指出，"我们不再忍受对知识产权的大胆侵略，我们将对强迫商人们将其技术交给国家和强迫商人们进入合资企业来交换市场的破坏行为进行反击"。当然，特朗普为了避免直接刺激中国，并维护刚刚达成的一系列中美贸易协议，指出"我不责备中国或者其他国家，这样的国家有很多"。

2017年12月17日，特朗普总统竞选办公室主任班农在日本发表针对中国的公开演讲[①]，直接将矛头指向中国面向新时代发展的五大战略，即：中国制造2025、一带一路、第五代通信网络、人民币国际化和知识产权等五个方面，强调要发挥美国现有的优势，将中国的"挑战"推回去，并转述了特朗普的话，"总统认为美国的领导人让中国得以利用这个体制来为本国获利，是美国领导层的错误"。他还进一步露骨地指出，"美国花了很大的努力给予中国最惠国待遇，加入世贸组织，以此来帮助中国走向世界。而我们在过去的20年看到的不过是个儒家重商主义专制模式"。这个演讲火药味渐浓，也不再有安抚性和过渡性的话语。

2018年1月26日，特朗普出席冬季达沃斯论坛，在大力宣传美国经济繁荣前景，号召全球跨国公司大力投资美国市场之外，针对国际贸易也做了重要结论。他指出，"我们要想获得自由贸易就不允许有些国家利用这种体制给别人带来伤害"，并强调"美国将不会对这些问题睁一只眼闭一只眼，包括大规模的知识产权偷窃和国家操纵的计划经济"。虽然没有点名，但矛头明显指向中国，且在针对对象上明显拓展了范围，将单纯的贸易问题延伸到国内经济结构和经济运行机制。

---

① 该演讲的原稿国内并未有权威发布，目前本文摘录的文稿翻译自日本共同社2017年12月17日电。

2018年3月23日，在经过较充分的酝酿和准备后，特朗普在白宫签署对外贸易备忘录。初步决定将对中国出口的600亿美元的商品加征关税，并限制中国企业在美国的并购性投资。

而同样在3月23日，中国商务部对美国的贸易保护主义实施了有理、有利、有节的反制，宣布以美国232调查中针对中国30亿美元的钢铁、铝产品出口限制问题按照WTO的规则进行对等贸易报复。纳入的对象包括美国对中国出口的水果、猪肉、葡萄酒、无缝钢管和其他100多种商品征收报复关税，涉及的贸易规模约为30亿美元。4月2日，上述安排正式启动，中止美国对中国出口的7类128项产品的关税减让义务，对水果及制品等120项进口商品加征关税税率为15%，而对猪肉及制品加征关税税率为25%。

2018年4月3日，在中国商务部刚刚实施对等贸易报复的第二天（如果按照美国时间是同一天），美国贸易办公室根据301调查的初步结果，决定对中国出口美国的约500亿美元的商品——涉及1300多个独立税目，加征25%的关税。从列举的名单来看，明显涉及中国的先进制造业和战略性新兴产业，包括航空航天、信息和通信技术、机器人和自动机械等产业。

4月4日，中国商务部再次根据WTO规则作出对等贸易行为，对美国出口中国的106项商品加征25%的关税，涉及飞机、越野车、玉米、棉花、牛肉、小麦和高粱等产品，总贸易规模约为500亿美元。

4月5日，中国正式就美国对中国发起的232调查，以及对钢铁和铝产品所作出的贸易处罚向WTO的争端解决机构（DSU）提起诉讼，并接受DSU的调解。

4月6日，特朗普要求贸易代表办公室依据"301调查"的结果，额外对1000亿美元的中国出口美国的商品加征关税，具体关税水平待定。此外，特朗普要求美国农业部制订保护农民和农业利益的计划，以免受到直接冲击和影响。同一天，中国商务部指出，如果美国进一步扩大贸易争端所涉及产品的范围和规模，中国将继续按照WTO的规则进行对等贸易报复，并将采取一切可行的手段进行有效应对。商务部发言人强调，"中方将奉陪到底，必定予以坚决回击，必定采取新的综合应对措施，不惜付出任何代价，坚决捍卫国家和人民的利益"。

5月3日至4日，美国派出高规格代表团来中国就中美贸易争端问题进一步磋商。代表团有两个特点：一是规格高，包括美国总统特使、财政部长姆努钦，美国驻华大使布兰斯塔德，商务部长罗斯，贸易代表莱特希泽，国家经济委员会主任库德洛，总统贸易顾问纳瓦罗，总统贸易副顾问埃森斯塔特，几乎占了全部的联邦政府的经济班底；二是态度强硬，无论是首席代表姆努钦，还是贸易代表莱特希泽、商务部长罗斯都是中美贸易争端的强硬派，要价高、态度僵硬、谈判艰难是大概率事件。从目前所知美方亮出的底牌包括从知识产权、贸易顺差到争端解决等八个方面的要求，主要内容有：中国需在2020年年末前将美中贸易逆差降低至少2000亿美元，每年平均下降1000亿美元；美国要求中国立即停止向《中国制造2025》计划涉及的先进技术领域提供补贴或其他支持，包括机器人、航空航天和新能源汽车等多个行业；美国还要求中国将所有非核心产业商品的关税降至不高于美国对进口产品征收的关税水平；要求中国保证不对美国因知识产权争端采取的措施进行报复，并要求中国撤回就知识产权问题向世界贸易组织提出的申诉。

从美国的要价来看，既有合理的成分，与双方努力方向相向而行的安排；也存在明显的条件苛刻、要价过高和单边色彩过浓的问题。但既然是谈判，而且是由美国派高级代表团到中国来进行，知道对方的底牌和诉求后，就存在化解与调和的空间和能力。中美贸易争端自本次接触后，后期将通过一系列谈判实现中美贸易机制和贸易体系的调整，从另外一个角度出发，也是中国作为世界经济贸易大国转变经济发展方式，实现高质量发展的重要动力。中美贸易争端的化解问题将作为本文的第四部分，与各位共飨。

二 中国经济的"稳中求进"和"五位平衡"

一季度，我国经济运行并未受到中美贸易争端的明显冲击，各项指标表现平稳，重大改革有序推进，系统性风险管理和防范上升到新的阶段和水平，对信贷、股市、楼市、汇市、债务的平衡管理也得以有序的起步。

（一）经济运行总体保持"稳中求进"

一季度，我国经济运行总体表现为"稳中求进"的特点。一是增速稳，GDP增速为6.8%，与2017年第四季度持平；二是物价稳，CPI保持在2.1%的低位，PPI也回落到3.7%，成本推进性通胀压力减少；三是就业稳，一季度城镇新增就业330万人，登记失业率为3.89%，调查失业率维持在5%左右；四是贸易形势稳，贸易总额增速达到9.4%，进出口呈现出基本平衡的状态；五是企业运行稳，规模以上工业企业的利润增速达到11.6%，主营业务利润率达到6.18%。这些"稳"的形成为我国经济保持良性有序增长创造了条件，并为创新和改革的有序推进准备了基础。

一季度，我国经济运行中的创新特征不断强化，在不断优化经济结构的同时，初步表现出质量变革、效率变革和动力变革的特点。第三产业继续保持最快的增长速度，增加值规模达到112428亿元，同比增长7.5%；而第二产业的增加值只有77451亿元，同比增长6.3%；第一产业增加值8904亿元，同比增长3.2%。一、二、三产业的比例关系为4.5∶39.0∶56.5，第三产业越来越占据国民经济的主导地位。

从经济增长的质量来看，一季度，规模以上工业企业工业增加值同比增长6.8%，与GDP增速持平；规模以上工业企业资产负债率为56.4%，同比下降0.8个百分点；规模以上工业企业每百元主营业务收入中的成本为84.33元，同比减少0.18元；人均主营业务收入为123.3万元，同比增加12.7万元。在实体经济形成上升态势的同时，我国经济运行中对房地产的依赖出现了小幅度的下降，一季度我国房屋竣工面积（纳入GDP核算）达到20709亿元，下降10.1%；房地产企业到位资金的增速仅为3.1%，同比下降8.4个百分点；商品房销售额25597亿元，增长10.4%，增速同比下降14.7个百分点。

从经济增长的效率来看，一季度，全国工业产能利用率为76.5%，闲置产能大幅度下降，装备使用效率明显提升；规模以上工业企业每百元资产实现主营业务收入94.7元，同比增加2元；劳动生产率稳步提高，以增加值为基础测算，劳动生产率提升约7%左右；能源使用效率进一步提高，绿色发展取得了初步的成果，单位国内生产总值能耗同比下降3.2%；市场的资源配置效率也在显著提高，全国网上零售额19318亿元，同比增长35.4%。其中，实物商品网上零售额14567亿元，增长34.4%，占社会消费品零售总额的比重为16.1%；在实物商品网上零售额中，吃、穿和用类商品分别增长46.5%、33.9%和33.3%。

从动力构成和结构情况来看，最终消费支出对经济增长的贡献率为77.8%，高于资本形成总额46.5个百分点，消费的基础性作用进一步提升，内需给经济增长提供的贡献率达到109.1%，占据绝对主导地位。新动力和新动能也在加速成长，并成为推动中国经济稳定增长的重要支撑。一季度，全国新登记企业132.3万户，同比增长5.4%，日均新登记企业1.47万户；工业战略性新兴产业增加值同比增长9.6%，比规模以上工业企业快2.8个百分点。

（二）政策协同保障"五位平衡"

2018年4月23日，中共中央政治局召开会议，分析研究当前经济形势和经济工作。会议指出，"要推动信贷、股市、债市、汇市、楼市健康发展，及时跟进监督，消除隐患"。这句十分中性的话，出现了被市场过度解读的情况。中央的概念很清晰，要推动的是市场的健康发展，包括更加有效的价格机制，更加科学的准入管理，更加高效的市场出清，更加稳健的市场主体，更加丰富的市场产品，更加满足金融本源和宗旨的资源配置。这些都是立足于完善市场、健全机制和提升品质，而不是价格水平的只涨不跌、投资收益的只升不降和市场风险的刚性兑付。因此，许多市场化机构将其解读为政府要加大货币投放力度，以降低资金成本，给债市和股市加杠杆，加大汇市干预，确保楼价上行的结论属于明显的误判和过度解读，中央要的是市场的平稳，而不是价格的高低，更不是投资者风险刚兑、只赚不赔。

从运行的情况来看，一季度信贷运行总体平稳。一季度新增贷款规模为4.9万亿元,较去年同期多出6339亿元,至季末贷款总余额达到125万亿元,同比增长12.8%。从贷款的情况来看,贷款余额约为GDP的150%,资产杠杆仍在增长,总体泡沫水平并未下降。在总杠杆水平较高、风险积累程度较高的情况下,贷款的产业结构和领域流向至关重要。一季度,小微企业新增贷款规模为7473亿元,同比少增3326亿元,增量占同期企业新增贷款的23.3%;本外币工业中长期贷款新增规模为2574亿元,同比多增349亿元,重工业中长期贷款增长更为明显;本外币涉农贷款新增规模为1.1万亿元,占各项贷款的22.3%,比上年全年水平高2个百分点;人民币房地产贷款新增规模为1.9万亿元,占同期各项贷款增量的比重为38.8%,比上年水平低2个百分点,其中个人住房贷款新增规模为9949亿元,较2017年同期减少1750亿元;本外币住户消费性贷款新增规模为1.4万亿元,同比少增2161亿元;住户经营性贷款新增规模为3335亿元,同比多增1235亿元。贷款结构有所好转,但房地产贷款占比(含消费性贷款和工业贷款的转流入)仍然偏大,房地产市场的风险仍未得到有效的释放,依然采取保存量、促增量的方法。一季度,房地产企业到位资金中来自贷款流入和转流入的资金合计约为2.6万亿元,占比53.1%。

从股市运行的情况来看,随着注册制改革的再次延宕①,我国股市的三大系统性扭曲仍未获得有效的解决。所谓的稳定力量,并不是以市场估值和市场定价为基础的内生力量,而是所谓的活跃性的"国家队资金"在市场低交易频率下的"维稳",市场底部不清晰、交易机制不健全、资金管理过严、层层政策担保的局面并未得到有效化解。这样,我国股市的三大系统性扭曲仍未获得有效解决:一是真正意义上的投资对象是上市公司的"壳资源",而不是公司本身,存在明显的股票投资隐性担保;二是担保下的投资活动扭曲定价基础,股

---

① 根据全国人大《关于延长授权国务院在实施股票发行注册制改革中调整适用〈中华人民共和国证券法〉有关规定期限的决定(草案)》,将注册制改革的授权再度延迟至2020年2月29日。

市不再追求风险与收益相平衡,而是并不顾及风险的"双投资"(股民不计风险地投资股票,上市公司不计收益地投资产业);三是形成了以净资产规模为估值标准的股票价值投资原则,也即将股票价值的含义确定为每股所代表的净资产水平,将只有在逐期清算(交易)或是无风险资产投资的情况下才能使用的定价原则扭曲为股票市场的定价原则,而将真正意义的收益率定价(风险投资或是非逐期清算型投资)原则边缘化。随着注册制改革的延宕,股市的原有定价基础得以保留,但三大系统性扭曲也得以延续,一季度的股票市场运行乏善可陈,预期全年的股票市场依然是不愠不火的局面,有热点没亮点,有潜力没趋势的情况将持续。一季度,上证综指收于3168.90点,深证成指收于10868.65点,基本保持平稳。其中,3月份,沪市日均交易量为2013亿元,环比下跌8.11%;深市日均交易量为2689亿元,环比增长27.43%。

从债券市场的运行情况来看,尽管受到资金价格波动的影响,但债券交易保持高速增长,规模不断扩大。3月份,银行间债券市场现券成交9.9万亿元,日均成交4485亿元,同比增长14.98%,环比增长42.69%。交易所债券市场现券成交5873亿元,日均成交267亿元,同比增长28.44%,环比增长21.11%。场外交易占有绝对主体的局面没有获得有效改善。从结构上看,总体表现为政府债券融资规模下降,金融机构(含政策性金融机构)与企业的债券融资规模上升的特点(如表4所示),结构呈现小幅优化的特征。而从银行间市场公司信用类债券的持有者结构来看(如表5所示),商业银行持有的债券占比明显下降,非银行金融机构持有的债券比重明显上升,基金类投资者持有的债券比重上升的最为明显,并成为第一大持有者。从债券市场的持有者情况来看,总体与债券市场的发展趋势和风险水平的变动是相匹配的,债券市场逐步形成了完善的交易机制和良好的发展趋势,在未来应积极推进银行间市场和交易所市场的互联互通和转托管机制建设,形成更高有效的债券利率曲线和指数体系,并采取有效措施调控债券收益率的水平。

表4　　　　　　　2018年一季度我国各类债券的发行情况

债券类型	3月 规模（亿元）	3月 增速（%）	一季度 规模（亿元）	一季度 增速（%）
政府债券	6269	3.0	13364	-13.7
国债	3251	14.7	8151	8.8
地方政府债	3018	-7.1	5213	-34.8
政策性银行债	3742	22.9	12935	13.9
商业银行债券	757	-42.1	1364	-52.2
非银行金融机构债	175	337.5	371	70.2
企业债券	322	-22.2	644	6.1
资产支持证券	1093	353.7	1883	88.1

资料来源：中央结算公司数据库。

表5　　　　　　2018年一季度我国公司信用类债券的持有者结构

持有者类型	一季度持有情况 规模占比（%）	一季度持有情况 比例变动（百分点）	累计持有情况 规模占比（%）
商业银行	21.6	-0.17	57.6
非银行金融机构	7.9	0.77	4.8
基金类投资者	70.5	-0.76	37.6

资料来源：中国人民银行数据库。

从汇市的发展情况来看，一季度我国外汇市场发展总体平稳，但外汇市场交易数据与外汇储备上一年年底披露的计算权重之间的差距更加明显，据此预期，我国一季度美元资产在外汇储备中的占比应有所提高。一季度，我国外汇交易的总规模约在9.5万亿元，总体保持稳定，其中，美元占比约为96.7%，占据绝对的支配地位（详见表6所示）。我们应正视这一情况，在宣传和研究工作中加大对美元汇率、美元资产和美联储货币政策的研究，认认真真地分析问题，扎扎实实地化解风险，构建行之有效的"人民币—美元"交易制度和定价机制，在区域合作中相互借力，有序推进人民币国际化和汇率市场化。从汇率的走势来看，人民币对美元呈现出总体升值的态势，并在欧元、日元的汇率上表现出直接的、密切的关联性（相关性的简单测算值为99.8%），说明我国外汇市场并未摆脱以美元汇率作为基准，进行汇率套算的特征。这样，汇率市场化建设的核心就是人民币与美元汇率定价机制的市场化，并以此为基础，逐步推进人民币对其他主要货币的直接报价，摆脱对美元套算汇率的依赖。

表6　　　　2018年一季度我国外汇市场的交易规模情况　　　　（亿元）

币种	1月 规模	1月 汇率	2月 规模	2月 汇率	3月 规模	3月 汇率	一季度 规模	一季度 占比（%）
美元	34742	6.4358	22540	6.3087	34614	6.3182	91896	96.7
欧元	807	7.8343	486	7.7819	492	7.7982	1785	1.9
100日元	135	5.7882	105	5.8432	216	5.9632	456	0.5

资料来源：中国外汇交易市场统计月报。

房地产市场的发展仍是当前最大的难题和系统性风险。从宏观政策的规范目标出发，应该勇于正视房地产风险，珍惜我国实体经济仍然富有竞争力，仍然在国际分工体系中居于良好地位的有利时机，主动挤破房地产泡沫，全力推进房地产税的征收和土地出让收入的规范使用，从而引导存量优质资源向实体经济流动，将市场的投资重点由溢价率取向转向收益率取向，从而吸附泡沫、降低杠杆。另外，还应正视供给侧改革对"去库存"的要求，将房地产"去库存"的统计和评价真正回到中央确定的依靠居住市场，发展租赁市场，推动房地产市场改革的轨道上来，而不简单地加杠杆、去库存，累风险、增空置，数据上皆大欢喜，风险上不断累积，家庭压力不断加大。但从宏观调控的现行考量上，我们又十分担心房地产泡沫破裂所带来的系统性风险，不得不采取"房地产市场存在泡沫，尤其是在一二线城市。泡沫不能主动挤破，也不能吹大。房地产会以稳定为主，防范风险"[①]的策略。一季度，我国

---

① 中央财经领导小组办公室副主任杨伟民在全国政协会议召开期间的答记者问，人民网，2018年3月4日。

房地产市场总体保持稳定，房地产投资总规模达到21291亿元，同比名义增长10.4%，其中，住宅投资14705亿元，增长13.3%，住宅投资占房地产开发投资的比重为69.1%；房地产企业的库存现金规模约在1.55万亿元，拥有良好的开发能力和资金稳定能力；房地产价格总体仍在上涨，平均涨幅为6.6%，其中住宅的平均涨幅为8.7%，超过GDP的增速近2个百分点；3月末，全国平均住宅价格为8275元/平方米，按照90平方米的标准户型核算，房价与个人收入比[①]约为20.7年，按照家庭收入计算，也达到10.5年以上，远超国际上的3—6年的合理区间。

三 "紧平衡"和"大减税"下的中国财政运行

李克强总理在2018年的"两会"报告中指出，"积极的财政政策取向不变，要聚力增效"，"各级政府仍要坚持过紧日子，执守简朴、力戒浮华，严控一般性支出，把宝贵的资金更多用于为发展增添后劲、为民生雪中送炭"。这样，在财政宏观运行的层面就会出现"生产性企业全面减税"和"支出规模进一步加大"下的财政收入"紧平衡"问题。

（一）一季度赤字再现与增值税改革的启动

一季度，我国财政收入形势良好。一般公共预算收入达到50546亿元，较2017年一季度增加6037亿元，增速为13.6%。而同期，一般公共预算支出为50997亿元，一季度再度出现一般公共预算执行赤字[②]，规模为451亿元，财政运行总体处于"紧平衡"的状态。

从财政收入的层级情况来看，中央一般公共预算收入24042亿元，较去年同期增加3822亿元，增速为18.9%；地方一般公共预算本级收

---

① 在我国，房屋租售比应以"房价/可支配收入"的比值衡量较为准确。本处的可支配收入，以城镇居民可支配收入纳入计算。

② 2017年一季度出现了1994年分税制改革以来的第一次首季度一般公共预算执行赤字，规模为1551亿元。

入26504亿元，较2017年同期增加2211亿元，增速为9.1%。中央财政收入增速持续超过地方财政收入，与财政体制的划分关系明显，大量的依赖税收返还和财政转移支付也将显著降低财政效率。这样，建立以事权和支出责任相适应的政府间财政关系的改革，就成为2018年财政体制改革的核心要求。

从财政收入的质量来看，税收收入的占比提高明显，财政收入质量有所提升。一季度，全国一般公共预算收入中的税收收入为44332亿元，增速达到17.3%，为GDP增速的近3倍，占一般公共预算收入的比重达到87.7%；非税收入的规模为6214亿元，同比增速约为-7.5%，占一般公共预算收入的比例仅为12.3%。这种收入结构对于保持全年财政收入的稳定，对于有效执行预算安排都提供了重要的保证。

从形成的收入结构来看，增值税的规模增速达到20.1%，说明营改增改革的"冲击"已基本消失，增值税恢复到正常的运行态势。但高速增长的背后，仍有营改增减税效果的影响，如导致2017年的收入基数较低、进项抵扣不全面等，因此，应综合评价接下来的增值税改革环境，既要大胆的推进，又要防止不必要的财政风险。应抓住增值税的三个重点予以推进：一是小规模纳税人的减税安排，将小规模纳税人的标准由年销售额50万元（制造业）/80万元（商业）统一提高到年销售额500万元，按3%的征收率征收，新纳入的企业平均减税率将达到43%，预期将静态减税800亿元，动态减税（含避税企业）将达到或超过1000亿元；二是一般纳税人降低税率的安排，主要涉及原征收17%税率的制造业等行业和原征收11%税率的交通运输业、农产品加工业等行业，销项税率分别下降1个百分点，在假定进项税额不变的情况下，预期将减税超过2500亿元，而考虑到进项税额的变革，预期减税规模2400亿元；三是针对进项抵扣规模较大、抵扣时间过长的行业，执行一次性的进项税额余额退税政策，涉及的行业包括先进制造业、研发等现代服务业和电网企业，预期将实现退税600亿元至1000亿元（取决于企业的申请数量）。综合计算，我国2018年增值税改革将实现累计减税4000亿元左右，约占《2018年政府工作报告》确定的减税规模的一半。

除增值税以外,我国其他来源的财政收入情况如下:国内消费税作为中央税(除云南烟草消费税外),收入规模达到4020亿元,增速为28%,成为中央财政收入稳定增长的重要保证;企业所得税的规模为8535亿元,增速为11.7%,具备进一步扩大减税效应的空间;个人所得税的规模为4610亿元,同比增长20.7%,具备实施大规模减税,减低税率、提高起征点、扩大税前抵扣、实施投资抵税的各项措施可以并举;进口货物增值税、消费税的收入规模为4332亿元,增速为15.9%;关税收入的规模为744亿元,增速为6.3%,随着我国进口增速的加快,尽管受到税率降低效应的影响,关税收入仍可保持较快增长;城市维护建设税的规模为1378亿元,增速为18.2%,作为增值税的附加税,自然受到增值税增速的直接影响,预期下半年该税的增速会相应下滑;车辆购置税的收入规模为975亿元,增速为24.9%,与汽车市场的运行基本保持一致;印花税的收入规模为769亿元,增速为21.9%,其中,证券交易印花税为415亿元,增速为31.3%;资源税的收入规模为406亿元,增速为19%,主要与资源税的从价改革直接相关;契税的收入规模为1418亿元,增速为17.8%;土地增值税的收入规模为1454亿元,增速为2.2%,主要是对并购企业实施土地增值税减免所致;房产税的收入规模为633亿元,增速为11.4%;城镇土地使用税的收入规模为600亿元,增速为4.2%;耕地占用税的收入规模为370亿元,增速为-32.3%;车船税、船舶吨税、烟叶税等税收收入规模为224亿元,增速为5.2%。

(二)民生支出和基础设施建设成为支出增速最快的领域

一季度,全国一般公共预算支出为50997亿元,同比增长10.9%。其中,中央一般公共预算本级支出规模为6037亿元,较上一年同期增长4.7%;地方一般公共预算支出规模为44960亿元,较上一年同期增长11.8%。支出赤字为451亿元,较上一年同期下降1100亿元,降幅为70.9%。

从支出结构来看,民生类的支出规模较大,增速较快。如教育支出规模为7474亿元,同比增速为8.1%;文化体育与传媒支出规模为594亿元,同比增速为20.5%;社会保障和就业支出规模为9184亿元,同比增速为12.2%;医疗卫生与计划生育支出规模为4426亿元,同比增速为7.8%;农林水支出规模为3647亿元,同比增速为24.9%,其中农业支出、扶贫支出分别增长38.3%、58%。合计民生支出的规模为25325亿元,增速为12.0%,占支出的比重为49.7%。

基础设施和公共设施支出是另一个增速较快的领域。如城乡社区支出规模为5086亿元,同比增速为10%;交通运输支出为2592亿元,同比增速为28.4%。支出进度进一步加快,积极财政政策保障性效应突出。一季度,基础设施和公共设施的支出规模约为7700亿元,增速约为15.6%,占比为15.1%。

此外,科学技术支出规模为1394亿元,同比增速为17.8%;债务付息支出规模为1380亿元,同比增速为18.4%。

(三) 土地出让收入增长过快,专项债务运行基本平稳

1. 政府性基金预算收入增长较快,土地出让收入占比明显

一季度,全国政府性基金预算收入15253亿元,同比增长34.6%。分中央和地方看,中央政府性基金预算收入945亿元,同比下降6.3%;地方政府性基金预算本级收入14308亿元,同比增长38.6%,其中国有土地使用权出让收入13327亿元,同比增长41.8%。

2. 政府性基金预算支出重心下移,专项债务融资管理成为新支出重点

一季度,全国政府性基金预算支出12111亿元,同比增长50.7%。分中央和地方看,中央政府性基金预算本级支出155亿元,同比增长0.1%;地方政府性基金预算支出11956亿元,同比增长51.7%,其中国有土地使用权出让收入相关支出10909亿元,同比增长56.1%。从政府性基金扣除土地使用权出让后的支出能力来看,政府性基金已经从直接支出转变为专项债务的偿还来源和担保收入,专项债务已逐步成为地方政府的新融资工具,对于熨平经济周期波动有直接的效果。

四 中美贸易争端的化解与经济关系的"协整"

中美贸易争端开启了世界争议已久的"G2"模式。这种开场场景，估计会让许多国际政治学家和预言家大跌眼镜，但从中美两个主导国来看，双方以贸易制裁、行为威胁为手段，其目标却是要维护国际公平贸易秩序和自由竞争规则，不得不说双方都将国际经济关系的风险处置和解决技巧推进到了新的水平。

从双方当前的诉求来看，中美关于市场开放的利益诉求并无根本矛盾，双方在汽车关税削减、金融开放、部分现代服务业的开放等领域达成阶段性共识是大概率事件，在加大进口方面本身也是中国2018年的重要战略安排，虽然确定数字的贸易顺差减少不够现实，但积极推行市场化、法治化的公平贸易也是我国的重要诉求。在贸易摩擦方面的谈判依旧困难较大，中国继续坚持在WTO框架下解决问题，也不排除中美在谈判期间"以战促谈"的可能性。根据这些形势和原则，我们以中美贸易利益平衡作为"协整"的"差分"标准，据此构建中美贸易争端化解机制。

（一）中美贸易争端化解的基本思路

根据美国贸易谈判代表团所提出来的底牌和诉求，结合我国重要的经济贸易利益，坚持面向未来、问题导向、底线思维和人类共同体的基本理念，形成以下化解中美贸易争端的思路：

第一，面向未来、问题导向，形成内涵更广、格局更宽、范围更大的中美贸易新平衡。中美两国不应拘泥和执着于现在的贸易结构，而应该通过进一步加强中美贸易关系，以人类共同体的更大利益空间和更好利益格局为方向，定位和调整中美贸易平衡问题。亚太新区域贸易体系对世界贸易来讲，既遵守WTO规则，又符合中美利益诉求，还能够直接带动欠发达国家的对外开放和经济发展，应获得两国政府的支持。目前中美贸易中存在的突出问题，双方应互相体谅、和衷一致，坚持针对问题、解决问题和顶层规划的"三位一体"，打造内涵更加广大，利益更加丰富的中美贸易新平衡。

第二，坚持底线思维，在谈判中确保国家总体安全和核心利益。从我国的情况来看，推动经济高质量发展，形成质量变革、效率变革和动力变革是核心的利益诉求。为保障利益目标的实现，一方面要提升产业发展水平，另一方面要优化产业结构状况，形成推动中国经济增长的新动力和新动能。此外，国家总体安全强调国家经济安全、周边经济安全和国际分工体系安全等目标，中美贸易争端的解决应坚持国家经济安全和周边经济安全的两条底线，并协调共建国际分工体系安全，以更好地服务人类命运共同体的目标。

第三，支持美国的价值取向，在中美关系中坚持"中国第一"与"美国第一"的双平衡格局，在世界贸易中积极支持公平竞争、自由贸易的基本立场。既然是"美国第一"，美国应主要立足本国利益来看待中美贸易关系和中国贸易发展对人类的贡献，而不是替部分"静态利益受损"的国家出头，强行背离自由贸易原则和国际贸易规则。中国理解美国维护全球贸易规则的核心诉求，并愿意作为国际贸易的积极参与者和规则守护者，尽自己最大的努力在全面落实全球贸易规则的前提下，实现"中国第一"和"美国第一"的有效平衡。美国则应该放弃小团体的利益维护者的思维，回到"美国第一"的轨道中去，为中美贸易关系的协调提供良好的空间，为世界贸易的发展壮大提供有效的支撑。

（二）中美贸易争端化解的主要举措

根据中美贸易争端化解的基本思路，以中美贸易全局为出发点和落脚点，实施以下七项重要举措和安排。

第一，主动构建中美贸易关系新支柱，即贸易平衡、开放市场和保护知识产权。从美国贸易代表团的要价来看，上述三个领域是其关注的重点，也是真正影响中美贸易关系的关键所在。我国应主动施为，就上述三个领域的问题提出中国的解决方案，相关报价应既符合谈判技巧，又体现中国诚意，并与我国的长期贸易利益有效结合在一起。建议的方案为：一是确立"中美贸易新时代"的发展定位，特征是平衡、现代、开放、公平,并以此形成中美贸易共同利益的基础,而不是非此即彼的简单对立;二是确立贸易在高水平状态下"十年平衡"的发展目标和要求,即不设立年度减少顺差的目标,但设立中美贸易平衡基金,基金规模每年在 400 亿美元左右,如果每年顺差额超过了一定的标准,即启动该基金的额度进行有限度、遵循市场规律的平衡,如果达到了预期目标,该基金可用于对中美经贸关系中部分短板进行促进和提升;三是全面落实习近平总书记在博鳌亚洲论坛开幕式上的讲话精神和 2018 年政府工作报告的要求,对制造业、新能源汽车、金融业和其他现代服务业加快开放进度,提升开放水平;四是加强知识产权保护,重新组建国家知识产权局完善执法力量,加大执法力度,把违法成本显著提上去,"鼓励中外企业开展正常技术交流合作,保护在华外资企业合法知识产权"[①]。

第二,抓住机遇,多元化推进,与日本、澳大利亚、印度等国家缔结更紧密的经贸关系。考虑到美国发起贸易争端具有相当程度的"代人出手"的性质,并且日本、澳大利亚、印度等国家在亚太新区域贸易结构中确实出现了一定程度的边缘化的特征,我国应在外交和对外经贸上保持积极主动,抓住重要的历史机遇和战略窗口,多元化推进,以中日经贸关系为突破口,并与澳大利亚、印度等国家建立起更加紧密的贸易关系,甚至是自由贸易区(如图 3 所示)。加快"一带一路"的海路南线建设,凸显澳大利亚、新西兰的重要战略地位;加快孟中印缅经济走廊的建设,形成该经济走廊的中、印"双中心"结构。从目前的日本进口结构来看,包括中国在内的发展中的亚洲国家在日本贸易中的地位并没有变化,也即中日经贸关系的提升和推进有助于上述国家稳定贸易环境和优化贸易结构,因此,以中日更加紧密的经贸关系为突破口和范本,可以有效平衡中国与上述国家之间的贸易关系。

第三,调整人民币国际化的步骤和策略,以"美元—人民币"本位作为亚太新区域贸易结构的交易支付体系。继续完善人民币与美元之

---

① 习近平:《开放共创繁荣 创新引领未来——在博鳌亚洲论坛 2018 年年会开幕式上的主旨演讲》,新华社,2018 年 4 月 10 日。

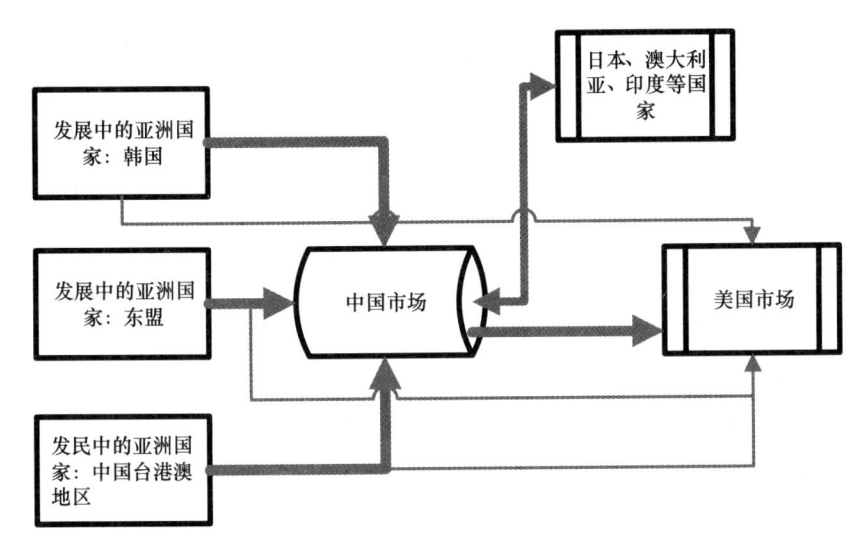

图 3　发展中的亚洲国家与日、澳、印等国家的新区域贸易结构示意图

间有管理的浮动汇率制度，不寻求排斥美元的地区交易支付体系，有效稳定人民币与美元的汇率水平，完善人民币的货币发行渠道，相应启动中期借贷便利（MLF）的缩表计划，压缩人民币资产的泡沫水平，真正意义上（也即内生上）成为区域的稳定支付工具和渠道。这一举措包括三个相联系的手段：一是进一步完善人民币的发行机制，降低过大的货币发行规模，以降低存款准备金率换取依托流动性较差的资产抵押（如住房抵押贷款支持证券）所投放的人民币，增强人民币的内在稳定性和信用水平；二是在区域贸易中积极推行"美元—人民币"双本位交易支付货币的安排，在上海组建美元的离岸金融市场，增加人民币离岸交易型资产的品种和种类；三是继续完善人民币对大宗商品的直接计价和交易支付机制，从大宗商品、利率平价和购买力平价三个方面完善人民币对美元的均衡汇率，以此基础推行人民币汇率市场化——唯有均衡才能致远，唯有透明方能有信。

第四，主动协调，构建"一带一路"与美国"新丝路战略"的互信互动。美国在 2003 年以中亚地区为基础，构建了"新丝路战略"，但长期以来只是为了保持一种存在性，并没有在经济、文化、政治、安全上有什么动作。中国的"一带一路"倡议与美国的"新丝路战略"

在区域层面上有一定程度的叠加，虽然在利益诉求和力量的投入上双方相差甚远，但仍应保持互信互动的状态较好，从而相互借力，相互补位，共同发挥影响力，为"一带一路"沿线国家率先发展成为"人类共同体"和"建设更美好世界"①（building a better world）的示范地区。

第五，中美联合开展第五代移动通信的标准、设备、芯片和模式研发。目前，中国和美国在关于新一代信息基础设施上的理解基本一致，而在推进第五代移动通信发展中的利益目标也基本趋同，双方具有开展合作、实现共同发展的可能性和可行性。从中国的情况来看，我们在第五代移动通信的标准研究和市场准备上具有良好的先动性，中国的互联网企业，特别是增值电信的互联网企业对于借助第五代移动通信提升效率、增加内容、扩大信息面具有极大的期盼；而从美国的情况来看，良好的芯片设计能力和制造水平，持续积累下来的通信标准和协议规则，以及强大的通信产业发展生态都是美国重要的优势体现。两个国家在第五代移动通信的发展中互补性非常强，也能够借助新的第五代移动通信系统将整个世界经济带动至智能制造、智能市场和智能产品构成的新经济时代。

第六，取消"中国制造2025"的政府直接补贴安排，成立中国科技创新发展基金、中国产业转型发展基金两支国家级的母基金。我国政府引导基金作为政府母基金的重要表现形态，在2012年创设以来发挥了重要的作用，也积累了重要的经验，使得我国国家融资担保基金等母基金的组建非常顺利。考虑到WTO所遵循的"幼稚工业保护学说"理念，对于属于世界范围内的创新型产业不应实施保护的结论，我国可就此与美方达成一致，取消对"中国制造2025"中的战略性新兴产业的政府补贴。而通过组建两支政府性母基金的方式，以市场机制为基础，以经济收益和产业成长为目标，以遵从产业发展规律为投资原则，形成市场化、法治化和科学化的产业扶持体系和机制手段。

第七，继续保留对等报复的权利和向争端解决机制（DSU）起诉的

---

① 特朗普：《在达沃斯世界经济论坛上的演讲》，凤凰网，2018年1月26日。

权利。根据关税与贸易总协定 1994 年文本（即 GATT1994），实施反倾销、反补贴和保障措施的国家，在实施相关贸易限制措施之前应获得缔约国全体的同意，或者获得争端解决机制的授权，否则则允许被限制的国家采取对等贸易报复措施（包括停止关税减让或履行其他义务）。而根据中美贸易争端的情况来看，中国实施对等贸易报复显然是符合 WTO 规定的，并且将争议诉诸 DSU 也是负责任的，既可以避免贸易争端的无限扩大，也可以获得在公平、法治情况下的争端解决。而根据 DSU 的争端解决原则，其目标是为了解决争端，而不是强求贸易争端的双方遵守 WTO 规则，这样，既避免在贸易争端中的漫天要价，也使得中美贸易争端获得最终解决更具权威性和灵活性。

通过上述的思路和举措，中美贸易争端有望逐步获得解决。中国以进口换出口，以贸易平衡换贸易公平，以开放市场换市场平等，以强化知识产权保护换更高水平的知识产权贸易；而美国则获得了更加拓展的贸易空间，更加公平的贸易规则，更加开放的目标市场，更加稳定的经贸关系。世界将获益于本次贸易争端，包括中美两国负责任的解决态度和建设性的化解方案；原属边缘化风险的国家将获益于中国的战略性安排，参与并扩展亚太新区域贸易体系。

（执笔人：闫坤　张鹏）

中美贸易争端与国内稳杠杆
——2018年上半年我国宏观经济与财政政策分析报告

2018年第二季度，全球经济遇到的风险和困难逐步增多，出现的新问题日益复杂。除美国外，主要经济体增长放缓、通胀上升。同时，全球紧缩货币政策周期开启，贸易保护主义正在抬头。具体而言，美国经济增长较为平稳，同时保持了渐进加息的态势。在美国无风险利率抬升的过程中，全球资金从新兴市场国家向美国流动的态势较为显著。美国推行的贸易保护主义使得地区间的贸易摩擦升级，干扰了全球经济的复苏态势，不利于经济形势和金融市场的稳定。欧洲经济基本面较为疲弱，经济复苏的动能减缓，虽然"脱欧"等政治风波已经缓和，但货币政策紧缩的速度较为迟缓。日本经济增长较为平稳，景气度有所提升，货币宽松延缓。新兴市场经济体，特别是外部融资较多，外汇储备脆弱的经济体上半年波动较大，风险集聚较多。美国货币政策的紧缩进程，提升了全球资本市场的无风险利率水平，推行的贸易保护主义政策，使得全球经济增长蒙上了一层阴影。整体来看，2018年上半年全球经济形势较2017年有所弱化，我国面临的外部环境不利因素增多，下半年出口形势不容乐观。[①]

---

① 我国出口领先指标已经显示2018年下半年出口增速可能放缓，这与海外需求整体放缓有关，贸易争端的具体效应还没有显现。

一　美国经济运行情况与中美贸易争端本质

2018年二季度美国经济增长态势较为平稳，美联储保持了渐进加息的态势。受到美国紧缩货币政策的影响，全球资金从新兴市场国家向美国流动的态势较为显著，造成美国资本市场进一步繁荣和新兴市场国家资本市场波动。美国推行的贸易保护主义使得地区间的贸易摩擦升级，干扰了全球经济的复苏态势，不利于经济形势和金融市场的稳定。中美贸易争端的本质是"守成国家"和"新兴国家"之间的对抗，是旧全球秩序与新全球秩序之间的矛盾。

（一）美国经济保持平稳运行，货币政策紧缩周期

回顾以前，2018年一季度美国经济增速略微回落，但并不改稳步回暖的趋势。具体数据，2018年一季度美国实际GDP年季调环比终值为2.0%，较前一季度下降0.9个百分点。其中，美国的私人消费部分贡献了0.6个百分点，私人投资和企业投资贡献了1.22个百分点，净出口拖累了0.04个百分点，美国政府支出贡献了0.22个百分点。我们认为，美国一季度经济减速属于正常的季节性波动，很多时候受到节假日和天气情况的影响。我们预计2018年二季度美国经济在强劲的劳动力市场和减税政策推动下，增长将显著提升。

从最新公布的数据来看，2018年二季度美国经济总体稳健，生产端和消费端的数据都显示出经济的韧性。从生产端来看，美国的各项指标继续扩张。6月美国ISM制造业PMI为60.2%，连续22个月高于荣枯线；5月工业产出同比增长3.46%，较上月降低0.09个百分点。从消费需求端来看，美国的消费者信心增强。5月零售与食品服务销售同比增长5.87%，较上月上升1.09个百分点。6月密歇根消费者信心指数回升至98.2，保持比较平稳的态势。同时，美国进出口增速保持稳定，5月美国出口季调同比增长11.7%，较上月上升1.79个百分点，连续22个月保持出口同比正增长。进口季调同比增长8.29%，较上月上升0.3个百分点，连续20个月保持进口同比正增长。贸易逆差

430.53 亿美元，较上月减少 30.28 亿美元。其中，美国对中国贸易逆差为 331.87 亿美元，较上月增加 52.25 亿美元。

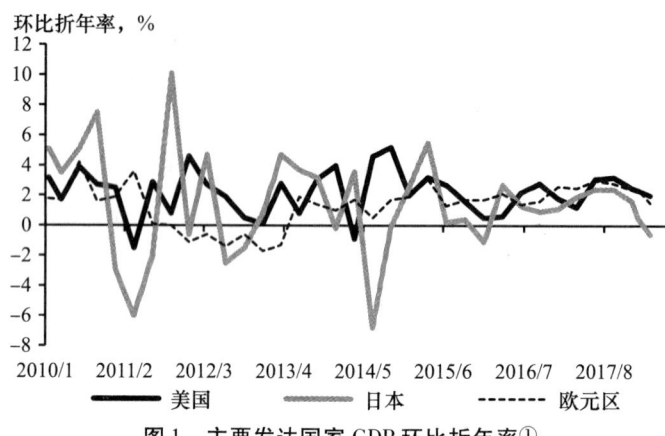

图 1　主要发达国家 GDP 环比折年率①

资料来源：美国经济分析局（BEA）、彭博数据库。

美国通胀率上升趋势显现，支撑美联储进一步加息。美国 6 月 CPI 同比上涨 2.9%，比上月上升 0.1 个百分点，环比上升 0.1%。美国核心 CPI 同比上涨 2.3%，比上月上升 0.1 个百分点，环比上升 0.2%。美国 5 月核心 PCE 价格指数同比上升 2.25%。同时，美国劳动力市场保持稳定：6 月新增非农就业人口为 21.3 万人，失业率为 4.0%，较上月略微上升 0.2 个百分点，劳动参与率为 62.9%，较上月上升 0.2 个百分点。强劲的劳动力市场，加上高企的能源价格，使得美国 2018 年下半年的通胀压力进一步显现，美联储加息路径更为清晰。

美国劳动力市场持续改善、企业设备投资持续回暖，以及房地产市

---

① 环比折年率是描述经济指标增长速度的方法，这里是用一个季度经济变量的变动情况来推算全年的变动情况，把环比增长率折成年度增长率，在一定程度上克服了时间跨度不同的问题，使环比增长率与年度增长率可以相互比较。与同比增长速度相比，环比折年率对经济指标变动的反应更灵敏，可以避免诸如"翘尾因素"等影响，更真实地反映当月和当季的变动情况，比对应的同比增长速度更有可比性。

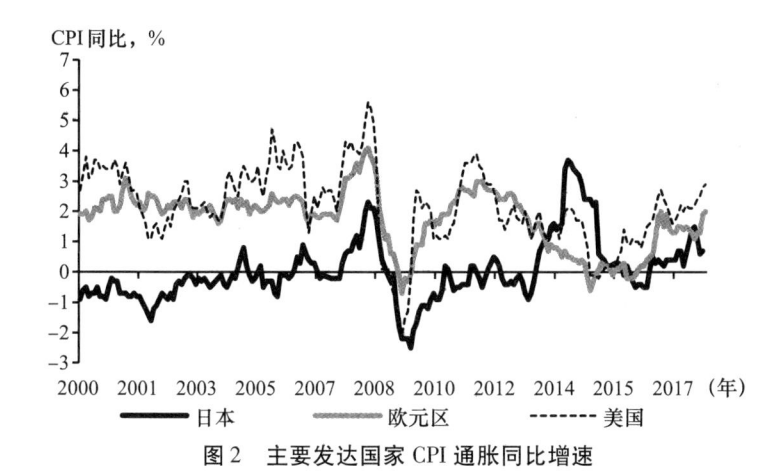

图 2 主要发达国家 CPI 通胀同比增速

资料来源：美国经济分析局（BEA）、彭博数据库。

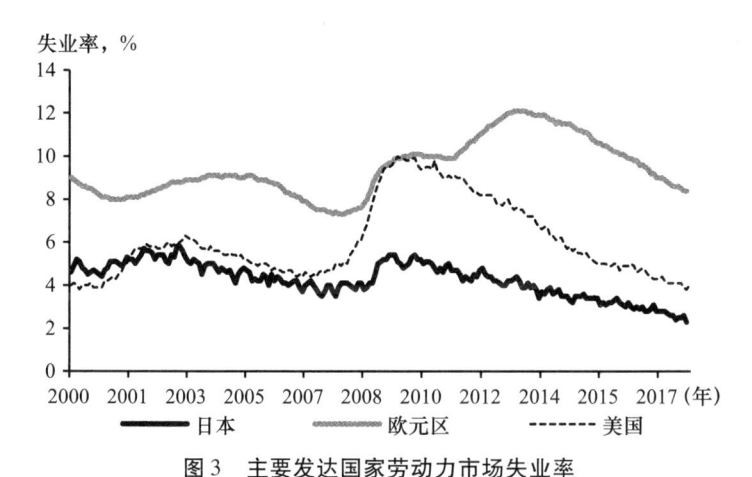

图 3 主要发达国家劳动力市场失业率

资料来源：美国经济分析局（BEA）、彭博数据库。

场的持续回升使得美国经济的韧性较强。① 我们预计美国经济在 2018 年下半年依旧保持温和复苏的态势。但是，由于全球贸易争端四起，美联储紧缩货币政策效用逐步显现，我们认为下半年美国经济的加速度可能放缓。劳动力市场的劳动参与率水平、薪资增速和失业率水平均处于

---

① 美国经济已经两年时间处于其潜在增长率上方，且居民消费和企业设备投资需求依然旺盛。一些领先指标显示，至少在 2018 年底之前，美国经济增长依然强劲。

历史低位,且改善的空间有限,我们认为美国通胀率水平将缓慢上升,美联储持续紧缩货币政策的步伐不变。

2018年7月5日美联储公布6月货币政策会议纪要,显示美国经济依然在潜在增速附近,美联储的加息步伐更为坚定。详细而言,美联储最新纪要显示,2018年以来美国经济非常强健,美国通胀水平将中期内持续处于2%,这一水平也是美联储目标水平。按照我们对美国通胀水平的中长期预测,2018年至2019年美联储可能会基于较为强劲的通胀水平和较为平稳的增长、就业水平持续加息。

从美联储纪要可以看出[1],美国财政政策的变化将会在未来几年对美国经济增长起到有力的支撑作用。当然,持续扩张的财政政策和赤字规模,使得部分分析人士担心美国目前财政政策的可持续问题。值得注意的是,美联储官员还提到了目前席卷全球的贸易争端。他们认为,贸易政策的风险,及其所带来的全球经济和金融市场不确定性和风险最终可能对商业信心和投资支出有负面影响。

美联储的会议纪要显示:从6月会议纪要来看,美联储将保持渐进加息的态度,并暗示可能很快修改会后声明中"货币政策立场仍宽松"的措辞,这一声明偏鹰派。美国近期经济数据表现稳健,为美联储继续实施货币政策正常化提供了有力支撑。值得注意的是,此次美联储会议纪要中提到了美联储对于收益率曲线倒挂的担忧。其中,美国2年期与10年期国债收益率息差最小已缩窄至24bp[2],刷新11年来最低。一般意义上来看,国债收益率曲线趋平往往是经济疲软的警示,而收益率曲线倒挂则预示经济衰退的到来。从近期一项对美国经济学家的调查来看,部分经济学家认为由于美联储为避免美国经济过热、通胀压力加大,进一步收紧货币政策将导致本轮美国经济扩张在2020年结束。按照目前的市场反应来看,美联储再进行一次加息,将有可能导致长短期收益率曲线发生倒挂,这意味着持续紧缩的货币政策可能传导至实体经

---

[1] 2018年7月6日凌晨公布的2018年6月美联储联邦公开市场委员会(The Federal Open Market Committee,FOMC)政策会议纪要。

[2] bp指基点Basis Point用于金融方面,债券和票据利率改变量的度量单位,一个基点等于1个百分点的1%,即0.01%。

济，使得美国经济有回落的风险。

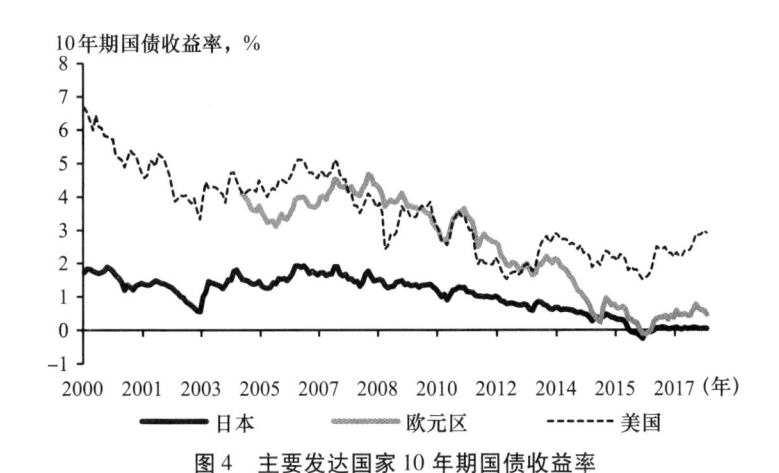

图 4　主要发达国家 10 年期国债收益率

资料来源：美国经济分析局（BEA）、彭博数据库。

（二）中美贸易争端的细节与本质

2018 年二季度与一季度一个很大变化是中美贸易争端的升级，本部分将对中美贸易争端的细节和本质进行详细的阐述。

1. 中美贸易争端的细节因素

从中美贸易争端的细节来看，美国在特朗普总统上台之后，开始强调美国和中国之间的贸易逆差问题。本文从公开材料整理中美贸易争端细节。

从美方的贸易争端立场来看，客观了解美方诉求和目的，最新的文献材料为：美方贸易代表莱特希泽的《中国贸易壁垒清单》《对过去十年中国在世界贸易组织中作用的评估——在美中经济安全审查委员会 2010 年 9 月 20 日会议上的证词》，史蒂夫·班农[1]的《中国摘走了自由市场的花朵，却让美国走向了衰败》，特朗普自传和竞选演说，《美国贸易代表办公室关于中国履行 WTO 承诺情况的报告》，彼得·纳瓦罗[2]的

---

[1]　曾任极右派媒体布赖特巴特新闻网（Breitbart News）执行主席。2017 年 4 月 5 日，白宫首席战略师、总统高级顾问的班农被特朗普从国家安全委员会除名。

[2]　白宫国家贸易委员会主席，担任总统助手及贸易和工业政策主任。

《致命中国》，美国贸易代表办公室《基于1974年贸易法301条款对华调查结果》（301调查报告）等。

概括来说，中美贸易争端，美方的主要关切点为：

（1）美国对华贸易逆差过大，冲击美国国内就业和制造业。据美方统计，2000—2017年，美国对华贸易赤字占美国赤字总额的比重从18%上升至46%。

（2）美国贸易代表认为中国未能履行加入WTO时的承诺，长期侵犯美国企业知识产权。美国贸易代表团在301调查报告中提出，中国在部分行业采取要求强制合资，利用审批权限等方式，强迫美国企业向中方合作企业或中国政府转移知识产权。美方认为中国对知识产权法律法规执行不力，此外还通过仿冒和窃取商业秘密等其他方式侵犯美国企业的权益。

（3）美国贸易代表认为中国在多个领域实施产业政策，提供政府引导、资源和监管支持，限制国外制造商和外国服务供应商的市场准入，中国的重商主义对美国经济产生了致命影响。例如，美方认为政府补贴中国制造2025计划是中国在高科技领域超越美国的一个十分具体而大胆的行动计划，对美国的核心优势形成了重大挑战，威胁到美国国家安全。

（4）随着中国的日益崛起并不断发展高科技产业，中美经贸关系从互补走向竞争，中国对美国构成威胁，必须加以遏制。

从二季度美国对中国贸易争端的细节来看，争端的发展比较迅速：

2018年6月15日，白宫对中美贸易发表声明，对1102种产品总额500亿美元商品征收25%关税。白宫的声明提到了中国制造2025。美国贸易代表办公室称中国关税清单包含两个序列，第一组中国关税涵盖340亿美元进口，于7月6日12时正式开征。美国贸易代表办公室将对160亿美元的第二组关税进行进一步评估。①

2018年6月15日，中国国务院关税税则委员会决定对原产于美国的659项约500亿美元进口商品加征25%的关税，其中对农产品、汽

---

① 美国贸易代表办公室（https：//ustr.gov/）。

车、水产品等 545 项约 340 亿美元自 2018 年 7 月 6 日起实施加征关税，对化工品、医疗设备、能源产品等 114 项其余商品加征关税的实施时间另行公布。

2018 年 6 月 18 日，美国总统特朗普指示美国贸易代表确定价值 2000 亿美元的中国商品，如果中国采取报复性措施并拒绝改变贸易"不公平"做法，将额外征收 10% 的关税。随后特朗普宣称进一步升级至 5000 亿美元，这基本实现了对中国出口美国商品的全覆盖。根据美方统计，2017 年中国对美国出口金额 5056 亿美元，美国对中国贸易逆差金额 3752 亿美元。

2018 年 6 月 26 日，美国总统特朗普表示将通过外国投资委员会来加强把关所有国家对美国技术领域投资。同日，中国下调部分亚洲国家进口关税，大豆关税下调至零。6 月 29 日，中国发布了新的外商投资准入负面清单，共在 22 个领域推出开放措施，基本完全放开制造业的投资限制，2021 年取消金融领域所有外资股比限制。7 月 2 日，美国国家电信和信息管理局阻止中国移动向美国市场提供服务。7 月 3 日，中国法院采取"诉中禁令"方式，禁止美国美光在华销售芯片。

2018 年 7 月 6 日美方对中国出口的 340 亿美元商品征收 25% 关税，中国随即对等加征关税。

2018 年 7 月 10 日，美国总统特朗普下令美国贸易代表办公室（USTR）启动程序，对另外 2000 亿美元中国进口商品征收 10% 的关税。

美国对中国贸易争端的讨论早有铺垫。2016 年特朗普上台后，美国国内民粹主义思潮兴起，贸易保守主义者莱特希泽等人从幕后走向台前，中美经贸关系明显恶化。美国国内对中美贸易问题的关注由来已久，莱特希泽 2010 年的国会证词和纳瓦罗 2011 年出版的《致命中国》都表达了对中美贸易现状的不满。

美国对华政策及社会思想基础发生重大转变，2008 年美国《国防战略报告》将中国定义为"潜在竞争者"，2018 年《国防战略报告》将中国首次定位为"战略性竞争对手"。301 调查报告中指出，中国外商投资领域的主要文件是在 2017 年修订的《外商投资产业指导目录》

(2018年对其中的特别管理措施，即负面清单进行了修订)，该文件将外商投资领域分为"鼓励、限制和禁止"三类，要求部分领域的外商投资必须以合资的形式开展。通常而言，合资企业中，外方企业在合资企业中不能控股或股权上限被限制在一个较低的水平。参与合资的中方企业具有国企背景或接受政府的产业政策指导。合资企业在和政府的接触过程中，中方企业通常承担联络人的角色，导致美方企业在与中国政府的接触中处于信息上的劣势地位。因此，美方企业如果希望在中国开展业务，便不得不将自己的关键技术暴露给中方合作企业，从而产生事实上的强制技术转让。同时，中方企业将自己的大量员工派驻到合资企业中，学习吸收美方企业的关键技术，这在事实上导致了更大范围的技术泄露和强制性技术转让。

美国担心中国的贸易保护和产业政策，特别是高科技振兴计划可能影响美国的核心竞争力。莱特希泽曾经表示，在与中国的贸易接触中，美国和中国就知识产权保护达成过一些协议。然而，中国对保护知识产权相关协议和法律的执行存在很大问题，导致对知识产权的侵犯问题没能得到遏制。事实上，中国政府在强制技术转让和窃取商业秘密等问题中，都扮演了重要角色，与其建立更加市场化的经济的承诺相去甚远。而在另一些问题上，例如恶意商标注册、仿冒品等，中国政府执法不力，纵容了对知识产权的侵犯。知识产权领域是美国的优势领域，美国通过知识产权在国际贸易中获得了大量利益。美国希望通过持续给中国在这方面施压，保持自身的贸易优势。在美国提出的要价清单中，第二部分即为保护美国的科技和知识产权，提出了要求中国政府取消技术转让政策，加强知识产权执法，停止商业秘密盗窃，修改相关政策等多项具体措施。

进一步而言，美国政府表示中国在多个领域实施产业政策，对中国产业提供政府引导、资源和监管支持，限制国外制造商和外国服务供应商的市场准入。其中最引人关注的是中国政府提出的"中国制造2025"[①]。美

---

① 2015年3月5日，李克强总理在全国两会上作《政府工作报告》时首次提出"中国制造2025"的宏大计划。

国贸易代表办公室（USTR）在其发布的《关于2017年中国在WTO的履约情况向国会的报告》中表示：中国制造2025是对10个高科技、战略性产业提出的系统性升级计划，包括新一代信息技术产业、高档数控机床和机器人、航空航天装备、海洋工程装备及高技术船舶、先进轨道交通装备、节能与新能源汽车、电力装备、农机装备、新材料、生物医药及高性能医疗器械。虽然"中国制造2025"表面上只是为了通过更先进和灵活的制造技术来提高工业生产力，但它象征着中国对"自主创新"采取的不断发展和日渐成熟的做法，这一点在许多配套和相关的产业规划中得到了体现。他们一致且压倒一切的目标是，通过一切可能的手段，在中国市场上用中国的技术、产品和服务取代外国的技术、产品和服务，以便为中国公司主导国际市场做好准备。美国认为"中国制造2025"计划是中国在高科技领域超越美国的一个十分具体而大胆的行动计划，对美国的核心优势形成了重大挑战，因此非常顾虑和忌惮。

2. 中美贸易争端的本质

中美贸易争端的本质是"守成国家"和"新兴国家"之间的对抗，是旧全球秩序与新全球秩序之间的矛盾。

"修昔底德陷阱"，是指一个新崛起的大国必然要挑战现存大国，而现存大国也必然会回应这种威胁，这样两者之间的竞争变得不可避免。此说法源自古希腊著名历史学家修昔底德，他认为，当一个崛起的大国与既有的统治霸主竞争时，双方面临的危险多数以战争告终。[1]

中美之间的贸易争端，主要是中国作为"新兴国家"，美国作为"守成国家"，两者在贸易、科技等方面的竞争和合作。同时，美国中

---

[1] 从近代以来的人类社会经济发展历史看，有很多争端符合"修昔底德陷阱"给出的定义。比如：英荷战争（17世纪至18世纪英国与荷兰冲突），七年战争（1756—1763年，英国、普鲁士与法国、奥地利、西班牙等国冲突），美国独立战争（1775—1783年，北美地方势力与英国殖民政府之间的战争），克里米亚战争（1853—1856年，英国、法国与沙皇俄国之间的战争），普法战争（1870—1871年，普鲁士与法国冲突），日俄战争（1904—1905年，日本与俄国在中国东北进行的战争），第一次世界大战，第二次世界大战。

低端制造业衰落,中国中低端制造业的崛起,使得中美贸易之间从数据来看好像出现了一些失衡。

从经济总量上来看,目前中国的经济体量大约占美国经济体量的三分之二,是全球第二大经济体。历史上看,当一个经济体占美国经济体三分之二的时候,美国政府往往对其进行经济政策上的压制和竞争。但是,从人均 GDP 的角度来看,中美之间的差距其实依然很大。2017 年中美两国的人均 GDP(2010 年不变价)分别为 8836 美元和 59938 美元,美国的人均 GDP 为中国的 6.78 倍。2017 年,我们提出了未来三十年的发展蓝图:从 2020 年到 2035 年,"再奋斗十五年,基本实现社会主义现代化";从 2035 年到 21 世纪中叶,"再奋斗十五年,把我国建成富强民主文明和谐美丽的社会主义现代化强国"。前瞻的看,中国经济在经过一段时间艰苦卓绝的奋斗之后,经济总量与美国的差距可能越来越小。因此,美国在此时对中国进行贸易方面的争端和竞争阻挠,主要是越来越感受到中国经济增长对其的压力,"守成国家"担心"新兴国家"成功实现弯道超车。

从产业结构来看,中国制造业升级速度加快,部分领域在追赶美国等全球最先进的水平,引起了美国的担忧。中国目前的出口结构中机电产品和高科技产品的比例不断提升,虽然其中很多是加工贸易,核心技术并不是中国自身的,但是有部分行业的技术水平已经开始追赶美国。同时,中国提出"中国制造 2025",对 10 个高科技、战略性产业,包括新一代信息技术产业、高档数控机床和机器人、航空航天装备、海洋工程装备及高技术船舶、先进轨道交通装备、节能与新能源汽车、电力装备、农机装备、新材料、生物医药及高性能医疗器械等提出了长远的战略规划。如果这些产业的战略规划,通过国家意志力和力量的支持,某些领域在 2025 年赶上或部分达到美国的水平,那么中国在高科技行业就对美国形成实质性的压力。

因此,中美之间的贸易争端,并不仅仅是贸易领域的争端和竞争,而是两个国家发展方向的竞争,是"守成国家"和"新兴国家"之间的对抗。

(三) 欧洲复苏乏力，新兴市场风险累积

欧洲 2018 年一季度 GDP 季调环比折年增长 1.5%，显著低于 2017 年四季度 2.3% 的增速，为 2016 年三季度以来的新低。从国别来看，除希腊和西班牙以外，欧洲主要国家 GDP 增速多数有所放缓。法国一季度 GDP 季调环比折年增长 0.7%，较 2017 年四季度大幅下降 2.2 个百分点；德国增长 1.2%，较 2017 年四季度大幅下降 1.3 个百分点；英国增长 0.4%，较 2017 年四季度下降 1.2 个百分点；葡萄牙增长 1.8%，较 2017 年四季度下降 1.2 个百分点；意大利增长 1.1%，较 2017 年四季度下降 0.3 个百分点；西班牙增长 2.8%，较 2017 年四季度微升 0.1 个百分点；希腊增长 3.1%，较 2017 年四季度大幅度提高 2.3 个百分点。[①]

欧洲 2018 年二季度经济复苏动能可能持续减弱。从生产端的指标来看，生产端扩张趋势放缓，欧元区 4—6 月制造业 PMI 分别为 56.2、55.5、54.9，而且 2018 年以来持续下滑，6 月制造业 PMI 创过去 18 个月以来最低水平。服务业 PMI 分别为 54.7、53.8、55.2，在 2018 年以来持续下滑的情况下，虽然有所反弹，但数据依然低于一季度水平。欧洲 4 月、5 月工业产出同比增长 1.7% 和 2.4%，工业生产增速水平低于一季度的水平。从消费端来看，欧洲消费增速放缓，4—5 月零售销售指数分别同比增长 1.6%、1.4%，连续两个月增速下滑，平均的增速低于一季度水平。4—6 月消费者信心指数分别为 0.3、0.2、-0.5，平均低于一季度水平，6 月消费者信心指数创 8 个月以来的新低。从贸易来看，欧洲进出口增速波动加剧。4—5 月欧洲出口同比增速分别为 8.2% 和 -0.9%，进口增速分别为 8.3% 和 0.7%，4—5 月的贸易顺差为 166.9 亿和 165.1 亿欧元。

欧洲的政治风险趋于平静。受德国联合组阁谈判破裂、意大利组建新政府困难重重、西班牙前首相拉霍伊被罢免等事件影响，2018 年上半年欧元区政治风险一度升温，引发市场忧虑情绪和金融震荡。德国、

---

① 欧盟委员会数据库（https://ec.europa.eu/commission/index_en）。

意大利和西班牙均最终组阁成功，此前抱有疑欧情绪的意大利新政府也作出了将留在欧元区的承诺，欧元区政治风波暂时平息。6月22日，欧元区19个成员国财政部长就希腊债务危机救助计划最后阶段实施方案达成一致，欧盟和希腊与会代表一致认同希腊主权债务危机已至此结束，由此引发的欧债危机逐步缓解。

尽管以意大利为代表的一些欧元区成员国政治危机短期内得到缓解，但其背后所展现出来的民粹主义蔓延、脱欧情绪增长、难民负担加剧以及政党间分歧加大等一系列在欧元区普遍存在的矛盾仍未得到根本性解决。加之意大利、西班牙等新政府的政策仍具有较强的不确定性，英国脱欧进程曲折而缓慢，因此欧元区政治风险仍存。财政机制改革困难重重，受限于统一的货币政策，欧元区成员国在应对外部风险时很大程度上只能依赖财政政策，并因此引发了高赤字、高债务等问题。尽管法国和德国已同意在2021年前设立欧元区统一财政预算，但该计划仍面临其他成员国的质疑与反对。

日本经济缓慢复苏，货币政策维持宽松，紧缩步伐缓慢。2018年二季度，在持续宽松的财政政策和货币政策支撑下，日本经济景气度提升，我们的观测模型显示二季度实际GDP增速将有所回升，但消费通胀仍低迷。从生产端来看，日本4—6月制造业PMI分别为53.8、52.8、53.0，继续位于50%荣枯线以上，剔除季节性之后的趋势性和循环项都处于历史平均水平之上[①]。

从消费端来看，部分指标显示有所疲弱，但仍高于历史平均水平。5月家庭月消费性支出实际同比下降1.4%，较上月下降0.1个百分点。4月消费者信心指数仅为43.4%，较3月大幅下滑1个百分点，但6月又上升至44.1%，预示未来消费增速有望止跌回升。

从进出口数据来看，外贸环境逐步改善。日本4—5月出口同比增速分别为7.8%和8.1%，其中汽车和半导体等生产设备增长显著。由于全球油价的迅速攀升，进口增速由负转正，连续两个月上升，4—5月增速分别为6.0%和14.0%。完全就业状态继续保持，劳动者报酬稳

---

① 日本总务省统计局数据库（http://www.stat.go.jp/）。

定增长。4—5月失业率分别为2.6%、2.3%,继续维持在低位。就业市场紧俏带动薪资上行,4—5月家庭可支配收入同比分别增长4.6%、4.5%,较一季度提升显著。

从通胀数据来看,日本通胀水平远低于日本央行的政策目标,宽松货币政策仍然有空间。4—5月CPI同比分别上涨0.6%、0.7%,核心CPI同比分别上涨0.7%、0.7%,较一季度明显降低,低于日央行2%的目标。日本持续保持低通胀,主要是因为制造企业的生产率显著提高抑制了价格增长,以及日本老龄化社会的消费意愿萎缩带来的通缩效应。

新兴市场国家的表现参差不齐,部分国家承受资金流出的压力,金融市场出现波动。2018年上半年,新兴经济体经济复苏遭遇挑战,一方面随着石油等大宗商品价格走高,贸易保护主义抬头,新兴经济体复苏势头放缓而通胀有所提升;另一方面强势美元导致部分国家金融市场持续动荡,汇率贬值,资本外流。金砖国家中,印度经济增速加快,俄罗斯经济小幅改善,巴西与南非经济复苏放缓。随着内外部环境的变化,未来新兴经济体货币政策宽松的空间进一步减小,印度已在6月加息,巴西、俄罗斯、南非难以进一步降息,各国亦存在财政与公共债务压力,经济增长面临的挑战增多。部分国家由于外汇储备的不足,短期国际投机资本的过度参与,使得在美联储紧缩货币政策期间,短期资金存在外流的风险。据我们监测的国别金融市场资金流动数据发现,自2018年二季度开始,资金持续从新兴市场国家流入发达国家,特别是美国。短期资金流动,使得部分新兴市场国家的金融风险加剧,全球经济也增加了脆弱性。

综上所述,2018年第二季度,全球经济遇到的风险和困难逐步增多,主要经济体增长放缓、通胀上升,紧缩货币政策周期开启。美国对全球的贸易保护主义正在抬头,频繁对中国、欧盟等国家和地区发起贸易争端,扰乱了正常的国际贸易秩序。从经济短周期的角度,美国经济增长较为平稳,同时保持了渐进加息的态势,资金从新兴市场国家向美国流动的态势较为显著。风险的一面,我们应该看到美国推行的贸易保护主义使得地区间的贸易摩擦升级,干扰了全球经济的复苏态势,不利于经济形势和金融市场的稳定。同时，欧洲经济基本面较为疲弱，经济复苏的动能减缓，虽然"脱欧"等政治风波已经缓和，但货币政策紧缩的速度较为迟缓。日本经济增长较为平稳，景气度有所提升，货币宽松延缓。新兴市场经济体，特别是外部融资较多，外汇储备脆弱的经济体上半年波动较大，风险集聚较多。因此，整体来看，2018年上半年全球经济形势较2017年有所弱化，我国面临的外部环境不利因素增多。

二 中国经济保持稳定，稳杠杆成效显著

2018年上半年，我国经济形势整体保持稳健，经济增长、通胀和就业较为平稳，稳杠杆等供给侧改革扎实推进。上半年我国面临中美贸易争端和国内金融稳杠杆的大环境，保持了经济增长和政策的稳定，实属不易。上半年GDP增速达到了6.8%，与去年持平，但名义GDP增速略有下降；最终消费的贡献率达到历史新高，中国经济转型显著，正在从以前的投资大国转向消费大国；通胀水平整体较为平稳，处于可控的区间。前瞻的看，2018年下半年我国将面临一定的经济增长风险，一是外部不利因素增多，影响下半年的出口增速。二是国内整体货币和信用环境紧缩，影响下半年的房地产和制造业投资增速。三是规范和约束地方政府融资行为可能影响基建投资增速。因此，2018年下半年我国经济面临的困难和挑战可能增多。整体而言，尽管下半年经济有一定的下行压力，我国经济增速全年达到6.5%左右的增长目标应该问题不大①。

（一）经济运行总体保持稳健

1. 经济运行总体保持稳定的韧性，下半年经济增速将略微下降

2018年上半年，我国国内生产总值为41.87万亿元，按可比价格计算，同比增长6.8%，比上年同期小幅回落0.1个百分点，继续保持了稳定增长。其中，第一产业增加值22087亿元，同比增长3.2%，比上年同期回落0.3个百分点；第二产业增加值169299亿元，同比增长

---

① 全年6.5%左右的经济增速目标来自于李克强总理《2018年政府工作报告》。

6.1%，比上年同期回落0.3个百分点；第三产业增加值227576亿元，同比增长7.6%，比上年同期回落0.1个百分点①。

分季度看，二季度国内生产总值220178亿元，按可比价格计算，同比增长6.7%，比一季度略微回落0.1个百分点。其中，第一产业增加值13183亿元，同比增长3.2%，与一季度持平；第二产业增加值91847亿元，同比增长6.0%，比一季度回落0.3个百分点；第三产业增加值115148亿元，同比增长7.8%，比一季度提高0.3个百分点。

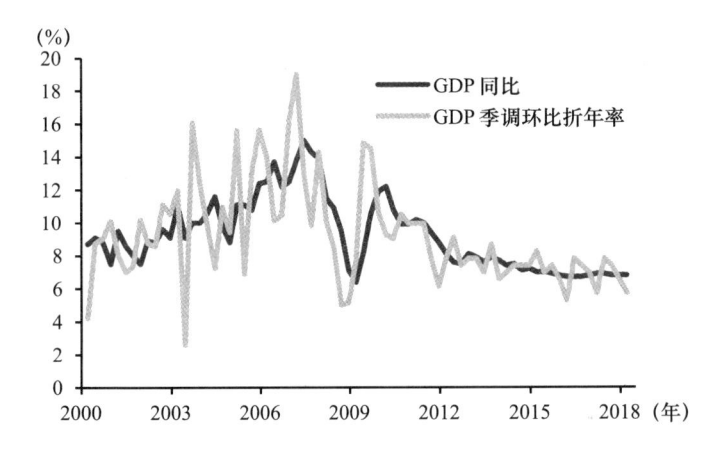

图5 中国GDP同比增速和季节调整后的环比折年率

资料来源：国家统计局、彭博数据库。

2018年上半年，最终消费支出对GDP增长的贡献率为78.5%，资本形成总额对GDP增长的贡献率为31.4%，货物和服务净出口对GDP增长的贡献率为-9.9%。与上年同期相比，最终消费支出贡献率上升14.2个百分点，充分体现了消费对我国经济发展的基础性作用，表明消费是拉动我国经济增长的最重要引擎。受固定资产投资增速回落的影响，资本形成总额贡献率下降3.2个百分点。因货物贸易的顺差大幅收窄，而服务贸易逆差扩大的影响，货物和服务净出口贡献率下降11个百分点。

① 主要参阅国家统计局数据库（http://www.stats.gov.cn/tjsj/zxfb/）。

从行业构成看,与新技术发展密切相关的行业发展较快,比重不断提高。上半年,信息传输软件和信息技术服务业、租赁和商务服务业、交通运输仓储和邮政业保持较快增长,三个行业增加值分别增长30.4%、9.7%和7.9%,领先于其他行业的增长,增加值占GDP的比重分别为4.0%、2.8%和4.5%,比上年同期有所提高或持平。

从需求结构看,固定资产投资结构不断优化,居民消费不断升级,贸易结构不断改善。上半年,制造业投资和民间投资增速回升,分别增长6.8%、8.4%,比上年同期提高了1.3和1.2个百分点,高技术制造业投资增长13.1%,大大快于全部投资的增长。在社会消费品零售中,消费升级类商品保持较快增长,家电、通信器材和化妆品类商品增速加快,分别增长10.6%、10.6%、14.2%,比上年同期提高了0.2、0.5和2.9个百分点。贸易结构不断改善,一般贸易的占比为59.0%,比上年同期上升2.3个百分点;而加工贸易的占比为26.4%,比上年同期下降2.1个百分点。在出口商品中,机电产品出口增长7.0%,劳动密集型产品出口下降4.1%。

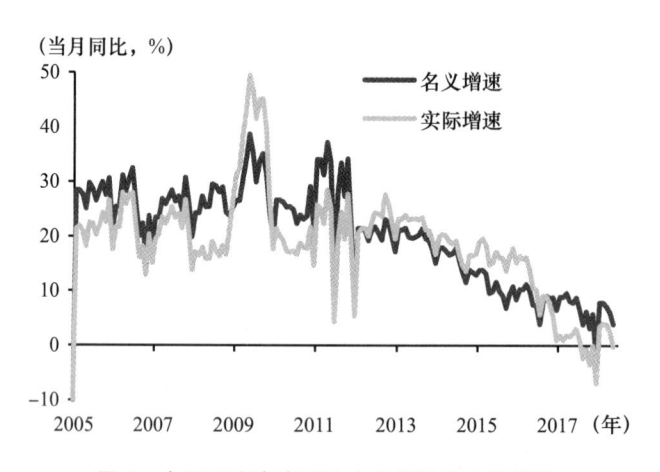

图6 中国固定资产同比名义增速和实际增速

资料来源:国家统计局、彭博数据库。

2. 基建投资增速下滑,房地产投资下半年也不容乐观

2018年上半年,制造业投资同比增长6.8%,增速比1—5月、一

季度分别提高1.6和3个百分点，比全部投资高0.8个百分点，增速为2016年一季度以来最高。上半年制造业投资占全部投资的比重为26.8%，比上年同期提高0.2个百分点，对全部投资增长的贡献率为30.3%，比上年同期提高9.9个百分点，拉动投资增长1.8个百分点。更值得关注的是，上半年制造业技术改造投资增长15.3%，增速比制造业投资高8.5个百分点，占制造业投资的比重为46.1%，比上年同期提高3.4个百分点。2018年以来基础设施投资增速出现回落，上半年同比增长7.3%，增速比1—5月和上年同期分别回落2.1和13.8个百分点。但同时应该看到，基础设施仍是现阶段我国国民经济发展中的薄弱环节，仍有巨大的投资空间和潜力，未来基础设施投资仍将会保持较快增长。

3. 居民收入平稳增长，拉动消费增速

2018年上半年，全国居民人均可支配收入14063元，比上年同期名义增长8.7%；扣除价格因素，实际增长6.6%，延续了一季度以来的平稳增长态势。居民收入实际增长略快于人均GDP增长。上半年，国内生产总值（GDP）增长6.8%，扣除人口总量自然增长因素后的人均GDP增速约为6.3%，居民人均可支配收入实际增速与GDP增长基本同步，快于人均GDP增速0.3个百分点。

农村居民收入增长快于城镇居民。2018年上半年，城镇居民人均可支配收入19770元，增长（以下如无特别说明，均为同比名义增长）7.9%。农村居民人均可支配收入7142元，增长8.8%。农村居民人均收入增速快于城镇居民0.9个百分点。城乡居民收入比由上年同期的2.79下降至2.77。

各项收入延续一季度增长态势。工资、经营、财产三项收入增长加快。2018年上半年，全国居民人均工资性收入8091元，增长8.8%，比上年同期加快0.2个百分点。分城乡看，城镇居民人均工资性收入12073元，增长7.7%，比上年同期加快0.2个百分点；农村居民人均工资性收入3263元，增长9.5%，比上年同期加快0.4个百分点，主要是城镇新增就业人数增加，以及外出务工农村劳动力人数上升且月均收入较快上涨。全国居民人均经营净收入2265元，增长7.0%，比上年同期加快1.1个百分点。其中，人均二、三产业经营净收入1690元，增长8.4%。全国居民人均财产净收入1166元，增长10.5%，比上年同期加快0.9个百分点，主要是人均转让承包土地经营权租金净收入和出租房屋净收入增长较快。转移净收入保持平稳增长。全国居民人均转移净收入2541元，增长9.3%，与一季度大体持平。其中，各地进一步提高基本医保和大病保险保障水平，扩大跨省异地就医直接结算范围，人均报销医疗费增长13.0%。

4. 居民消费支出较快增长，结构出现优化，三、四线城市居民消费升级

2018年上半年，全国居民人均消费支出9609元，比上年同期名义增长8.8%，扣除价格因素，实际增长6.7%，名义增速和实际增速分别比上年同期加快1.2和0.6个百分点。

农村居民消费支出增长快于城镇居民。2018年上半年，农村居民人均消费支出5806元，增长12.2%，比上年同期加快4.1个百分点；城镇居民人均消费支出12745元，增长6.8%。农村居民人均消费支出增速快于城镇居民5.4个百分点。

图7 中国社会消费品零售总额同比增速和消费者信心指数

资料来源：国家统计局、彭博数据库。

服务消费升级势头明显,居民消费结构优化。2018年上半年,体育、健康、旅游等服务消费势头强劲,全国居民人均体育健身活动支出增长39.3%,医疗服务支出增长24.6%,旅馆住宿支出增长37.8%,交通费支出增长22.8%。受电信行业连续出台提速降费举措影响,居民享受通信服务内容增多,但成本降低,全国居民人均通信服务支出下降8.6%。追求舒适生活的享受型服务消费需求旺盛,全国居民人均饮食服务支出增长16.6%,家政服务支出增长33.1%。同时,个人护理、教育培训方面投入加大,全国居民人均用于化妆品、成人教育及学前教育培训等方面的消费支出也呈现两位数以上快速增长。在消费转型升级的带动下,与消费直接相关的通信、文化体育娱乐和教育等领域的投资增长较快。上半年,文化、体育和娱乐业投资增长17.5%,增速比上年同期加快2.1个百分点;汽车制造业投资同比增长8.5%,计算机、通信和其他电子设备制造业投资增长19.7%,教育投资增长11.2%,均明显快于全国固定资产投资增速的平均水平。随着居民收入水平的持续提高以及消费观念的转变,居民消费从注重量的满足转向追求质的提升,部分与消费升级相关的商品增长加快。上半年,限额以上单位家用电器、通信器材和化妆品类商品增速同比分别加快0.2、0.5和2.9个百分点;另据中国汽车工业协会统计,上半年,代表居民消费升级方向的运动型多用途汽车(SUV)销售同比增长9.7%,增速比基本型乘用车(轿车)高4.2个百分点。新兴业态保持快速增长的同时,传统零售业企业积极拓展销售渠道,继续保持较快增长态势。在大数据、人工智能和移动互联网等新技术推动以及日益完善的物流配送体系支撑下,超市、专业店等传统零售业态与电商平台深度融合,不断涌现出更注重消费者体验,集餐饮、购物、娱乐、休闲等跨界消费场景于一体的新零售业态。据测算,上半年,限额以上单位通过互联网实现的商品零售额占限额以上单位消费品零售额的比重为9.5%,比上年同期提升2.1个百分点;包括超市、百货店、专业店等在内的限额以上单位实体零售额同比增长7.6%,其中,限额以上单位超市、折扣店零售额增速分别比上年同期加快1.2和4.6个百分点,便利店和专业店保持10%左右的较高增速。

5. 2018年上半年，全国规模以上工业增加值同比增长6.7%，增速较一季度放缓0.1个百分点，较2017年全年加快0.1个百分点，生产增速处于合理区间

行业增长面扩大。2018年上半年，41个工业大类行业中有38个行业增加值保持同比增长，增长面达到92.7%。其中，汽车、烟草、医药、专用设备、计算机、电力等行业增速较快，同比分别增长10.1%、10.7%、10.9%、11.1%、12.4%和10.3%。多数产品保持增长。上半年，在统计的596种主要工业产品中，有382种实现同比增长，增长面达到64.7%。其中金属集装箱、金属轧制设备、电子元件、彩色电视机、空调等产品保持较快增长，同比分别增长32.5%、27.5%、21.5%、15.1%和14.4%。

随着化解淘汰过剩产能、处置"僵尸"企业等工作的深入推进，切实减少无效和低端供给，供给结构明显改善，产能利用率回升。上半年，工业产能利用率为76.7%，比上年同期提高0.3个百分点。其中，二季度全国工业产能利用率为76.8%，比一季度回升0.3个百分点。41个大类行业中，比一季度上升的有26个行业。二季度采矿业产能利用率为73.3%，同比提高1.9个百分点，环比提高0.2个百分点。其中，煤炭开采和洗选业、石油天然气开采业产能利用率分别为72.9%和88.8%，比一季度分别回升1.7和3.2个百分点。二季度原材料制造业产能利用率为75.5%，比一季度回升0.2个百分点。其中，石油加工业、黑色金属冶炼和压延加工业产能利用率分别为79.4%和78.5%，分别比一季度回升4.3和1.6个百分点。二季度装备制造业产能利用率为78.8%，比一季度回升0.3个百分点。其中，计算机、仪器仪表、铁路船舶航空航天设备制造业分别比一季度回升1.3、1.7和5.1个百分点。

工业战略性新兴产业、高技术产业和装备制造业增速较快，比重上升。上半年，高技术产业增加值同比增长11.6%，增速高于规模以上工业4.9个百分点，占规模以上工业增加值的比重为13.0%，比一季度提高0.3个百分点；装备制造业同比增长9.2%，增速高于规模以上工业2.5个百分点，占比为32.5%，比一季度提高0.3个百分点；战略性新兴产业同比增长8.7%，增速高于规模以上工业2.0个百分点，占比为18.3%，比一季度提高0.6个百分点。具有较高技术含量和较高附加值的工业产品产量快速增长。

图8 中国工业增加值同比增速和发电量同比增速

资料来源：国家统计局、彭博数据库。

（二）金融部门稳杠杆的成效显著

2017年底的中央经济工作会议提出2018年的重要任务就是稳定金融部门的杠杆率，防范金融风险。2018年上半年，金融部门采取了一系列稳定杠杆率、打击资金空转、促进资金进入实体经济的措施，金融部门稳杠杆的成效显著[①]。

1. 从货币信贷数据看，绝对规模和同比增速都较为平稳

2018年6月末，广义货币（M2）余额177.02万亿元，同比增长8%，增速分别比上月末和上年同期低0.3和1.1个百分点；狭义货币（M1）余额54.39万亿元，同比增长6.6%，增速比上月末高0.6个百分点，比上年同期低8.4个百分点；流通中货币（M0）余额6.96万亿元，同比增长3.9%。上半年净回笼现金1056亿元。

6月末，本外币贷款余额134.81万亿元，同比增长12.1%。月末

---

① 主要参阅中国人民银行数据库（http://www.pbc.gov.cn/diaochatongjisi/116219/index.html）。

人民币贷款余额 129.15 万亿元，同比增长 12.7%，增速比上月末高 0.1 个百分点，比上年同期低 0.2 个百分点。上半年人民币贷款增加 9.03 万亿元，同比多增 1.06 万亿元。分部门看，住户部门贷款增加 3.6 万亿元，其中，短期贷款增加 1.1 万亿元，中长期贷款增加 2.5 万亿元；非金融企业及机关团体贷款增加 5.17 万亿元，其中，短期贷款增加 8731 亿元，中长期贷款增加 3.72 万亿元，票据融资增加 3869 亿元；非银行业金融机构贷款增加 2334 亿元。6 月份，人民币贷款增加 1.84 万亿元，同比多增 3054 亿元。6 月末，外币贷款余额 8549 亿美元，同比增长 2.7%。上半年外币贷款增加 170 亿美元，同比少增 299 亿美元。6 月份，外币贷款减少 151 亿美元，同比多减 277 亿美元。上半年，银行间人民币市场以拆借、现券和回购方式合计成交 445.32 万亿元，日均成交 3.62 万亿元，日均成交比上年同期增长 24%。其中，同业拆借日均成交同比增长 56.1%，现券日均成交同比增长 27.6%，质押式回购日均成交同比增长 21%。6 月份同业拆借加权平均利率为 2.73%，比上月高 0.01 个百分点，比上年同期低 0.21 个百分点；质押式回购加权平均利率为 2.89%，比上月高 0.07 个百分点，比上年同期低 0.14 个百分点。

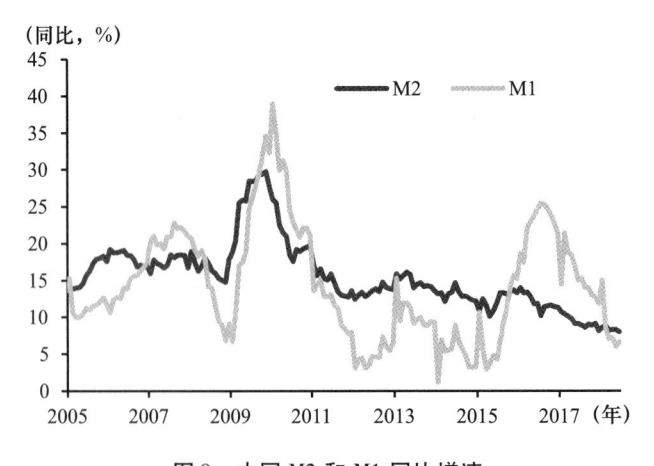

图 9　中国 M2 和 M1 同比增速

资料来源：国家统计局、彭博数据库。

2. 从社会融资规模看，金融支持实体经济的能力显著提升，表外融资的规模得到有效控制

初步统计，2018年上半年社会融资规模增量累计为9.1万亿元，比上年同期少2.03万亿元。其中，对实体经济发放的人民币贷款增加8.76万亿元，同比多增5548亿元；对实体经济发放的外币贷款折合人民币减少125亿元，同比多减598亿元；委托贷款减少8008亿元，同比多减1.4万亿元；信托贷款减少1863亿元，同比多减1.5万亿元；未贴现的银行承兑汇票减少2717亿元，同比多减8388亿元；企业债券净融资1.02万亿元，同比多1.38万亿元；非金融企业境内股票融资2511亿元，同比少1799亿元。6月份社会融资规模增量为1.18万亿元，比上年同期少5902亿元。

从结构看，2018年上半年对实体经济发放的人民币贷款占同期社会融资规模的96.3%，同比高22.5个百分点；对实体经济发放的外币贷款折合人民币占比-0.1%，同比低0.5个百分点；委托贷款占比-8.8%，同比低14.2个百分点；信托贷款占比-2%，同比低13.8个百分点；未贴现的银行承兑汇票占比-3%，同比低8.1个百分点；企业债券占比11.2%，同比高14.5个百分点；非金融企业境内股票融资占比2.8%，同比低1.1个百分点。

3. 从金融稳杠杆的效果来看，全社会杠杆率得到有效的控制，资产价格泡沫化程度缓解

我们构建的中国金融部门杠杆率相对水平主要为：大口径社会融资规模＝社会融资规模＋地方政府债券－财政存款，季度数等于各月数平均。中国金融部门杠杆率相对水平＝大口径社会融资规模/GDP，GDP为季度折年[①]。这样得到的中国金融部门杠杆率相对水平考虑了政府部门的杠杆率变化，也考虑了相对实体经济的变化，表述的金融部门杠杆率相对水平更为客观和敏感，也更为科学。

从2018年上半年的金融稳杠杆来看，金融部门杠杆率相对于实体

[①] 文中略去具体测算过程，主要是将杠杆率与经济增长的周期性一起考虑，得到杠杆率和经济周期的偏离度变化，从而得到中国金融部门杠杆率相对水平数据。

经济增长的偏离度较快,实体经济对于金融稳杠杆的感受较为强烈。我们建议,在金融稳杠杆的过程中,一方面要考虑金融部门的风险化解和步骤,另一方面也需要考虑实体经济的承受能力。金融稳杠杆的初衷是防范金融风险,促进资金进入实体经济,保证经济稳定发展。在金融部门稳杠杆的过程中,应该合理安排好稳杠杆的时点、力度、影响,保证在稳杠杆的过程中经济增速和金融市场稳定向前。

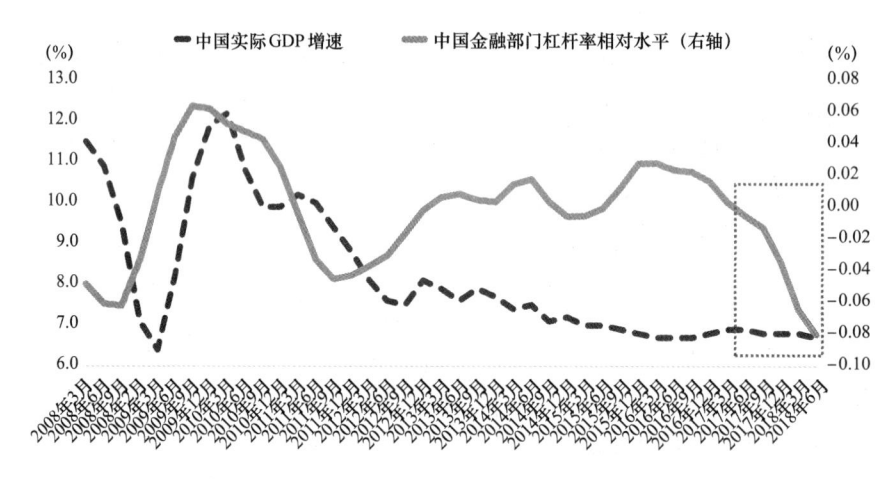

图10 中国金融部门杠杆率相对水平和实际GDP增速

资料来源:国家统计局、彭博数据库。

三 中国财政运行良好,控制地方政府债务

2018年上半年,全国财政收支运行情况良好。财政收入保持平稳较快增长,财政支出保持较高强度,支出进度总体加快,对重点领域和关键环节的支持力度进一步加大,有力促进了经济社会平稳健康发展。结构性减税和重点民生支出相结合,控制地方政府债务也成为2018年上半年的重点任务。

(一) 财政收入增速平稳,减税效应显现

2018年6月,全国一般公共预算收入17680亿元,同比增长3.5%。其中,中央一般公共预算收入8011亿元,同比增长5.8%;地

方一般公共预算本级收入9669亿元,同比增长1.6%。全国一般公共预算收入中的税收收入14818亿元,同比增长8%;非税收入2862亿元,同比下降14.9%。财政收入增速较上月大幅回落,主要原因有三:一是减税降费政策效应逐步显现,直接造成财政收入减收;二是受7月1日起汽车整车和零部件及部分日用消费品进口关税税率大幅下降政策预期影响,相关产品的进口和消费有所延后,造成6月份进口环节税收、车辆购置税、国内消费税由前5月两位数增长转为同比下降;三是2018年6月较上年少2个工作日。6月份,全国一般公共预算支出28897亿元,同比增长7%,增速较上月大幅回升6.5个百分点,这主要是受部分支出错月的影响,地方一般公共预算支出增速较上月大幅提高7.4个百分点。

1—6月累计,全国一般公共预算收入104331亿元,同比增长10.6%。其中,中央一般公共预算收入49890亿元,同比增长13.7%;地方一般公共预算本级收入54441亿元,同比增长8%。全国一般公共预算收入中的税收收入91629亿元,同比增长14.4%;非税收入12702亿元,同比下降10.8%。[①]

2018年1—6月主要收入项目情况如下:(1)国内增值税33600亿元,同比增长16.6%。(2)国内消费税6869亿元,同比增长17.4%。(3)企业所得税23928亿元,同比增长12.8%。(4)个人所得税8127亿元,同比增长20.3%。(5)进口货物增值税、消费税8520亿元,同比增长10.6%;关税1454亿元,同比下降0.3%。(6)出口退税7661亿元,同比增长7.3%,体现为减收。(7)城市维护建设税2542亿元,同比增长16.2%。(8)车辆购置税1807亿元,同比增长16.4%。(9)印花税1299亿元,同比增长8.5%。其中,证券交易印花税657亿元,同比增长6.3%。(10)资源税840亿元,同比增长20.2%。(11)环境保护税46亿元(2018年新开征)。(12)土地和房地产相关税收中,契税2974亿元,同比增长16%;土地增值税3231亿元,同比增长10.7%;房产税1484亿元,同比增长6.9%;城镇土地使用税

---

① 主要参考财政部数据库(http://www.mof.gov.cn/zhengwuxinxi/caizhengshuju/)。

1309 亿元,同比下降 0.2%;耕地占用税 801 亿元,同比下降 31.7%。(13) 车船税、船舶吨税、烟叶税等其他各项税收收入合计 459 亿元,同比增长 5.2%。

2018 年上半年财政收支保持了较快的增长,财政收支占年初预算比例均高于前五年均值;但受国际贸易环境不稳定性、中美贸易战不确定性、减税降费政策的逐步推进等多方面的影响,下半年财政收入或将有所放缓。综合来看,财政收支 2018 年全年将继续保持平稳,全年收支实现预期目标问题不大。

(二) 民生支出增速较快

2018 年 6 月,全国一般公共预算支出 28897 亿元,同比增长 7%。其中,中央一般公共预算本级支出 3426 亿元,同比增长 13.1%;地方一般公共预算支出 25471 亿元,同比增长 6.2%。财政资金主要用于支持供给侧结构性改革、脱贫攻坚、生态环保、教育、科技创新、社保、医疗等重点领域和项目,支出的公共性和普惠性不断提高,结构不断优化,加快补齐全面小康短板。

2018 年 1—6 月累计,全国一般公共预算支出 111592 亿元,同比增长 7.8%,为年初预算的 53.2%,比上年同期进度加快 0.1 个百分点。其中,中央一般公共预算本级支出 15371 亿元,同比增长 8.3%;地方一般公共预算支出 96221 亿元,同比增长 7.8%。1—6 月主要支出项目情况如下:(1) 教育支出 16400 亿元,增长 6.9%。(2) 科学技术支出 3644 亿元,增长 25.4%。(3) 文化体育与传媒支出 1346 亿元,增长 5.8%。(4) 社会保障和就业支出 16482 亿元,增长 11.3%。(5) 医疗卫生与计划生育支出 9472 亿元,增长 9.8%。(6) 节能环保支出 2627 亿元,增长 16.3%。(7) 城乡社区支出 12542 亿元,增长 5.5%。(8) 农林水支出 8355 亿元,增长 3.7%。(9) 交通运输支出 5534 亿元,增长 0.5%。(10) 债务付息支出 3660 亿元,同比增长 19%。

2018 年 6 月,全国发行地方政府债券 5343 亿元。其中,一般债券 4434 亿元,专项债券 909 亿元;按用途划分,新增债券 3157 亿元,置换债券或再融资债券(用于偿还部分到期地方政府债券本金,下同)

2186亿元。

2018年1—6月累计,全国发行地方政府债券14109亿元。[①] 其中,一般债券10436亿元,专项债券3673亿元;按用途划分,新增债券3329亿元,置换债券或再融资债券10780亿元。2018年1—6月,地方政府债券平均发行期限5.9年,其中一般债券6.0年、专项债券5.7年;平均发行利率3.98%,其中一般债券3.97%、专项债券4.00%。

2018年1—6月,地方政府债券平均发行期限5.9年,其中一般债券6.0年、专项债券5.7年;平均发行利率3.98%,其中一般债券3.97%、专项债券4.00%。

2018年全国地方政府债务限额为209974.30亿元。其中,一般债务限额123789.22亿元,专项债务限额86185.08亿元。截至2018年6月末,全国地方政府债务余额167997亿元,控制在全国人大批准的限额之内。其中,一般债务105904亿元,专项债务62093亿元;政府债券159948亿元,非政府债券形式存量政府债务8049亿元。截至2018年6月末,地方政府债券剩余平均年限4.5年,其中一般债券4.4年、专项债券4.6年;平均利率3.44%,其中一般债券3.45%、专项债券3.42%。

下半年,随着各项减税降费政策落到实处,加之中美贸易不确定性增加,会对财政收入带来减收影响,但改革红利的进一步释放,有助于经济发展质量、效率、动力稳步提升,将为财政增收提供有力支撑。综合考虑,预计下半年财政收入增速将有所放缓,继续保持平稳。财政支出部分,特别是民生支出和项目预算的基建支出具有一定的刚性[②],预计下半年财政支出增速还将保持强劲。

(三) 土地出让收入增长较快

1. 政府性基金预算收入增长较快,土地出让收入占比较高

2018年1—6月累计,全国政府性基金预算收入31237亿元,同比

---

① 地方隐性债务问题,本文并没有涉及,但是影响地方政府财政投资性支出的重要因素。

② 民生支出占财政总支出的比例逐年提升,且社保、医疗、扶贫等民生支出具有刚性,比例很难缩减。

增长36%。分中央和地方看,中央政府性基金预算收入1922亿元,同比下降1.9%;地方政府性基金预算本级收入29315亿元,同比增长39.6%,其中国有土地使用权出让收入26941亿元,同比增长43%。伴随近期新一轮地产调控政策密集出台、棚改货币化安置比例或趋降低,后续需密切关注下半年政府性基金是否能够延续2017年以来的高增速。

2. 地方政府性基金预算支出较高

2018年1—6月累计,全国政府性基金预算支出28130亿元,同比增长37.3%。分中央和地方看,中央政府性基金预算本级支出808亿元,同比下降4%;地方政府性基金预算支出27322元,同比增长39.1%,其中国有土地使用权出让收入相关支出24864亿元,同比增长43%。

综上所述,2018年上半年,政府在减税方面进行了卓有成效的工作,包括降低增值税税率水平、降低小微企业的税收负担等等,同时,个人所得税法修正案已提交全国人大常委会审议并公开征求意见,未来仍将就进口汽车、日用消费品等方面降低关税。上半年,财政一方面聚焦三大攻坚战,另一方面为地方政府开正门、堵邪门,以规范财政资金的运作和使用。通过减税降费刺激经济的活力,是财政发力的长效机制,也是当前财政政策的一个长期方向。上半年财政收入平稳和土地出让收入较高,为减税创造了空间。

2018年全国人大批准的地方债新增限额2.18万亿元[①],目前来看下半年的空间还很大。除新增债务额度外地方债仍有2.2万亿的限额内未使用余额。2018年上半年,我国地方政府债券共计发行1.41万亿元,其中新增债券3328.72亿元。虽然地方政府债发行空间较大,但上半年新增债券发行并不多,我们认为这源于原有的杠杆结构被破坏。原来地方建设项目需要30%的资本金再配套贷款,但实际过程中很多靠财政资金通过各种渠道筹集资本金,在去杠杆的严监管措施下,这种方式难以为继,抑制了地方政府发债筹集资金的积极性。下半年随着经济

---

① 地方债新增限额数据来源于李克强总理《2018年政府工作报告》。

增长压力的加大,我们预计宏观政策可能出现一定程度的缓和,工具方式上选择重启专项建设基金或国开行贷款等。

四 如何跨越"中等收入陷阱""塔西佗陷阱"和"修昔底德陷阱"

中美贸易争端和国内金融部门稳杠杆是影响2018年上半年宏观经济形势的重要因素,也将深刻影响下半年的经济形势和之后的发展路径。本文认为,中美贸易争端和国内稳杠杆,是我国实现伟大复兴道路上必须面对的困难。一个国家实现伟大复兴可能面临三大陷阱:"中等收入陷阱""塔西佗陷阱"和"修昔底德陷阱"。中美贸易争端和国内稳杠杆就与这三个陷阱密切相关。本文详细分析了国内稳杠杆的内在逻辑,以及中美贸易争端未来可能的发展态势。

(一)三大陷阱的概念和内涵

第一,什么是"中等收入陷阱""塔西佗陷阱"和"修昔底德陷阱"?"中等收入陷阱"是指一个经济体从中等收入向高收入迈进的过程中,既不能重复又难以摆脱以往由低收入进入中等收入的发展模式,很容易出现经济增长的停滞和徘徊,人均国民收入难以突破1万美元。进入这个时期,经济快速发展积累的矛盾集中爆发,原有的增长机制和发展模式无法有效应对由此形成的系统性风险,经济增长容易出现大幅波动或陷入停滞。大部分国家则长期在中等收入阶段徘徊,迟迟不能进入高收入国家行列。"中等收入陷阱"发生的原因主要就是低端制造业转型失败,低端制造业可以带来中等收入,但是伴随而来的污染,低质低价,都是恶性循环。低端制造改高端制造,是完全靠高科技解决,而高科技不是几十年能追赶的。"塔西佗陷阱"得名于古罗马时代的历史学家塔西佗。这一概念最初来自塔西佗所著的《塔西佗历史》,是塔西佗在评价一位罗马皇帝时所说的话:"一旦皇帝成了人们憎恨的对象,他做的好事和坏事就同样会引起人们对他的厌恶。"之后被中国学者引申成为一种现社会现象,指当政府部门或某一组织失去公信力时,无论说真话还是假话，做好事还是坏事，都会被认为是说假话、做坏事。"修昔底德陷阱"，是指一个新崛起的大国必然要挑战现存大国，而现存大国也必然会回应这种威胁，而且往往采取猛烈的反制措施。此说法源自古希腊著名历史学家修昔底德，他认为，当一个崛起的大国与既有的统治霸主竞争时，双方面临的危险多数以猛烈的竞争表现，有的以战争告终。

第二，三大陷阱之间是什么联系？一个国家如果想走向高水平的复兴发展之路，那就必须走出"中等收入陷阱"，施行一系列的经济和社会改革。走出"中等收入陷阱"，就是国家走向复兴的内在目标。一系列的经济和社会改革的过程中，就会遇到各种各样的困难，以及短期利益和中长期利益的权宜，这一过程中往往会有政策摇摆和进退，如果把握不住，可能出现公众对改革政策的怀疑和不信任，从而产生所谓的"塔西佗陷阱"的风险。"塔西佗陷阱"即为国家内部推进改革可能产生的风险，属于内部的政策风险。一个新崛起的大国，在成长和发展壮大的道路上必然要挑战现存大国，竞争和合作在这一阶段将很常见。"修昔底德陷阱"就是在新兴国家与守成国家之间的争斗中，两者可能陷入竞争无序的陷阱。"修昔底德陷阱"即为国家走向复兴发展的过程中，来自于外部竞争者的打击和阻碍风险。因此，"中等收入陷阱""塔西佗陷阱"和"修昔底德陷阱"三者是一个国家走向复兴过程中必然遇到和经历的三种困难和考验。

中等收入陷阱 — 能否实现改革目标的风险

塔西佗陷阱 — 内部改革政策摇摆风险

修昔底德陷阱 — 外部竞争风险

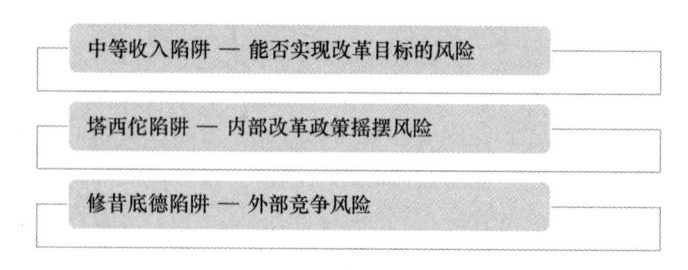

图 11 三大陷阱之间的关系

资料来源：国家统计局，作者绘制。

(二) 如何走出三大陷阱，实现平稳发展

1. 加强供给侧改革、控制金融空转是走出"中等收入陷阱"的关键

三大陷阱中，"中等收入陷阱"是影响我国走向复兴的最关键因素。走出"中等收入陷阱"的核心是实现持续和平稳的经济增长。但是，一味地依靠无效投资和大规模的货币放松，不可能持续地带来经济的稳定增长。2018年上半年以来的国内金融部门去杠杆和规范地方政府债务就是走出"中等收入陷阱"的关键。资金愿意进入实体经济，投资回报率持续回升是一个经济体走出"中等收入陷阱"的关键。那么，我国目前的情况如何呢？

金融部门的表外杠杆和地方政府债务融资规模扩大，很多政府相关的投资性项目的回报率过低，已经开始拖累中国实体经济投资回报率。在流动性持续宽松的条件下，资金不愿意进入实体经济，开始呈现出资产泡沫化的过程。更进一步，中国债务融资的扩大，从宏观渠道上，已经开始通过资金不进入实体经济，引起资产泡沫与实体经济脱钩的形式，影响到中国的金融稳定。

本部分在白重恩等（2007）研究的基础上，估计中国实体经济的投资回报率水平，并将其与金融市场无风险利率对比[①]，从而研究以下两个问题：第一，从2014年开始，中国资本市场开始与实体经济脱钩，资产泡沫化加剧，金融稳定受损；第二，地方政府债务融资规模的扩大如何在影响实体经济投资回报率的基础上，影响中国金融体系的稳定性。

按照白重恩等（2007）关于实体经济投资回报率的估计方法，我们设定 t 时期作为价格完全接受者的企业每投资1单位的资本 j（$j=1$, 2, $\cdots$, J）用于实体经济生产所产生的回报率为：

$$i_j(t) = \frac{P_Y(t)MPK_j(t)}{P_{K_j}(t)} - \delta_j + \hat{P}_{K_j}(t)$$

其中，$i_j(t)$ 为 j 资本品投资的名义回报率，$P_Y(t)$ 为其在市场

[①] 主要参考白重恩、钱颖一、谢长泰《中国的资本回报率》，《比较》2007年第28期。

上的价格，也就是企业的投资成本；δ_j 为资本折旧率，$MPK_j(t)$ 为资本的边际名义产出。同时，我们把 $\hat{P}_{K_j}(t)$ 定义为资本品在 t 时期的价格变动。

为了估算代表性企业进行实体经济投资的名义资本回报率水平，我们将总产出中的资本份额来反推其名义回报。在总产出中分配给资本的份额为：

$$\alpha(t) = \frac{\sum_j MPK_j(t) K_j(t)}{Y(t)}$$

将其带入投入资本品的实体经济投资回报率，可以得到：

$$\alpha(t) = \frac{P_K(t) K(t) [i(t) - \hat{P}_K(t) + \delta(t)]}{P_Y(t) Y(t)}$$

其中，$P_K(t) K(t) = \sum_j P_{K_j}(t) K_j(t)$ 为总的资本投入的名义价值，这属于国民总收入分配中的资本份额分配的那部分生产性投入。全社会资本的价格对应于代表性资本价格的平均值，也就是说下式代表名义资本回报率：

$$i(t) = \sum_j \left(\frac{P_{K_j}(t) K_j(t)}{P_K(t) K(t)} \right) i_j(t)$$

$$\hat{P}_K(t) = \sum_j \left(\frac{P_{K_j}(t) K_j(t)}{P_K(t) K(t)} \right) \hat{P}_{K_j}(t)$$ 代表资本品在 t 时期的价格变化率；

相应的，$\delta(t) = \sum_j \left(\frac{P_{K_j}(t) K_j(t)}{P_K(t) K(t)} \right) \delta_j$ 为资本品在 t 时期的资本折旧率；

因此，我们可以得到可计算的实体经济投资回报率，其表达式为：

$$r(t) = i(t) - \hat{P}_Y(t) = \frac{\alpha(t)}{P_K K(t) / P_Y Y(t)} + [\hat{P}_K(t) - \hat{P}_Y(t)] - \delta(t)$$

数据来源说明：国民经济生产总值和收入法份额来自于国家统计局数据，1977—1992 年数据来自于《新中国六十年统计资料汇编》；资本存量初始值来自于白重恩（2006）的估计；资本价格变化参考生产者价格指数和原材料价格指数的平均值；折旧率数据来自于张军（2009）的研究。

按照我们估算的中国实体经济投资回报率水平发现：

第一，中国实体经济投资回报率在 2008 年以来持续下降，且在 2014 年附近降低至金融市场无风险融资成本以下。实体经济投资回报率低于融资成本的情景在 1994 年附近也出现过，当时经过财政、国企、价格等一系列市场化改革之后，实体经济投资回报率水平又重新得到提升。2014 年左右，中国实体经济投资回报率开始低于融资成本，时代需要一场供给侧改革。

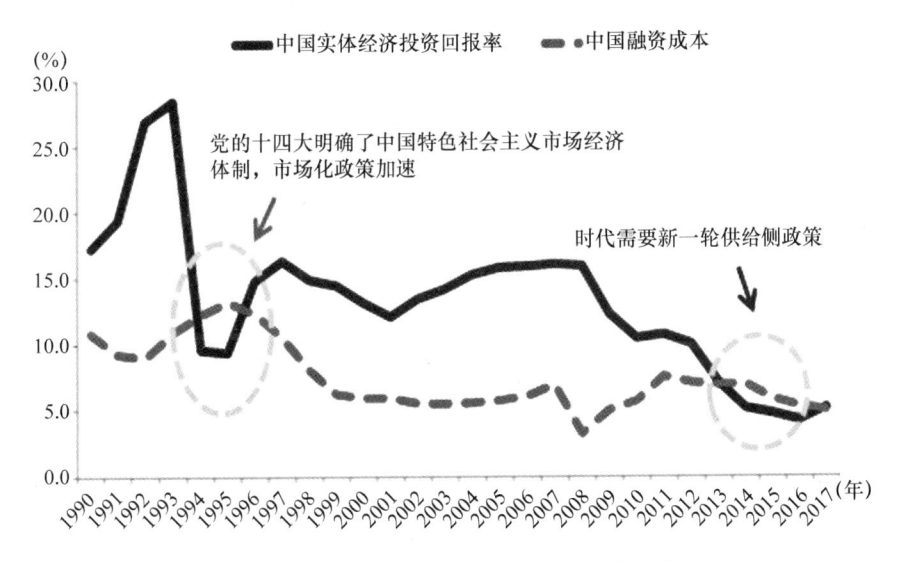

图 12 中国实体经济投资回报率与融资成本

资料来源：国家统计局、万得数据库，经作者测算。

第二，2014 年实体经济投资回报率低于金融市场无风险收益率之后，资金不愿意进入实体经济，呈现出"脱实向虚"的特点。资产价格开始泡沫化，金融市场的波动性加剧。典型的金融市场剧烈波动来自于 2014—2015 年的股票市场大起大落和汇率市场的波动。因此，以 2014 年为界，资本市场、短期热钱流动和人民币汇率波动等金融市场的不稳定，根源于实体经济的投资回报率偏低。

第三，由于实体经济投资回报率低于借贷成本，如果没有新一轮的供给侧改革，实体经济的杠杆率水平将越来越高，金融市场的泡沫化将进一步加剧。我们发现，经过2016—2017年的实体经济供给侧改革之后，中国实体经济投资回报率水平开始抬升，目前已经略高于金融市场融资成本。虽然实体经济投资回报率暂时脱离了危险的区间，仍需坚持供给侧改革，逐步提升投资回报率。

进一步来讲，我们将实体经济投资回报率的下降因素分解来看究竟是什么原因使得中国实体经济投资回报率下降的如此之快？按照白重恩（2014）的分析方法，我们将影响实体经济投资回报率的几个因素对其进行解释性分析。我们选取四个主要因素，分别为：政府规模（财政全口径支出/GDP）、投资率、第二产业占比、第三产业占比。以2008年为界，我们考察断点左右的作用变化：

表1　　　　影响中国实体经济投资回报率的因素分解

项目	影响中国实体经济投资回报率的因素解释力		
	2004—2008年	2009—2016年	两阶段差异
政府规模	0.23	0.18	-0.05
投资率	0.48	0.42	-0.06
第二产业占比	0.46	0.44	-0.02
第三产业占比	0.41	0.42	0.01

资料来源：国家统计局、万得数据库，经作者测算。

按照我们的模型分解，政府规模和投资率是影响2008年之后中国实体经济投资回报率下降的主要因素。政府规模越大，即政府财政投资的规模越大，对全社会实体经济投资回报率的拖累也就越大。第二产业占比下降，使得资本投资的需求下降，也在一定程度上降低了资本的投资回报率水平。

因此，中国金融部门表外杠杆率过高和地方政府债务融资的规模扩大，政府财政性投资的急剧增加，使得中国实体经济投资回报率下降。财政性投资的回报率下降，将使得宽松货币政策下的流动性不愿意进入实体经济，从而推动中国资产价格的上升，引起金融资产的泡沫化，影响中国的金融稳定。

如何走出"中等收入陷阱"，关键在于持续提升实体经济投资回报率，使其高于社会融资成本，资金重新愿意回到实体经济，进行设备投资等生产性的投资，实现经济的持续增长。2018年上半年，我国加强金融部门稳杠杆措施，施行财政部门、国企部门预算约束的规范，同时继续进行供给侧改革，实现实体经济技术进步的提升。控制资产泡沫、加强供给侧改革的力度，稳定金融部门杠杆率，是一个经济体能否走出"中等收入陷阱"的关键。

2. 坚定改革目标，加强国际合作共赢是内安外靖的关键

加强供给侧改革、控制金融部门杠杆率和规范财政、国企部门的预算约束，是走出"中等收入陷阱"的关键。供给侧改革的阻力，金融稳杠杆的阻力和加强财政、国企部门预算约束的改革阻力巨大，并不是一朝一夕或短期决策能够改变的。同时，我国在发展过程中，往往要面对海外竞争对手的打压和阻挠，如何避免干扰，也将考验我们国家走向复兴的决心。

内安就是要平稳走出"塔西佗陷阱"，在国内达成改革的共识，和面对短期改革阵痛的决心。具体而言，供给侧改革将不可避免地涉及去产能、去杠杆等做"减法"的政策组合，这一过程中的企业破产重组，行业产能收缩和改革，金融部门杠杆的控制等，在短期内将使得一部分企业或个人的利益受到一定程度的损失。但是，短期阵痛是为了长期的发展。政策制定者应该坚持中长期的发展方向，坚持做好供给侧改革、控制金融部门杠杆率和规范财政、国企部门的预算约束等政策组合，实现国内改革环境的安定和内部的团结。

外靖就是要平稳走出"修昔底德陷阱"，与全球大部分国家建立友好合作的关系，与守成大国之间也是良性竞争、积极合作的关系。世界上没有一个国家能不依靠国家之间的比较优势的贸易来获得经济发展的机会。全球化的浪潮并不以个人的意志为转移，也不以短期内部分群体的意志为转移。全球越来越处于命运共同体，认识历史发展趋势，将能帮助我们遇到逆全球化的波澜时，稳住方向，加快对外开放和改革，与

外界的积极合作,将帮助我们走出"修昔底德陷阱"。

实现国家走向复兴的伟大目标,关键在于自身能否走出"中等收入陷阱",能否走出"中等收入陷阱",关键在于坚定改革的目标和方向,坚持供给侧改革,抑制金融泡沫,加强对财政、国有部门预算约束。本部分重点强调了目前我国走出"中等收入陷阱"面临的切实困难和努力方向,也提出在实现目标的过程中,应该积极参与国际贸易体系,坚定改革目标,加强国际合作共赢是内安外靖的关键。

(执笔人:闫坤　刘陈杰)

世界经济发展策略转变与我国进一步减税降费的政策思路

——2018年第三季度我国宏观经济与财政政策分析报告

2018年是国际金融危机爆发十周年,世界经济基本走出危机阴影,但增长情况出现分化。发达国家呈现增长势头,已经或正在考虑收紧宏观经济政策;新兴和发展中国家虽然在世界经济中的比重不断增大,但增长速度下滑。事实上,国际金融危机给各国带来的重创并不能短期平复,目前仍留有经济低增长、利率低水平、债务和赤字规模巨大等"后遗症",财政、货币等经济政策的空间已被压缩到最小,宏观经济和财政运行均具有较高的脆弱性。与此同时,世界经济格局正在发生深刻调整,世界经济形势正在发生复杂而深刻的变化,在这样的背景下,主要国家的内外经济策略又"不谋而合"。

对外,尽可能地争取外部资源对于本国经济发展来说意义非凡,要在新的世界经济格局中占据有利地位,在新一轮全球范围内的资源配置中获取更大的权益,国家间贸易战等多种形式的竞争逐渐展开。对内,要巩固经济复苏成果,不能长期依靠扩张性的经济政策,而必须将着力点从宏观转向微观,发挥微观经济主体在经济发展中的决定性作用,迫切需要寻求优化营商环境之道。

一 世界经济发展策略正在转变:由宏观到微观

当前正是国际金融危机爆发以来世界经济发展最好的时期,受到当年金融海啸席卷的国家已经走出低谷，并开始着眼于未来。与此同时，也不得不正视，目前世界经济仍主要靠不断升级的扩张性财政政策和货币政策来支撑。因此，必须居安思危，想办法让经济从脆弱复苏走向稳定增长。一是要根治经济增长对扩张性宏观经济政策的依赖，建立起内生式发展的新机制。二是要恢复宏观经济政策的韧性，掌握好收紧节奏，拓展政策空间，既不因政策退出而损害经济复苏，也不令当前脆弱的政策支撑成为经济复苏的隐患。三是结构性问题引发的危机必须通过结构性改革才能最终解决，当前，必须加速推进结构性改革，以巩固扩张性宏观经济政策打造的经济复苏成果。

（一）当前世界经济发展：经济策略从宏观到微观转换的大环境

1. 基本状态判断：房屋新老架构之间的调整与转换

十年来，世界经济走出危机的漩涡并形成了一种相对平衡的状态，而这种平衡是由扩张性宏观经济政策不断升级并长期运用所形成，所以是一种不可持续的平衡。如果将世界经济比喻成一座房子，现在支撑起房子的架构是受力已经接近极限的财政政策和货币政策，在下一阵风雨来临之前，必须对架构进行加固。

接下来的问题是如何进行加固？唯一的方法是打造一个新的更牢固的架构，即由结构性改革所打造出来的内生式发展机制，替换原有架构。但是从现实看，新的架构不是短期能够打造好的，那就只能同时进行——贴着原有的架构搭建，借力的同时受力。在新架构搭建好的同时，原有架构逐渐恢复张力到最初的水平，然后新老架构同时支撑起整个房子，让其比任何时候都更加牢固。也就是说，在财政政策和货币政策的支持下，深化结构性改革，形成新机制，制度与政策联合发力，带动脆弱的经济复苏发展成为稳定的经济增长。

2. 可行性评估：房屋对架构转换的承受能力

为房屋换房架并非易事，必须基于房屋的可承受能力进行。因此，在行动之前，先要对当前世界经济发展的总体情况加以评估。

目前，国际货币基金组织（IMF）对世界经济发展状况作出的判断，其权威性在世界范围得到认可。在国际金融危机爆发十周年之际，

IMF 发表了新一期的《世界经济展望》，认为目前正是一个全球国际关系框架和经济政策"不确定性增加的时期"。因此，IMF 对 2018 年和 2019 年两年的全球增长预测从 3.9% 降至 3.7%，并普遍下调了对国别和地区的经济增长预测。其中，对美国和中国 2018 年的预测保持不变，分别为 2.9% 和 6.6%，而对 2019 年的预测分别为 2.5% 和 6.2%，较 7 月的预测均下调 0.2 个百分点；对欧元区 2018 年的预测下调 0.2 个百分点至 2.0%，对其 2019 年的预测保持不变仍为 1.9%；对新兴市场和发展中经济体 2018 年和 2019 年的预测分别下调 0.2 和 0.4 个百分点均降至 4.7%；对日本 2018 年的预测提升了 0.1 个百分点至 1.1%，对其 2019 年的预期保持不变，仍为 0.9%。[①]

综合分析，IMF 作出"不确定性增加"判断和普遍下调经济增长预期，主要基于以下两方面原因。第一，世界经济在贸易、制造业和投资领域的加速复苏遭遇瓶颈，这主要是近期美国实施的贸易政策导致。第二，世界经济的脆弱性显著增加。一是发达国家应对危机所使用的非常规货币政策正在退出，使得全球资金流动性收紧，新兴和发展中国家受到的资本外流等影响；二是发达国家在收紧货币政策的同时，进一步放松财政政策，以对冲货币政策收紧对经济增长的影响，但事实上是顺周期操作，其中蕴含着对自身和世界经济的巨大风险。

中国物流与采购联合会发布的制造业 PMI 数据对 IMF 的预测给予佐证。从月度看，2018 年 9 月全球制造业 PMI 环比回落 0.7%，同比回落 1.6%；从季度看，2018 年全球制造业 PMI 逐季回落，但目前仍接近 55%，说明虽然制造业保持增长但增速放缓。[②]

评估的结果和原因说明，目前由经济政策外力拉动的经济复苏虽仍处于上升阶段，但已经见顶，从外力拉动到内力提升的转变具有较强的必要性和紧迫性，而此时世界经济的承受力是危机以来最强的时期，需要牢牢把握时机。

---

① 数据来源：国际货币基金组织（IMF）官方网站（https：//www.imf.org/zh/Publications/WEO/Issues/2018/09/24/world-economic-outlook-october-2018）。
② 《指数回调，全球经济增速有所放缓》，中国物流与采购网（http：//www.chinawuliu.com.cn/xsyj/201810/06/335419.shtml），2018 年 10 月 6 日。

3. 内在联动性分析：新老架构之间的关系及其内在构造

新老架构转换即便可行，但仍需慎重，需要全面了解当前世界经济发展的内在机理。从源头梳理可知，为了应对危机各国最大限度地放松货币政策，为市场注入大量的流动性，相应地融资成本也较低，新兴和发展中国家把握了这一时机，进行大规模债务融资。目前随着经济复苏，货币政策开始收紧，各国经济发展环境随之发生改变，带来一系列连锁反应。

首先，以美国加息为起点，一系列连锁反应随之产生。从美国自身来看，随着国内利率升高、美元升值，投资、消费、出口构成总需求的各部分均受到影响。从对外界的影响来看，加息导致市场流动性收缩，资本市场震荡，新兴和发展中国家货币贬值，资金迅速从这些国家流出，并大多流入利率高、币值升的美国，使得美债收益率曲线趋平，降低美国收紧货币政策的效果，这可能阻碍美国经济增长进程，甚至重新走入衰退。

其次，贸易领域的紧张空气正向外扩散。美国加息带来新兴和发展中国家货币贬值，虽然造成了金融市场动荡，但在贸易方面却带来了反向变化，对这些国家出口有利，而对美国出口不利，最终造成贸易保护主义大行其道的结果，中美贸易摩擦尤为严重。由于国际贸易是全球价值链的载体，贸易保护主义破坏了全球价值链，进一步打击到投资、制造业发展，并影响创新。

最后，架构转换的落脚点是促进微观经济发展。宏观经济增长的最强有力的支撑实际是微观经济发展，而促进微观经济发展是内生式发展的核心要义。正因如此，内生式发展机制才被选作经济增长的新架构，其坚固性远远高于宏观经济政策。要促进微观经济发展，需提高生产率和就业水平，关键是要处理好政府和市场的关系，为微观经济主体营造良好的营商环境，破除垄断、鼓励创新，同时，降低成本、提高收益。在此前提下，需要向财政政策和货币政策借力，政策着力点从宏观转向微观，营造良好的政策环境，成为营商环境中不可或缺的一部分。

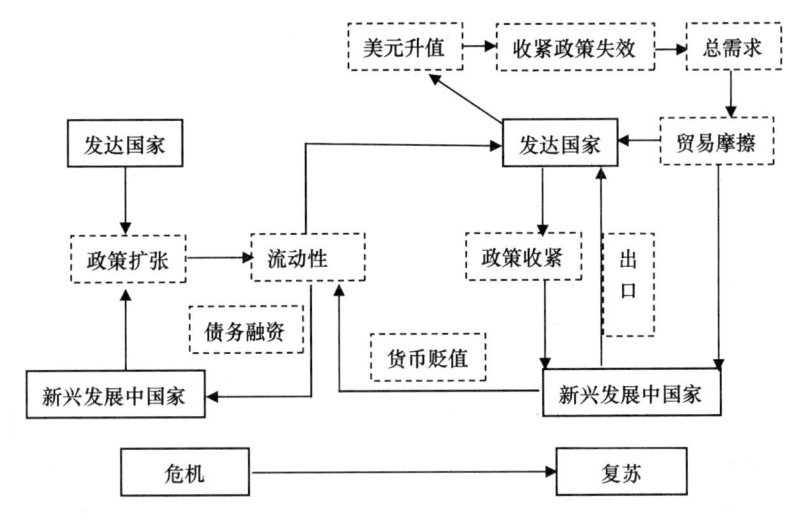

图 1 内在联动性机理图

4. 风险点分析：在架构转换时要特别小心之处

房屋旧架构上总有最薄弱的地方，在更换时必须在这些地方加小心，否则很容易在事成之前就坏掉。综观目前的宏观经济政策和经济复苏状况，最薄弱的地方主要有两处：一是贸易局势紧张；二是巨额债务累积。

首先，特别小心贸易局势。目前，紧张的贸易局势是世界经济复苏之路上出现的一块"挡板"。IMF 在《世界经济展望》报告中指出，日益升级的贸易紧张局势是拖累世界经济增长的主要原因。[①] 贸易摩擦不但影响贸易本身，还会导致投资削减、供给链断裂、技术传播受阻、消费成本提高等问题，最终对企业和消费者造成伤害，引起全球生产率和福利下降，这是架构转换中最不想看到的结果。尽管当前的全球贸易体制存在问题，需要通过结构性改革加以完善，但是这种结构性改革绝不是推行贸易保护主义。因为多边贸易体制一直在推动全球经济增长和居民生活水平提高，因此，国际货币基金组织、世界银行和世界贸易组织三大国际机构日前联合发布题为《重振贸易和包容性增长》的报告，捍卫对边贸易体系，并在此前提下，呼吁世界各国为更好适应现代世界

---

① 国际货币基金组织（IMF）官方网站（https：//www.imf.org/zh/Publications/WEO/Issues/2018/09/24/world-economic-outlook-october-2018）。

其次,特别小心巨额债务。IMF 的统计分析显示,在过去十年的低利率环境下全球债务持续上升,升幅达 50%。G20 的债务规模(不含银行债务)约为其 GDP 总量的 235%,美国的债务规模约为全球债务总额的三分之一。摩根大通的报告显示,十年中全球主权债务增加了 26%,赤字率已达 2.9%,美国等国家已经超过 3% 的警戒线,且仍在升高,累积了较大的财政风险。② 而意大利目前的债务状况已将其经济推到了崩溃的边缘。除了总量规模巨大之外,结构也有所调整:发达国家公共部门债务的比重加速上升,私人部门债务的比重稳步下降,公共部门债务最终转化为微观经济主体承担的成本,也同时加大了财政风险;新兴和发展中国家公共部门的债务结构相对稳定,私人部门债务比重上升,但受美国加息等因素影响,外债成本加速上升,债务负担迅速加重。此外,从全球看,家庭债务占比下降,企业债务占比上升,且非银行抵押贷款所占据的市场份额大幅增长,在美国该份额已从危机前的 20% 增至 80% 以上,隐忧不小。③

5. 发展需求分析:形成合力

国际金融危机是世界各国共同面临的危机,走出危机是各国政策协调一致共同努力的结果,目前巩固复苏成果、走向稳定增长仍需要各国目标一致和步调协调,从总体上谋划,避免单方面行动而造成满盘皆输的后果。以货币政策调整为例,在危机中,各国纷纷实行非常规货币政策,经历了资产负债表的大规模"扩表",经济复苏后,货币政策正常化的过程也是资产负债表"缩表"的过程,这一过程要持续多年。为避免类似美国加息对世界经济造成的动荡,各国需公开自身的货币政策调整计划,给市场明确预期的基础上,加强沟通协调,把握好调整节奏和力度,即小幅渐进式调整。

---

① 国际货币基金组织(IMF)官方网站(https://www.imf.org/zh/Publications/WEO/Issues/2018/09/24/world-economic-outlook-october-2018)。

② 同上。

③ 《摩根大通重磅报告:金融危机十年后市场巨变下一次衰退将祸起何处?》,中财网(http://stock.cfi.cn/p20180905000771.html),2018 年 9 月 5 日。

(二) 主要国家和地区：经济策略从宏观到微观转换的基础

要更换房屋架构，还要充分了解房屋各组成部分的状况。从2018年第三季度数据看，美国经济表现仍然突出，但增长势头已经放缓，欧洲经济进一步下滑，日本经济复苏进展缓慢，新兴和发展中国家经济增长面临较大的外部风险。由此可见，从国家和地区的层面看，经济策略从宏观向微观的转变是必要且紧迫的。

1. 美国经济增长趋缓，加息和贸易政策效果显现

美国经济在二季度展现出高增长、高就业的强劲扩张趋势，经济增速达4.2%，通货膨胀压力较大，三季度增速回落至3.5%，经济过热的隐忧有所平复但仍不能消除。

图2 美国经济增长趋势

数据来源：U. S. Bureau of Economic Analysis。

当前，美国经济实际增速高于潜在增速，据高盛报告分析，二者相差1.75至2个百分点。[①] 美国劳工部数据显示，2018年10月非农部门

---

① 《高盛警告：美联储加息的速度将比市场预期的快得多》，新浪财经（https：//finance. sina. com. cn/stock/usstock/c/2018 - 10 - 21/doc-ihmuuiyv4175432. shtml），2018年10月21日。

新增就业25万，远远高于每月10万的均衡就业水平，尽管失业率仍维持在3.7%，但薪资同比增长3.1%，推升通货膨胀的压力较大，需采取有效措施预防通货膨胀。为了既保证经济持续复苏，又防止经济过热，美国采取了紧货币、松财政的政策组合，在不到三年的时间里连续加息8次，同时采取顺周期的财政政策，减税同时增支，刺激投资和消费增长。

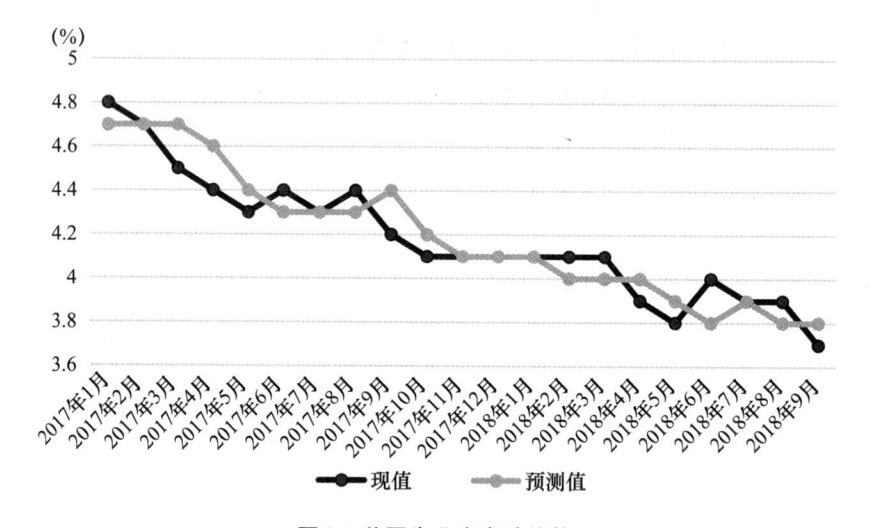

图3 美国失业率变动趋势

数据来源：U. S. Bureau of Labor Statistics。

从当前价格水平来看，第三季度美国个人消费支出价格指数（PCE）环比增长1.6%，较二季度收缩0.4个百分点，同比增长2.2%，与二季度持平；第三季度核心PCE价格指数环比增长1.6%，较二季度收缩0.5个百分点，且比预期低0.2个百分点，但同比升高了0.1个百分点至2.0%。[①]

从需求看，第三季度美国消费增长，企业投资和房地产投资均放缓，出口进一步下滑，贸易逆差进一步扩大。个人消费支出增长4.0%，消费者信心指数也大幅上升；企业投资已从一季度的11.5%降

---

① 数据来源：美国商务部。

至 0.8%，且房地产投资连续三个季度下降；货物和服务出口下降 3.5%，进口增长 9.0%。[①] 投资和贸易不景气的原因主要是加息政策和设置贸易壁垒造成，同时，财政政策的效应也正在减弱。

在世界经济发展策略从宏观到微观的大环境下，美国的不当政策拖累的正是美国自身。自美国对中国商品加征关税以来，美国对中国的贸易逆差屡创新高，9 月逆差 341 亿美元，同比上升 13%。[②] 与此同时，中美贸易局势趋紧恶化了美国企业的营商环境。美国市场对中国商品具有刚性需求，美国加征的关税最终是由美国企业和消费者买单，打击本国投资、消费和就业。以汽车业为例，贸易摩擦大幅度提高了汽车制造成本，汽车企业发展陷入困境。福特公司已表示，加征关税导致其损失已达 10 亿美元，最终可能被迫大规模裁员。[③] 2018 年 9 月，ISM 公布的美国制造业 PMI 较上月回落 1.5 个百分点。此外，加征关税将使得商品价格升高，也是通货膨胀压力来源。

从财政政策看，美国的初衷是下一盘财政的大棋，通过结构性对冲实现内松外紧的政策效果。一方面，在国内推行减税的同时通过贸易壁垒向其他国家增税；另一方面，在国内加大支出的同时收缩海外存在、援助等国际事务开支。然而，对外趋紧的部分并不能抵消对内放松的部分，导致出现了巨大的财政风险。据美国财政部统计，2018 财年美国联邦政府财政收入同比增长 0.4%，财政支出同比增长 3.2%，财政赤字同比增长 17%。财政赤字占美国 GDP 的比重为 3.9%，近三年这一比重持续攀升，自 2016 财年已上升 0.7 个百分点。高盛预计这一趋势将一直持续下去，到 2028 年该比重将升至 7%。[④] 高赤字必然带来高债务，2018 财年，美国政府债务总额达 21.52 万亿美元，利息支出为 5230 亿美元，随着赤字的连年攀升，美国国会预算办公室预计显示，

---

① 数据来源：美国商务部。
② 同上。
③ 《福特 CEO：特朗普关税政策已经让我们损失 10 亿美元了》，华尔街见闻（https://wallstreetcn.com/articles/3413423），2018 年 9 月 27 日。
④ 《高盛提示美国财政赤字风险 2028 年占 GDP 比重将升至 7%》，中国网（http://finance.china.com.cn/news/20180523/4645748.shtml），2018 年 5 月 23 日。

到 2028 年，联邦债务占 GDP 的比重将从目前的近 80% 升至 100%。

如前所述，加息政策也将给美国自身带来一系列负面影响。货币、财政、贸易三项政策的不当运用将给美国经济蒙上阴影。因此，除 IMF 下调美国经济增长预期外，据美国全国商业经济协会（NABE）的调查显示，美国三分之二的经济学家给出了经济衰退预期，分别有 10%、56% 和 33% 认为衰退出现的时间在 2019 年、2020 年和 2021 年以后。

2. 欧洲经济增速逐季匀速下降，主要源于"内环境"不佳

2018 年欧元区经济增长逐季下降且不及预期。GDP 环比增长率自一季度逐季下降 0.1 个百分点，三季度已降至 0.2%，与预期的 0.4% 相差 0.2 个百分点；同比增长率自一季度逐季下降 0.4 个百分点，三季度已降至 1.7%，与预期的 1.8% 相差 0.1 个百分点。[①] 经济持续下滑的原因是多方面的，除受贸易保护主义以及能源、大宗商品价格上涨的外部因素影响外，主要受多方面内部不利因素影响。

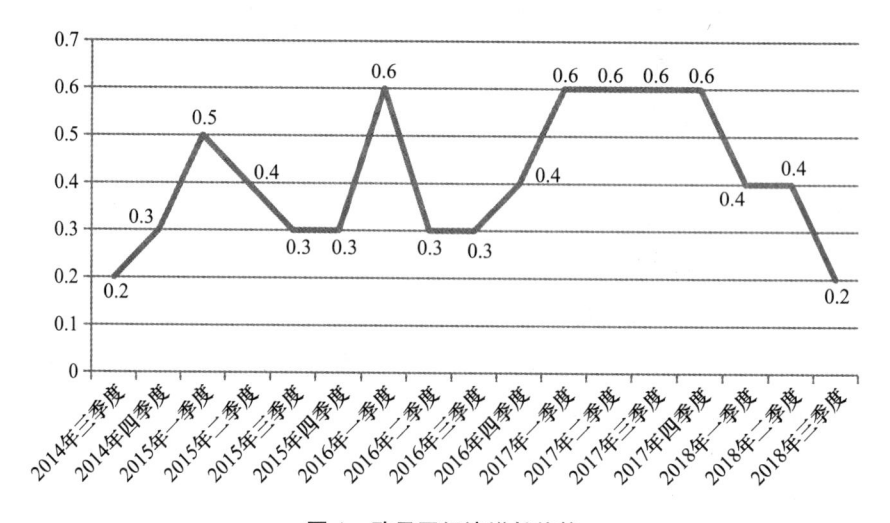

图 4 欧元区经济增长趋势

数据来源：wind。

从内部看，当前欧洲最棘手的问题是财政形势紧张。在欧盟评估成

---

① 数据来源：欧盟统计局。

员国2019年预算草案的过程中,很多国家没有交出合规答卷,暴露出愈发紧张的财政形势,其中,意大利的问题最为严重。意大利目前的债务规模为2.3万亿欧元,居欧元区第二位,居全球第三位,占其GDP的比重超过130%。① 2018年7月,欧盟成员国一致承诺将各自2019年财政赤字占GDP的比重降低0.6个百分点,但意大利在其预算草案中却将比重提高了0.8个百分点至2.4%,超过承诺额度175亿欧元,且增加的支出大部分用于解决结构性问题而非直接刺激经济增长,这也违背了其紧缩政策、实现财政平衡的承诺,因此,这一预算草案被驳回。目前市场对此已经作出反应,意大利国债被大规模抛售,股市持续下跌,借贷成本大幅上升,市场信心严重受挫,同时,由于财政形势恶化,惠誉下调意大利主权债信评级展望为"负面",穆迪下调意大利主权信用评级至Baa3。此外,法国、西班牙、比利时、葡萄牙、斯洛文尼亚等国家也得到欧盟修改预算的敦促,原因是没有信守削减赤字承诺,尤其是法国2019年财政赤字占GDP比重提高了0.2个百分点至2.8%。

内部环境的不利因素还包括:一是欧洲制造业的景气程度进一步下滑,三季度,其制造业PMI均值较二季度进一步下滑1个百分点至53.6%,10月欧元区制造业PMI进一步下降至52%,又创新低。② 二是就业形势虽然改善但也存在结构性问题。欧盟统计局数据显示,9月欧元区和欧盟失业率分别为8.1%和6.7%,均较上年同期下降0.8个百分点,但欧元区失业人口较8月有所增加。与此同时,德法等国家技术劳动力相对短缺正在制约着经济增长。德国60%的公司担忧技术员工短缺给发展带来的风险,法国技术员工短缺使得90%的中型企业面临招工难。③ 三是货币政策收紧。欧盟统计局数据显示,欧元区10月

---

① 林采宜:《意大利债务问题对欧盟经济的影响》(http://opinion.caixin.com/2018-07-25/101308240.html),2018年7月25日。
② 《指数回调,全球经济增速有所放缓》,中国物流与采购网(http://www.chinawuliu.com.cn/xsyj/201810/06/335419.shtml),2018年10月6日。
③ 《德国劳动力短缺技术员工严重不足》,《欧洲时报》2018年3月13日。《法国面临技术劳动力短缺》,人民网(http://world.people.com.cn/n1/2018/1020/c1002-30352686.html),2018年10月20日。

份 CPI 同比上涨 2.2%，货币政策收紧已经具有较好的基础，欧洲央行的货币政策作出结构性调整——保持低利率政策的同时，在年底终止每月 150 亿欧元的购债计划，这将提高融资成本，对银行业和实体经济产生影响。除此之外，德国政局和英国脱欧的不确定性，土耳其的货币危机，均是欧洲经济增长不利的内因。

3. 日本经济呈不稳定复苏，下行压力与上行张力并存

继一季度的同比下滑 0.6%、环比下滑 0.2%，二季度同比增长 1.9%、环比增长 0.5% 之后，三季度日本经济又出现了下行压力，主要是台风、地震等自然灾害和出口下降。据日本第一生命经济研究预测，三季度日本 GDP 可能较二季度下滑 0.3%。[①]

日本财务省公布数据显示，日本 9 月进出口双双出现下滑，其中出口同比下滑 1.2%，低于预期 3.3 个百分点，低于 8 月 7.8 个百分点；进口同比增长 7%，低于预期 6.7 个百分点，低于 8 月 8.4 个百分点。对美、欧、中的出口均出现了大幅下滑，主要是通信、船舶、汽车及建设、采矿机械等产品出口下滑，而进口的增长主要是油气进口需求的拉动。当前，日本出口还面临着与美国加征关税等贸易保护政策的威胁，未来外需可能进一步下滑。

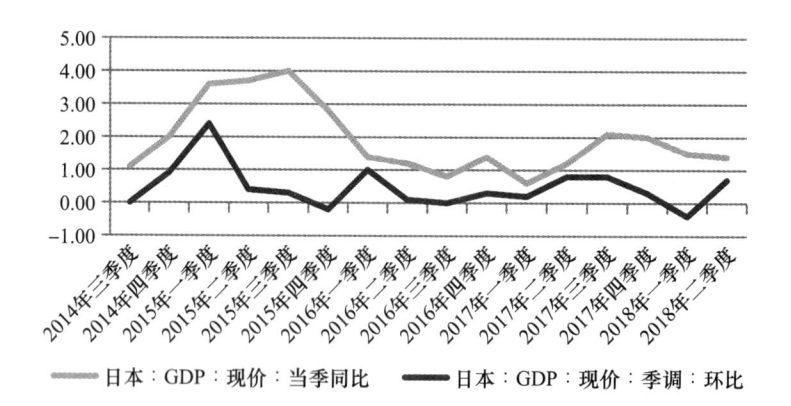

图 5 日本区经济增长趋势

数据来源：wind。

---

① 数据来源：日本内阁府。

尽管出现短期不稳定的情况，但从长期看日本经济已具有复苏的内在张力。三季度日本核心 CPI 保持逐月增长 0.1 个百分点的态势，9 月升至 1%，但仍远低于 2% 的通胀目标。三季度日本失业率则保持逐月下降 0.1 个百分点的态势，9 月降至 2.3%，说明日本就业市场不断繁荣，居民收入有望增加，进而促进消费，以提振日本经济。①

因此，日本也开始了宏观政策由松到紧的调整期。在货币政策方面，尽管利率政策一直保持宽松，但日本央行购债的规模已经进入缩减进程，2018 年以来缩减进程不断加速，摩根大通数据显示，9 月日本央行只购买了 7.7 万亿日元（合 688 亿美元）的日本国债，这与发达国家资产负债表"缩表"进程保持同步。在财政政策方面，日本将于 2019 年 10 月上调消费税税率，因为解决结构性问题财政支出规模必然扩张，要降低由此带来的财政赤字和政府债务风险，只能在增支的同时增收，这也是被迫而为之。但增加消费税必然打击消费，进而对日本经济复苏进程设下障碍。可见，政策由松到紧的调整必然会减缓经济增长步伐，日本迫于内外形势压力只能走缓慢调整之路。

4. 新兴和发展中国家经济陷入困境，外部冲击与内部脆弱叠加

三季度，新兴和发展中国家仍然面临较大的货币贬值和资本外流风险，其原因是发达国家货币政策紧缩及市场预期推动美元指数走强、美元流动性收紧。

在货币贬值方面，2018 年以来阿根廷比索、土耳其里拉、南非兰特、巴西雷亚尔、印度卢比、俄罗斯卢布、印度尼西亚卢比等新兴和发展中国家货币兑美元贬值幅度均达两位数，截至 10 月 7 日上述货币较年初兑美元分别贬值 50.8%、38.3%、16.3%、13.8%、13.8%、13.2%、10.7%，离岸人民币兑美元汇率（CNH）也贬值 5.9%，货币贬值对这些国家经济的冲击巨大（见表 1）。

在资本外流方面，国际金融协会（IIF）的监测显示，第三季度是自 2016 年第四季度以来新兴市场资金净流出的首个季度，10 月共有 171 亿美元资金撤出新兴市场股市，其中在亚洲新兴股市撤资高达 123

---

① 数据来源：日本总务省。

表 1　　　　　　　　部分新兴和发展中国家货币贬值情况

货币	截至10月7日较年初兑美元贬值（%）	货币	截至10月7日较年初兑美元贬值（%）
阿根廷比索	50.8	印度卢比	13.8
土耳其里拉	38.3	俄罗斯卢布	13.2
南非兰特	16.3	印度尼西亚卢比	10.7
巴西雷亚尔	13.8	离岸人民币	5.9

数据来源：中国经济网（http：//m.ce.cn/ttt/201810/07/t20181007_30443411.shtml#）。

亿美元，有95亿美元资金流入新兴债券市场，延续着资金净流出的态势。IMF在其《金融稳定报告》中表示，在新兴经济体金融体系受到严重冲击的情况下，资金可能以自2008年全球金融危机以来从未有过的速度流出各国。与此同时，IMF判断如果不出现"严重不利"的情况，除少数国家经济会出现收缩外，大多数国家会勉强度过危机，经济保持继续增长。目前，土耳其和阿根廷已经出现金融危机。阿根廷经济已经出现了负增长，土耳其经济增长已现颓势，经济增速下降的同时伴随高通胀和高失业，其国家统计局数据显示，10月份土耳其消费者价格指数（CPI）同比上涨25.24%，失业率也在10%左右。此外，2018年以来南非经济也连续两个季度负增长。

从已经公布的三季度经济数据看，中国GDP增速同比下降0.2个百分点，季度环比下降0.1个百分点；韩国GDP增速较一季度和二季度下降0.8个百分点，且失业人口逐季持续增加[1]；新加坡GDP增速2.6%，较二季度下降1.3个百分点，较一季度下降1.8个百分点[2]，呈逐季加速下降趋势。二季度，俄罗斯GDP增速为1.8%，较一季度高0.5个百分点[3]，主要得益于油价上涨，但因金融形势趋紧和美国制裁，俄罗斯经济发展部、世界银行、欧洲复兴银行均下调了其经济增速；印度虽然二季度GDP增长率实现了8.2%的高速增长，但货币贬值带来一

---

① 数据来源：韩国中央银行。
② 数据来源：新加坡统计局。
③ 数据来源：俄罗斯联邦统计局。

系列连锁反应将拖累印度经济①，10月印度失业率升至6.9%，劳动参与率降至42.4%②；二季度巴西GDP同比增长1%，季度环比增长0.2%，复苏进展非常缓慢。③

为了降低发达国家收紧货币政策所带来的外部冲击，新兴和发展中国家也纷纷收紧宏观经济政策，以减少货币贬值和资本外流的损失。例如，阿根廷、土耳其、印度尼西亚等国选择加息，印度提高关税，哈萨克斯坦实行外汇干预。然而，这些措施均是紧缩性经济政策，带来的结果将是经济增长速度放慢，而对于已经出现负增长的国家来说，结果将是经济加速下滑。

（三）优化营商环境：经济策略从宏观到微观转换的必然要求

如前所述，无论从世界经济发展的总体来看，还是从主要国家和地区发展的具体情况来看，目前经济发展策略从宏观到微观的转换已经发生，只是有的是主观上的主动转换，有的则是客观上的被动转换。

从当前现状来看，由于经济发展基础较好，发达国家更注重把原有的宏观经济政策搭建的架构撤下来，而没有意识到在撤的同时还要把新的架构搭起来，也就是形成内生式发展机制。而新兴和发展中国家面临着外部冲击，更加注重从内到外的加固，并且与发达国家的宽松宏观经济政策已用到极限不同，这些国家的经济政策还有空间，这恰是危机后十年这些国家获得的新的发展机会。对于新兴和发展中国家来说，关键是要在宏观经济政策架构的支撑下，培育内生式发展机制。

在这样的方向指引下，先要找到这些国家抵御外部冲击如此无力的根本原因，普遍在于金融体系、财政运行以及实体经济脆弱，表现为外债规模大、比重高、结构不合理，财政支出效率低，财政赤字大，经济结构和国际收支失衡。再将原有宏观经济政策架构的余力全面激发出来，关键是转换政策目标，从宏观经济稳定与增长转向减小经济脆弱

---

① 数据来源：印度统计局。
② 数据来源：印度经济监测中心。
③ 数据来源：巴西地理统计局。

性，同时为经济主体发展提供全面的金融和财政支持，打造适宜的财政金融环境，在此基础上健全财政、金融体制，让财政政策和货币政策的制度基础更牢固，充分恢复其效力和弹性。最后，宏观经济政策和内生式发展双框架共同发力，必能抵御住更大的风险，支撑起更高质量的发展。

内生式发展机制的核心是推动微观经济主体的发展。因为微观经济主体是经济增长的源泉——企业成长带来投资繁荣，并推动供给增加；自然人的发展带来消费扩张并引致投资扩大，并带动需求增加——从而实现宏观与微观经济的相互促进、良性发展。为了让微观经济主体得到最好最快的发展，需要为他们提供宏观发展条件，综合当前世界各国的具体情况，最重要的就是优化营商环境。那么，在目前经济发展策略转换当中，如何借原有宏观经济政策架构的力来优化营商环境就是关键。

中国正处于这种形势之中。在国际金融危机之后步入经济新常态，要在实施供给侧结构性改革的同时稳定经济增长，需要雄厚的财力支撑。与此同时，还要应对贸易战等国家间的激烈竞争，在国际资源配置中维护国家权益并尽可能地争取主动。当下必须优化营商环境，让微观经济主体发展壮大，以夯实基础，保证经济稳定运行在合理区间，并保证各项改革取得预期成果。为此，我国开展了大规模的减税降费为企业降成本，深入推进"放管服"改革，营造有利的融资环境，等等。

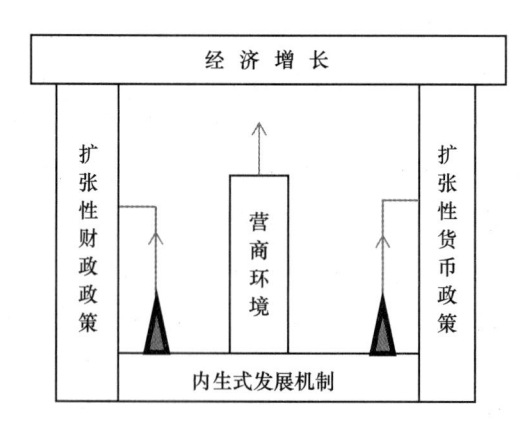

图 6　经济发展策略转换过程图

二 我国营商环境改进推动经济发展质量提高

2018年10月31日世界银行发布《2019年营商环境报告：强化培训，促进改革》，报告显示，中国是营商环境改善最显著的国家之一，在全球营商环境榜上位列第46名，比去年前进了32名，在开办企业、办理施工许可证、获得电力、纳税、跨境贸易等七个类别的改革中取得了突出进展。① 营商环境是经济高质量发展最重要的保障，在营商环境的不断改进下，我国经济在总量和结构、供给和需求方面的发展质量正在稳步提高。

（一）经济总量仍处于中高速增长区间，但下行压力加大

前三季度，我国国内生产总值650899亿元，同比增长6.7%，增速比上半年降低了0.1个百分点，比去年同期降低了0.2个百分点，比全年预期目标高0.2个百分点左右。第三季度国内生产总值同比增长6.5%，季度环比数据显示2018年我国经济增速逐季回落，且回落幅度从0.1个百分点扩大到0.2个百分点，回落速度有所加快。虽然总体水平仍然处于6.7%—6.9%的中高速增长区间，但下行压力值得警惕，需要深入剖析背后的原因。②

与前两个季度相比，三季度经济增速下滑的主要原因是固定资产投资增速下滑。前三季度，全国固定资产投资（不含农户）483442亿元，同比增长5.4%，且增速同比回落2.1个百分点，比1—8月回升0.1个百分点。而固定资产投资增速低于经济增速的主要原因表现为基础设施投资增速显著放慢，前三个季度基础设施投资同比增长3.3%，较前两个季度回落4个百分点，较上年同期回落16.5个百分点。基础设施投资增速放慢是基于高质量发展要求所作出的调整，一是基于需求饱和度与

---

① 世界银行集团：《2019年营商环境报告：强化培训，促进改革》，世界银行官方网站（http://www.shihang.org/zh/news/press-release/2018/10/31/doing-business-report-china-carries-out-record-business-reforms-edges-into-top-50-economies），2018年10月31日。

② 数据来源：国家统计局。

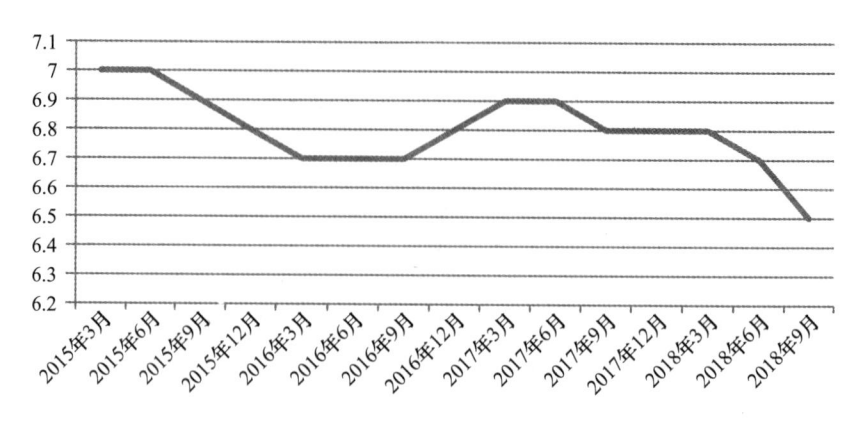

图 7　GDP 增长速度（季度同比）

数据来源：国家统计局数据库。

条件、能力相配比的原则对一些项目进行清理、停建和缓建；二是基于地方政府债务风险管理，地方靠借债进行基础设施投资的情况大量减少。

此外，第三季度全国规模以上工业增加值增速逐月回落，1—7 月、1—8 月、1—9 月分别增长 6.6%、6.5%、6.4%，不但低于经济增速，且月均回落 0.1 个百分点，9 月规模以上工业增加值同比增长 5.8%，已经低于 6%。汽车业出现持续大幅下滑。大部分产业实现了增长，但制造业、发电量、原油加工量等增速下滑，还有很多行业的增速低于 GDP 增速。

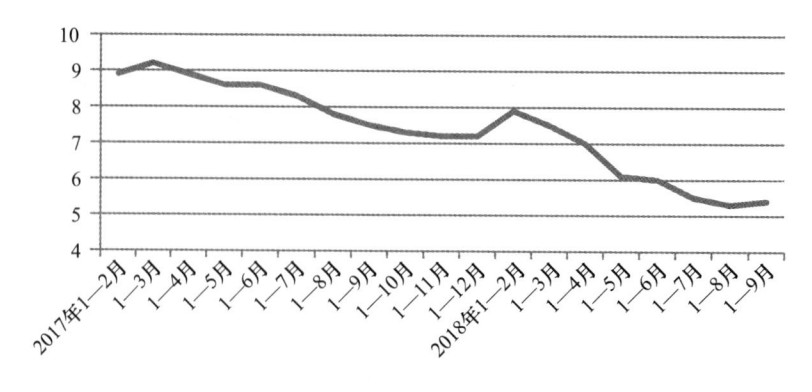

图 8　固定资产投资（不含农户）增速（累计同比）

数据来源：国家统计局数据库。

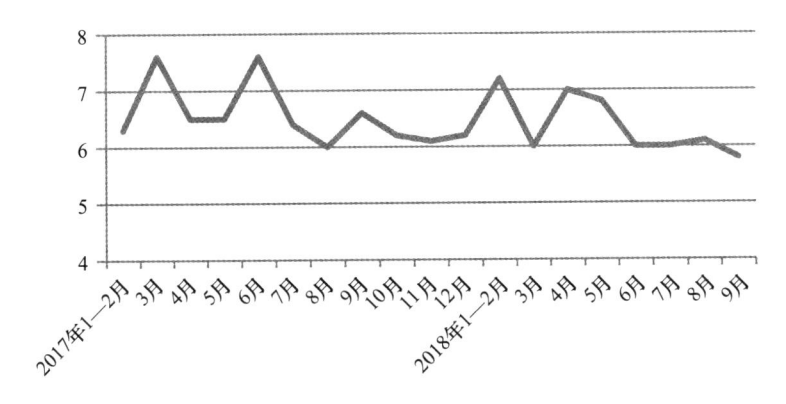

图9　规模以上工业增加值增速（月度同比）

数据来源：国家统计局数据库。

（二）经济结构质量总体改善，地区结构现风险因素

当前，在我国经济增速进一步放缓的同时，我国经济结构进一步优化，体现出以增长速度换取发展质量的成果。国家统计局数据显示，前三季度，我国三次产业增加值占GDP的比重分别为6.5%、40.4%、53.1%，增长速度分别是3.4%、5.8%、7.7%。从结构上看，第三产业占GDP的比重最高、增长速度最快，超过GDP增速1个百分点，且与上年同期相比，占比增加0.2个百分点。前三季度服务业对经济增长的贡献率达到了60.8%，比上年同期提高了1.8个百分点，呈逐年加速提升趋势。在经济增速放缓的背景下实现经济结构优化非常不容易。

在产业内部，结构优化也有突出表现。首先，农业种植结构合理调整，农业生产在结构调整中保持平稳增长。其次，工业增长面进一步扩大，增长质量进一步提高。尽管前三季度工业增速下滑，但从行业层面来看，实现了普遍增长。在41个工业行业当中，有40个行业保持了增长，增长面达到了97.56%，这一比重较上年同期提高近10个百分点。与此同时，高技术产业和战略性新兴产业的迅速发展体现了工业结构优化和工业发展质量提升。前三季度我国高技术产业增加值占规模以上工业增加值的比重达13.4%，较上年提高1.4个百分点，同比增长11.8%，增速快于规模以上工业增加值5.6个百分点；战略性新兴产业同比增长8.8%，增速快于规模以上工业2.4个百分点。再次，服务业内部新产业新业态新商业模式发展迅速,服务业企业预期和企业活跃度仍然较好。前三季度,信息传输软件和信息技术服务业、租赁和商务服务业、交通运输仓储和邮政业增加值分别比上年同期增长 31.2%、9.4%和 8.0%,领先于其他行业的增长,并带动相关行业较快增长;这些行业的增加值占 GDP 的比重分别为 3.8%、2.7%和 4.5%,比上年同期有所提高或持平,在它们高速增长的带动下,第三产业增加值增速高于 GDP 增速。从服务业企业信心和预期看,三季度,服务业企业家信心预期指数为 120.9;规模以上服务业企业对下季度经营状况预期指数为 61.5%;小微企业经营状况预期指数为 52.3%。9 月份,服务业业务活动预期指数为 59.3%。与上半年相比,受国内外经济形势影响,上述各项指数均有不同程度回落,但总体仍然处于景气区间。从 10 月企业经营活动的活跃度来看,建筑业商务活动指数为 63.9%,邮政业、电信广播电视和卫星传输服务、互联网软件信息技术服务等新兴服务业商务活动指数均处于 59.0%以上高位景气区间,铁路运输业、航空运输业、保险业、租赁及商务服务业等行业商务活动指数均位于 55.0%以上的较高景气区间,企业经营活动较为活跃。但也要看到,证券、房地产等行业业务总量有所回落,商务活动指数处于收缩区间,带动生产性服务业商务活动指数低于上月 5.1 个百分点,进而带动服务业商务活动指数较上月回落 1.3 个百分点。在目前营商环境和服务业发展质量不断改善的过程中,各项指数有望进一步回升。

从地区结构看,我国东中西部地区经济发展的均衡度在进一步提高,但东部地区经济发展指标部分下行。从经济增速看,前三季度中西部表现突出,在经济增速排名前十位的省会城市中,只有福州属于东部城市,其余均为中西部城市。中部地区因承接东部地区的产业转移,投资消费均高速增长,投资同比增长 9.6%,消费也有多个省呈两位数增长。而西部投资增速也高于全国水平,且增速呈逐月上升趋势。但是,东部地区却出现了增速放缓的情况,北京、上海、广东、天津、江苏、浙江、山东、河北、海南、福建经济增速分别为 6.7%、6.6%、6.9%、3.5%、6.7%、7.5%、6.5%、6.6%、5.4%、8.3%,分别比去年同期下降 0.1、0.4、0.7、2.5、0.5、0.6、1.0、0.1、2.1、增长

0.4个百分点（见表2）。东部地区经济增势减弱的主要原因是东部工业增速放缓，9月东部地区规模以上工业增加值同比增长4.8%，低于全国增速1个百分点，分别低于中部和西部地区增速2.2和2.6个百分点，也低于8月增速0.7个百分点。此外，东部地区投资增速也显著低于中部地区，1—9月东部地区投资同比增长5.8%，低于中部地区3.8个百分点。由于东部地区经济占全国经济的半壁江山，其增速放缓应视为经济结构中的风险因素而加以警惕。

表2　　　　　前三季度东部省市经济增长情况（%）

	2018年前三季度	2017年前三季度	同比变化
北京	6.7	6.8	-0.1
上海	6.6	7.0	-0.4
广东	6.9	7.6	-0.7
天津	3.5	6.0	-2.5
江苏	6.7	7.2	-0.5
浙江	7.5	8.1	-0.6
山东	6.5	7.5	-1.0
河北	6.6	6.7	-0.1
海南	5.4	7.5	-2.1
福建	8.3	7.9	0.4

数据来源：相关省市统计局。

（三）供给侧结构性改革不断深化，供给结构仍欠平衡

在总体改革方面，供给侧结构性改革成效显著。在去产能方面，前三季度全国工业产能利用率为76.6%，与上年同期持平；在去库存方面，9月末商品房待售面积同比下降13.0%，下降幅度比上年同期高0.8个百分点；在去杠杆方面，8月末规模以上工业企业资产负债率为56.6%，比上年同期下降0.5个百分点，9月末中央企业平均资产负债率继续稳定在66%，比年初和去年同期均下降0.5个百分点；在降成本方面，1—8月规模以上工业企业每百元主营业务收入中的成本为84.39元，比上年同期减少0.35元；在补短板方面，前三季度，生态保护和环境治理业、农业投资同比分别增长33.7%和12.4%，增速分别快于全部投资28.3和7.0个百分点。

在货币供给方面，一是央行降准等注入流动性的政策效果显现，9月末广义货币（M2）余额同比增长8.3%，月度环比增长0.1%。二是融资环境改善，新增贷款大多流入实体经济，小微企业受益较多。前三季度社会融资规模增量累计为15.37万亿元，比上年同期减少2.32万亿元，但对实体经济发放的人民币贷款增加12.8万亿元，同比多增1.34万亿元，占总量的83.2%，比上年同期高18.4个百分点。此外，前三季度对小微企业提供的贷款规模大、利率低、质量高。截至2018年9月末，全国普惠口径小微贷款余额为7.73万亿元，同比增长18.1%，增速比上年末高8.3个百分点；前三季度累计增加9595亿元，增量相当于2017年全年水平的1.6倍；2018年9月新发放的500万元以下的小微企业贷款利率平均水平为6.25%，比上半年低0.17个百分点；截至9月末，单户授信500万元以下的小微企业中，科学研究和信息传输软件技术服务业等企业贷款增长迅速，余额同比分别增长89.3%和64%。三是美国加息和中美贸易摩擦对我国汇率和流动性产生一定影响。自中美贸易摩擦开始至2018年10月8日，人民币对美元的汇率已经从6.24下跌到6.92，下跌的幅度达到10.9%，外汇储备连续两月下跌，9月减少227亿美元。由于央行采取下调存款准备金率等缓冲措施后，汇率下跌和资本外流对经济的影响并不大。

在劳动力供给方面，前三季度全国城镇新增就业1107万人，比上年同期增加了10万人。三季度末，外出务工农村劳动力总量18135万人，比上年同期增加166万人，增长0.9%。三季度末，全国城镇登记失业率为3.82%，降至多年来低位；9月份全国城镇调查失业率为4.9%，同比略降；31个大城市城镇调查失业率为4.7%，比上月下降0.2个百分点，比上年同期下降0.1个百分点。就业形势良好的原因是我国经济结构不断优化，经济发展质量稳步提升，对稳定就业，进而扩大就业、提高就业质量形成了有利环境。此外，新旧动能持续转换、新动能持续增长对就业的带动力显著，据统计，约三分之二的新增就业由此带动。但是就业领域存在的结构性问题也很突出，包括人口老龄化和高知、高技人才稀缺，导致劳动力供给质量不能满足市场需求，供需不匹配的矛盾较大，造成失业与空岗并存。此外，当前经济增速放缓、企业成本增加、贸易摩擦升级等因素也给就业带来不小的压力。

在创新驱动方面，我国的世界排名不断提前，在世界知识产权组织发布的 2018 年全球创新指数排名中，中国列第 17 位，较 2017 年上升 5 位，10 年来首次进入前 20 名。创新活力增长的原因主要是新产业、新业态获得了长足发展。前三季度，我国高技术产业、装备制造业、战略性新兴产业增加值的增长速度分别达到了 11.8%、8.6% 和 8.8%，明显高于全部规模以上工业的增速；实物商品网上零售额增长了 27.7%，持续保持着较快增长。与此同时，新的主体在快速成长，新登记注册的企业数超过了 500 万户，同比增长 10.9%，日均超过 1.8 万户，多于上年同期 0.15 万户。

在企业发展方面，由于成本上涨、工业增速下降、需求不振等，工业企业利润增速回落。前三季度，全国工业生产者出厂价格同比上涨 4.0%，购进价格同比上涨 4.5%，其中涨幅最大的是建筑材料及非金属类价格和燃料动力类，分别同比上涨 10.0% 和 9.2%。前三季度规模以上工业企业利润总额同比增长 14.7%，增速比上年同期回落了 5.4 个百分点，比 1—8 月回落 1.5 个百分点。规模以上服务业企业营业利润同比增长 15.5%，增速比上年同期回落 3.2 个百分点，比 1—8 月提高 3.5 个百分点。保障企业利润得到稳定增长的关键是降低成本，但目前来看，企业并未真正享受到减税降费带来的好处，税费负担仍然较重。

（四）需求增速回落，结构有所优化

从投资、消费、出口的主要统计数据来看，全国固定资产投资（不含农户）483442 亿元，同比增长 5.4%，增速较上年同期回落 2.1 个百分点，比 1—8 月小幅回升 0.1 个百分点；社会消费品零售总额 274299 亿元，同比增长 9.3%，增速较上年同期回落 1.1 个百分点；进出口总值 22.28 万亿元人民币，同比增长 9.9%，增速较上年同期回落 6.7 个百分点。由此可见，前三季度，我国需求"三驾马车"的增长速

度均有不同程度的下降,说明我国经济下行压力加大,这与国内结构性问题以及中美贸易摩擦、美国加息等国外因素冲击均有直接关系。为了应对需求增速回落,我国出台《关于完善促进消费体制机制进一步激发居民消费潜力的若干意见》《完善促进消费体制机制实施方案(2018—2020年)》,实施消费升级行动计划等促进消费,并将着力促进基础设施投资,加之乡村振兴的长足发展,需求有望回稳。

尽管需求增速回落,但也要看到存在结构优化的一面。总体来看,内需在总需求中占据绝对地位,前三季度,最终消费支出和资本形成总额对经济增长的贡献率高达109.8%,较上年提高12.5个百分点,而货物与服务净出口对经济增长的贡献由正转负,为-9.8%。与此同时,消费的贡献率进一步显著提高,前三季度,最终消费支出对经济增长的贡献率为78%,比上年同期提高了13.5个百分点,是资本形成总额贡献(31.8%)的两倍多,使得我国需求结构更加稳固。

从投资需求的结构看,制造业投资和民间投资保持了较快增长。首先,制造业投资总量快速增长,结构优化。前三季度,全国制造业投资同比增长8.7%,增速比上年同期高4.5个百分点,比前两个季度提高1.9个百分点,比1—8月提高1.2个百分点,高于全部投资3.3个百分点。制造业投资结构展现出高质量发展取向,推动我国创新驱动与转型升级加速。在前三季度制造业投资中,高技术制造业投资增长14.9%,比全部制造业投资高6.2个百分点;技术改造投资增长15.2%,比全部制造业投资高6.5个百分点。其次,民间投资保持了较快增长态势,对投资整体拉动力度加大。前三季度,民间投资同比增长8.7%,比上年同期高2.7个百分点。一季度、上半年、前三季度民间投资增速比全部投资分别高1.4、2.4、3.3个百分点,民间投资的带动力逐季加强。近年来,我国民间投资的重要性凸显,截至7月末,我国民间投资占全部投资的比重为62.6%,占制造业投资的比重超过80%。此外,生态环保领域投资快速增长。前三季度,生态保护和环境治理业投资同比增长33.7%,其中,生态保护业投资增长52.8%,水污染治理业投资增长30.9%,固体废物治理业投资增长29.1%,环保监测专用仪器仪表制造业投资增速更是高达45.8%。

从消费需求的结构看，消费升级类商品销售增长较快，农村消费、网络消费继续加快。其一，前三季度与消费升级相关的通信器材类商品同比增长10.7%，化妆品类同比增长12.0%，这两项增速分别比全部限额以上单位商品零售增速高3.8和5.1个百分点。其二，随着乡村振兴战略相关政策措施逐步落地，农村居民消费能力不断增强，消费市场城乡结构持续优化，前三季度，乡村消费品市场零售额同比增长10.4%，增速高出城镇市场1.3个百分点。其三，网络消费继续保持高速增长，尽管全国网上零售额较上年增速回落6.5个百分点，但仍保持27%的较高水平。尤其是实物商品网上零售额已达47938亿元，在社会消费品零售总额中占比为17.5%，对消费的贡献率已达44.6%。但是住宅和汽车消费下滑对消费的冲击较大。三季度我国商品房销售额同比增长13.3%，增速回落1.3个百分点，商品房销售面积同比增长2.9%，增速比1—8月回落1.1个百分点，分地区来看，当前东部、中部、西部、东北地区住宅消费均出现量、价增速"双回落"。汽车消费也低速增长，1—9月，乘用车销量同比增速仅为0.64%，9月汽车产量和销量出现"双下降"，同比分别下降11.71%和11.55%。

从外部需求的结构看，出口结构显著优化。其一，前三季度附加值高的一般贸易进出口占我国进出口总值的58.4%，比上年同期提高1.9个百分点；其二，加工贸易进出口占我国进出口总值的27%，比上年同期下降1.7个百分点；其三，机电产品与高技术产品共占我国出口总值的87.5%，出口结构显著优化；四是对外直接投资形势较好，同比增加5.1%，扭转了去年大幅下降的状况。

三　我国财政运行与营商环境优化要求之间尚存距离

2018年1—9月累计，全国一般公共预算收入145831亿元，同比增长8.7%，增幅较去年回落1个百分点；全国政府性基金预算收入49348亿元，同比增长28%，增幅较去年回落5.3个百分点；全国一般公共预算支出163289亿元，同比增长7.5%，增幅较去年回落3.9个百分点；全国政府性基金预算支出49728亿元，同比增长36.3%，增幅较去年提高4.9个百分点。具体来看，前三季度我国财政运行具有如下特点：

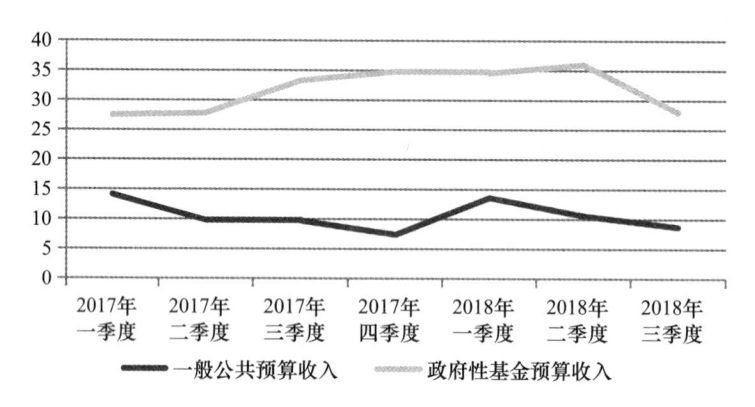

图10 一般公共预算收入与政府性基金预算收入增长

数据来源：财政部数据库。

（一）大幅减税的同时实现税收收入高速增长

从前三季度的财政数据来看，除政府性基金预算支出外，财政收支增速与上年相比普遍回落，但却以高于GDP的增速运行，且收入增速高于支出增速。也就是说，在大规模减税降费的背景下，却实现了财政收入高于GDP和财政支出的速度增长，这背后是政策宽松与效果趋紧之间的矛盾。由于非税收入同比下降10.9%，所以可以把费的因素排除掉，只有税收存在这样的情况。

深入分析可知，导致这一结果有两种可能：一是形成拉弗曲线所内含的低税率带来高增长、税基扩大产生高税收的良性循环；二是在减税的扩张性财政政策实施的同时，还运用了增加收入的紧缩措施，且紧缩效果强于减税的扩张效果。从我国宏微观经济运行来看，虽然减税对经济的刺激作用不言而喻，但并不足以实现拉弗曲线中减税—增收的良性循环。三季度我国经济同比增速和环比增速均有下滑，企业税费负担仍然沉重，所以，第二种可能性较大。

进一步分析，三季度除了印花税、车船税、船舶吨税、烟叶税等其他各项税收增速低于 GDP 增速,城镇土地使用税和耕地占用税负增长外,其他各税种收入增速均高于 GDP 增速,说明税收收入增长具有普遍性。在我国以流转税为主体的税制结构下,能够带来税收普遍增长的原因有税基扩大、物价上涨和加强征管。税基扩大和物价上涨所引起的税收收入增长是内生性的增长,不会给微观经济主体带来难以承受的税感而恶化营商环境。但加强征管则不同,其所带来的税收增长是外生性的增长。由于我国原来税收征管体制不完善,税收征收率很低,存在着大规模的应缴未缴税款,随着征管体制以及数字化、信息化征管手段的不断完善,税收征管效率大幅提升,由加强征管带来的增收效应不可小觑。

此外,从财政运行来看,强化征管的动机是客观存在的。因为大规模减税降费带来财政减收,而在经济新常态下稳定经济增长并且推动供给侧结构性改革,需要财政大规模增支,如果没有对冲机制,必然会大幅扩大赤字、增加政府债务。这实际上与美国的情况类似,美国是选择对外国增税减支对冲本国的减税增支。从我国国情来看,要实现宏观经济稳定增长和财政可持续的双重目标,以加强征管来对冲减税降费是不错的选择,但对冲力度过强,将减税降费所降低企业负担的成果给"吃"掉了,反而使得企业负担加重,恶化了营商环境。

以 2019 年将各项社会保险费由税务部门统一征收的社保征收机构改革为例,这项改革可以降低社保收支失衡的风险,解决多元化社保征管欠缺效率又有失公平的问题,具有较强的必要性与合理性,但因短期内会加重企业负担而必须谨慎。据测算,因为改革后社保费将规范化足额征收,名义缴费率被做实将提高企业社保负担至少 10 个百分点,而缴费基数被规范将提高近七成企业的社保负担,加强征管纠正的企业不缴、不按时缴、不足额缴纳社保费而带来的增收将达 1 万亿至 2 万亿元,均转化为企业负担。由此可见,仅一项加强征管的举措就将产生如此可观的征收效应,如果对所有税费普遍加强征管,必然会带来税收的高速、超速增长。

(二) 财政收支对比关系有较大波动

自 2018 年 6 月我国一般公共预算财政收支由盈余转为赤字后，近几个月财政赤字一直处于波动之中。月度数据显示，自 5 月以来，1—5 月、1—6 月、1—7 月、1—8 月、1—9 月全国一般公共预算分别为盈余 3955 亿元、赤字 7261 亿元、赤字 3746 亿元、赤字 7805 亿元、赤字 17458 亿元，可见，由盈余转为赤字之后，赤字规模经历了缩减近一半再呈倍数扩张的过程。

从增速来看，前三季度收入增速高于支出增速 1.2 个百分点，收入增长的势头仍强于支出，但二者差距在缩小，较 1—8 月缩小了 1.3 个百分点，这是减税降费和加快支出进度共同作用的结果。

全国政府性基金预算的收支对比关系也有较大波动，1—6 月、1—7 月、1—8 月均为盈余，分别为 3107 亿元、3457 亿元、2908 亿元，1—9 月则转为赤字 380 亿元，且在 8 月之前收入增速高于支出增速，9 月支出增速才反超收入。

观测月度累计数据，财政收支的对比关系跌宕起伏，其原因是多方面的，有增值税和进口关税税率下调等减税降费的政策性因素，也有中美经贸摩擦的突发性因素，还有支出进度加快的因素。当前我国财政收支结构失衡，财政支出规模波动性较大，且支出增速低于收入增速，那么财政收入超速增长的部分未能通过增加支出而得以全面疏导，存在"挤出效应"隐患，对扩大内需不利。

(三) 财政支出结构风险加大

一是债务付息支出刚性增长，重点支出不足。前三季度债务付息支出 5528 亿元，同比增长 16.8%，虽然增速较上年同期下降 12.9 个百分点，但却是当前增长最快的一项支出。从规模上看，债务付息支出已经超过了科学技术支出、文化体育与传媒支出、节能环保支出，这不符合"三大攻坚战"防范化解重大风险的要求。同时，也反映出财政对于科技、文化、节能环保领域的投入不足，节能环保支出增速较 1—8 月下降了 1.3 个百分点，这与创新型国家、树立文化自信、打赢污染防治攻坚战的目标要求不适应。

二是支出结构变化与现代财政制度要求不符。从1—9月支出结构来看，一般公共预算支出与政府性基金预算支出分别占两项预算支出总和的76.7%和23.3%，而1—8月二者的占比分别为78.0%和22.0%。在一般公共预算支出中，中央支出占比14.1%，地方支出占比为85.9%，而1—8月二者的占比分别为14.5%和85.5%；在政府性基金预算支出中，中央支出占比为6.3%，地方支出占比为93.7%，而1—8月二者的占比分别为6.4%和93.6%。可见，出现了压缩一般公共预算支出、扩大政府性基金预算支出，压缩中央支出、扩大地方支出的结构变化，而这种变化与现代财政制度要求的降低专项支出比重、强化中央财政支出责任的方向存在着偏离。

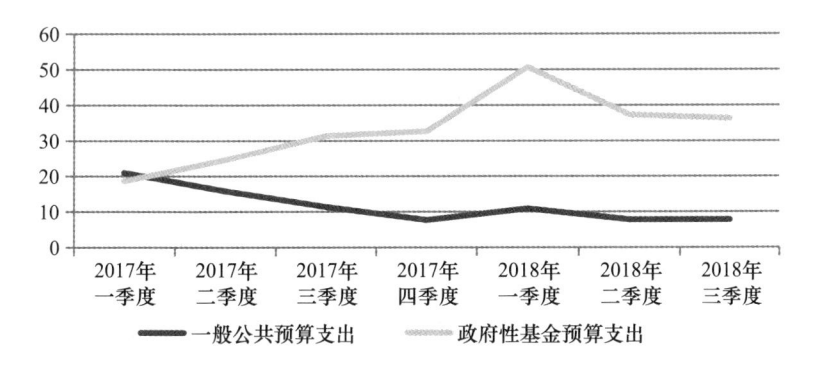

图11　一般公共预算支出与政府性基金预算支出增长情况

数据来源：财政部数据库。

（四）财政收入结构风险加大

一是"土地财政"风险被不断强化。1—9月国有土地使用权出让收入实现了32.1%的高增长，既高于地方政府性基金收入增速，也高于全国政府性基金收入增速，更高于一般公共预算收入增速。从规模看，其占地方政府性基金收入的比重为91.4%，占全国政府性基金收入的比重为85.7%，占一般公共预算与政府性基金预算收入总额的比重为21.7%，而2017年同期这三个比重分别为90.1%、83.1%、18.5%，2018年1—8月这三个比重分别为91.5%、85.6%、21%，基本呈现比重上升趋势。可见，我国地方财政仍然主要依靠土地出让收入，"土地财政"问题突出。主要原因仍然是地方收支缺口较大。一方面，地方经济高质量发展、提供基本公共服务、打赢三大攻坚战的任务较为艰巨，支出上行压力较大；另一方面"营改增"、减税降费、严格地方债管理等举措同时发挥效力，地方财政收入下行压力较大，弥补收支缺口只能寄希望于土地出让金。

二是地方政府债务风险较高。截至 2018 年 9 月末，全国地方政府债务余额 182592 亿元，而前三季度地方一般公共预算收入与政府性基金预算收入两项之和为 122496 亿元，前者约为后者的 1.5 倍。根据现行地方政府债务预算管理办法，一般债务以一般公共预算收入偿还，专项债务以政府性基金收入或专项收入偿还。截至 9 月末地方政府一般债务余额 108779 亿元，约是地方一般预算收入的 1.4 倍，专项债务 73813 亿元，约是地方政府性基金预算收入的 1.6 倍。尽管这些指标较 8 月末有少许降低，但能清晰地看出地方政府债务与地方财政之间的对比关系，体现出地方政府偿债能力较弱，债务风险较高。对于显性债务，地方政府偿债能力已然堪忧，如果再加上规模庞大的隐性债务，地方政府偿债能力反映出来的风险问题须加倍重视。

四　推动减税降费策略向优化营商环境转变

在当前中美贸易摩擦升级、经济下行压力加大、企业发展面临困境的背景下，减轻企业负担进而保证宏观经济稳定是当务之急。但我国当前减税降费伴随严征管对冲的策略并不能实质性减轻企业负担，进一步减税降费的思路首先需转变策略，从侧重于推动经济增长转变为优化营商环境。当前，这一转变在世界范围内都具有必要性，如果我国可以尽早认识这一点，并能够主动作为，可以充分发挥优势，获得最大的政策福利。

（一）调整减税降费政策目标：从稳增长为主到降成本为主

我国实施大规模减税降费政策，其初衷有两个方面：一是刺激经济，保证经济增速稳定在中高速的区间内；二是推动改革，作为供给侧结构性改革中降成本和补短板的政策抓手。但在运行中其实是稳增长优先的，这实际是一种需求管理的路径依赖，仍把着眼点放在宏观，而没有放在解决深层的供给侧结构性问题。尽管通过减税降费降低了企业成本，但最终是追求投资扩大，补短板也是一样，主要是刺激投资和消费，进而保证宏观经济稳定增长。前三季度我国宏观经济增长情况表明，把财政政策的着眼点放在宏观并不能确保稳增长，应该尽快将着眼点从宏观转向微观，夯实宏观经济的微观基础，针对每个结构性问题加以解决，唯有如此，才能改善营商环境，让企业轻装上阵，创造更多的利润，进而支撑起宏观经济高质量发展。

事实证明，针对微观主体实施的财政政策对宏观经济的间接影响是巨大的。仍以社保征收机构改革为例，此项改革间接带来的宏观影响包括：企业利润和居民可支配收入下降，影响投资和消费，推动价格上涨，使得国民经济增长放缓。据测算，社保征收机构改革将减少企业利润10%左右，降低居民可支配收入约1%，GDP放缓1.5%。[①] 从中可见为企业降低税费成本的重要性。为此，需要做到以下几个方面：首先，保持增值税、企业所得税、个人所得税等税种税率及社保费率降低的既定方向，推动进一步减税降费措施加快落地；其次，增强减税降费的针对性，在了解企业税费成本构成的基础上，针对企业负担最重的税费成本，寻求降低的办法，进一步提高减税降费的政策效果；再次，每项财税政策出台前，均分行业、分企业类型测算对企业负担的增减影响，避免出现普遍增税效应；最后，增强减税降费的整体性，改变目前碎片化和重出台、轻实效的局面，从整体上考虑各项减税降费政策之间的联动性，考虑减税降费政策与金融、产业、区域等政策的协调配合，打出力度最大的"组合拳"，同时，还要以绩效预算的要求对其加以约束。

（二）提高政策对冲能力：找准方向、把握力度

目前为政策作对冲安排已经成为世界各国的普遍做法，这是政府宏

[①] 国泰君安证券研究：《社保征管体制改革，经济影响几何》（http://www.gtja.com/content/default/info/jpyj/hgjj/marcoeco_20180904.html），2018年9月4日。

观经济政策运用能力提升的表现,能够有效防止因实施宏观经济政策而对经济造成的大起大落,但对冲策略运用得当与否也和政府施策能力密切相关。

在我国进入经济新常态后,"对冲"已经成为促进稳增长的财政政策所采用的通行策略。目前的大规模减税降费政策也是一样,采取的是加强征收作为对冲策略。采取对冲策略的初衷是求稳,缓释减税降费带来的短期财政风险,值得肯定,但对冲力度过大,让企业税费负担不降反升,同时让积极财政政策产生了紧缩效应,进而冲击了稳增长的根本,就过犹不及了。事实上,正是有加强征管这一隐形推手在做对冲,才造成了我国大规模减税政策实施后,税收却超速增长。以社保费率降低为例,2015年以来,我国分4次将社保费率从41%降到37.25%,减少企业成本约3150亿元。① 但是,2016年和2017年城镇职工基本养老保险基金征缴收入却分别增长16.3%和24.8%②,其根源就是加强征缴抵消了费率降低的效果。认识到目前运用对冲策略存在的问题,就需要作出调整,关键在于两个方面:一是找准方向;二是把握力度。

在找准方向方面,把视野放大,不仅盯住财政收入单侧,也要把支出纳进来统筹考虑。为了不加大赤字和债务风险,保持财政可持续,可以采取"减收—增收"的财政收入结构调整,也可以采取"减收—减支"的财政收支结构调整。目前我国把方向定位于前者,导致"羊毛出在羊身上",企业没有感受到减税降费带来的降成本的实效。要真正让企业有获得感,需调整对冲策略的方向,在收支双向做文章,减收的同时减支,这也不会因减费降税而扩大赤字。在这个方面,一是要将简政落到实处;二是要做实绩效预算,提高财政支出的约束力,保证财政资金高效使用。只有如此,才能在支撑稳增长的前提下,让财政支出的增长速度慢下来。

在把握力度方面,随着减税降费政策着力点由稳增长转向降成本,

---

① 《社保费划转税务机关征收将为降低缴费创造条件》,《新华每日电讯》2018年9月18日第6版。

② 中华人民共和国人力资源和社会保障部:《人力资源和社会保障事业发展统计公报》2016年度和2017年度。

对冲策略肯定首要考虑对降成本的影响，加之在收支双向作对冲，能起到更好的政策缓释效果。目前的关键是需要将收入侧的对冲力度降下来，由于加强征管是现代财政制度的内在要求，是发展的必然。当下可行的方案是放慢改革速度，给各方面留好充分准备的余地，同时，为加强征管也作相应的对冲安排，例如社保征收机构改革可以降低社保费率作对冲。此外，需明确对冲策略应面向短期，待经济和财政运行保持稳定、政策效果显现之后要逐渐降低力度直至实质性退出。

（三）通过减税降费优化营商环境：以社保征收机构改革为例

根据上述建议，我们可以社保征收机构改革为例，探索减税降费的策略转化，进而优化营商环境的路径。

首先，减轻企业社保费负担应作为进一步减税降费的重中之重。据白重恩的测算，我国社保缴费占企业盈利的49%，既超过美国10%的水平，也超过瑞典35%的水平，而我国的社保缴费率在全球181个国家中排名第一，约为"金砖四国"其他三国平均水平的2倍，北欧五国的3倍，G7国家的2.8倍，东亚邻国的4.6倍。[①] 因此，降低企业社保负担能够显著提高减税降费的针对性。

其次，需要从费率、基数、征管角度全方位降低企业社保费负担。一是降低社保费率。目前，我国社保实际缴费率显著低于名义缴费率，仅养老保险实际缴费率与名义缴费率就差10—13个百分点。社保费由税务部门统一征收，名义费率与实际费率合一。由于改革以降成本为宗旨，应就低不就高，建议降低10—15个百分点，即将社保费率降至25%—30%，其中企业养老保险费率降至14%。二是改变基数确定办法。由于税务部门准确掌握企业工资发放情况，基数确定依据可以从社会平均工资转为职工工资，并综合考虑行业、企业类型、工资自然增长率等各方面因素，通过精确测算确定基数上下限以及与工资增长之间的关系。三是针对不同情况采取不同的征管策略。对于因制度软约束造成的"漏缴"绝对不可追缴，对于恶意逃费损害职工权益的情况，应该

[①] 数据来源：白重恩在"中国经济50人论坛"上的演讲，2017年2月15日。

追缴。在此前提下，待社保征管机构改革全面到位后，须从严征管，但对小微企业、新设立企业可给予一定优惠照顾，待其具有成长性、营利能力足以担负起正常的社保缴费后，优惠政策当适时退出。

再次，设定适当的对冲缓释安排。社保征收机构改革是改变我国社保费率高、征收率低、社保收支失衡状况的良策，但改革关系到企业成本负担，因此需要设定适当的对冲缓释安排，以最大程度地趋利避害，确保不增加企业负担的前提下推进改革。我们认为，对冲策略应设置4—8年过渡期，将降低费率与征收体制改革同步实施。根据我国目前社保费率降低的节奏，社保费率3年降低3.75个百分点，每年降低1.25个百分点，以此节奏，降低10个百分点需设置8年过渡期。如果速度提升1倍，每年降低2.5个百分点，则需设置4年过渡期。那么，征收体制改革需与降低费率保持同步，即4—8年到位，根据这一时间表，充分考虑经济增长情况和对冲策略的预期效果，对改革任务进行具体规划。

最后，统筹考虑社保征收机构改革与其他减税降费政策的协调配合。目前，社保缴费作为个人所得税专项扣除可免征个人所得税，同时作为企业所得税的成本扣除项可减少企业所得税。此外，增值税税率下调改革也对企业负担做减法。需将这几个因素综合考虑，让社保征收机构改革与个人所得税、企业所得税、增值税改革协调配合。此外，还需在经济和财政运行全局层面上作出如下考虑：

一是着眼于盘活存量。在养老保险基金中央调剂制度的基础上，建立包括各险种的社保中央调剂制度，解决社保地区结构失衡问题。二是着眼于扩大增量。加大财政社会保障支出力度；释放国企改革红利，逐步提高国有企业上缴利润的比率，并提高国有资本经营预算划转社会保险基金预算的规模和比重；着力提高社保基金投资收益的能力和水平。三是着眼于预期。目前企业和居民社保缴费不积极，原因是对未来能够获得的保障没有稳定预期，尤其是流动就业人员，因此需要从根本上改革现行社会保险制度，建立起多缴多得的预期，让各种类型的就业人员得到全面保障。四是着眼于人口增长。社保收支不平衡的根源是人口结构恶化，老龄化程度加深的同时伴随着劳动年龄人口减少，那么加大财政对生育的支持,给予多孩家庭补贴和税费减免也必不可少。

综上所述,我国需以全局和长远的视野,对减税降费政策给予统筹协调推进,最终将当前的减税—增收现象转变为拉弗曲线所预示的减税—增收良性循环。

(执笔人:闫坤　于树一)

稳中有变,六稳框架协调发力;
变中有忧,贸易摩擦压力加大
——2018年我国宏观经济与财政政策分析报告

2018年岁末的世界经济再度进入到一个变动期。除美国外,其他发达国家总体面临着设备类固定资产投资增长放缓、新增就业岗位数量下降、通货膨胀压力加大和消费者信心指数下滑的压力,整体快速复苏的局面出现一定程度的波动;新兴工业化国家仍受到产业结构调整和平台创新升级的制约,对国际产业链和价值链的影响力下降,整体生产组织模式和产业组成形态都处于深度的调整期;而"金砖五国"中,除中国和印度的经济形势保持基本稳定外,其他三国的经济运行总体下行,并受到内部结构问题和外部环境问题的困扰,暂时无法形成有效的经济增长驱动能力。2019年1月,国际货币基金组织下调了2019年世界经济增长的预期,也使得岁末年初的经济运行态势更加复杂,并导致世界经济增长的进一步分化。

一 美国经济:繁荣阶段特征显著,政策逐步回归中性

2018年美国经济总体运行良好[①]:GDP增速预计将达到3.9%左右,处于2000年以来的最好水平,经济总量达到20.5万亿美元左右,

---

① 美国宏观经济数据将于2019年1月31日公布,故本处以预测数作为分析的对象和呈现的内容。

年末失业率保持在4%以下,通胀率保持在2%左右,总体呈现出"两高一低"的发展态势。中美贸易战对中美两国的当期影响都较为有限,但对国际分工体系和产业布局的潜在影响较大,并导致国际价值链和创新链的调整,中美两国都应高度重视这一风险,相向而行、消除分歧,共同推动世界经济的平稳有序发展。

(一) 经济形势总体处于繁荣期,经济指标处于良好区间

从经济学的一般概念出发,繁荣期的基本标志是经济增长处于潜在增长区间,劳动力实现充分就业,物价水平基本稳定,企业盈利状况良好且宏观杠杆风险较低。从美国2018年的经济运行,特别是第四季度的经济指标的表征来看,表现出明显的繁荣期特征。

1. 经济增长状况良好,GDP将超过20万亿美元

根据美国经济分析局(BEA)的预测,2018年美国经济规模将达到20.5万亿美元(现价),历史上首次超过20万亿美元,较2017年的19.5万亿美元(现价)增长1万亿美元,增速达到5.1%。而按照2012年的基期价格水平计算,不变价的GDP总量预期为18.7万亿美元,较2017年的18.1万亿美元增长3.9%。[1] 总体经济增速超过2.8%—3.5%的潜在经济增长区间(经验值),表现为经济过热的局面。

从季度数据来看,2018年各季度的经济增速总体保持稳定,波动值较2014年以来的各年度明显缩小,说明经济各项构成因子的持续性、稳定性变好(见表1)。

表1 2018年美国各季度的经济增速 (%)

项目	一季度	二季度	三季度	四季度
经济增速(现价)	4.3	7.4	4.9	5.1
经济增速(不变价)	2.2	4.2	3.4	3.9

注:四季度经济增速是估测值。美国各季度的经济增速均是年化值。
数据来源:美国经济分析局数据库(https://www.bea.gov/data/gdp/gross-domestic-product)。

---

[1] 超过亚特兰大联储2018年11月预测的2.9%的增速水平。

2. 家庭资产状况较好，居民收入水平持续提高

从美国家庭资产负债表来看，截至2018年第三季度（如表2所示），美国家庭总资产规模为124.9万美元，但债务仅为15.9万亿美元，资产负债率为12.7%，债务总额占GDP的比重为79.5%，作为美国最为重要的资产负债表（收入水平占年度GDP的75%）总体处于安全合意区间。从家庭净资产的规模来看，三季度家庭的净资产增加2.1万亿美元，净额达到109.0万亿美元，是美国历史上的最高值。

表2　　　　　　　2018年美国各季度的家庭资产情况

项目	一季度末	二季度	三季度	四季度
总资产（万亿美元）	120.4	122.7	124.9	127.0
总负债（万亿美元）	15.6	15.7	15.9	16.1
净资产（万亿美元）	104.8	107.0	109.0	110.9

注：四季度家庭资产是估测值。
数据来源：美联储数据库（https：//www.federalreserve.gov/econres/feds/index.htm）。

从美国家庭资产构成来看，大约有27万亿美元的资产是房地产，而约有79万亿美元的资产是股票、共同基金和养老基金等金融资产和储蓄，其他资产规模约为21万亿美元。美国家庭资产标准化率为62.2%，而债务水平只有12.7%，美国家庭新增债务空间的能力巨大，经济潜在支持能力很强。

与家庭资产负债表直接相关的是居民收入水平的持续增长。表3汇总了2018年下半年的居民收入增速和水平，从个人收入的情况来看，美国人均周收入达到了853美元，全年收入水平达到4.6万美元左右，占人均GDP约6.2万美元的74.2%。这一比率与美国家庭资产负债表的作用和影响力基本相当。

此外，2018年1—11月，美国居民的新增储蓄规模达到9442亿美元，约占个人收入规模的6%，这一储蓄率水平较2017年修正后的储蓄率6.7%略有下降。

表3　　　　2018年下半年的居民收入增速和收入水平　　　（%、美元）

项目	7月	8月	9月	10月	11月	12月
环比收入增速	0.4	0.4	0.2	0.5	0.2	0.3
收入水平（周薪）	840	843	845	849	851	853
环比可支配收入增速	0.3	0.4	0.2	0.5	0.2	0.3
可支配收入水平（周薪）	808	811	813	817	819	821

注：12月的数据为估测数据。

数据来源：美国经济分析局数据库（https://www.bea.gov/data/gdp/gross-domestic-product）。

3. 个人消费保持稳定，消费结构进一步升级

2018年第四季度，居民消费支出形成了较三季度明显的增长，对美国经济的稳定增长起到了良好的支撑作用。表4汇总了美国2018年下半年的消费增速和消费规模的情况。从表中看，美国消费形势回暖明显，第四季度的边际消费倾向甚至超过了1。

表4　　　　2018年下半年美国消费增速和消费规模的情况　　（%、美元）

项目	7月	8月	9月	10月	11月	12月
消费增速	0.5	0.4	0.1	0.8	0.4	0.5
消费规模（周支出）	858	861	862	869	872	877

注：12月的数据为预测数据。

数据来源：美国经济分析局数据库（https://www.bea.gov/data/gdp/gross-domestic-product）。

从11月的消费情况来看，居民消费较10月增长了458亿美元，其中，商品消费的增量为326亿美元，服务消费的增量为132亿美元，商品消费与服务消费的边际比例结构为2.5∶1，明显高于我国1.5∶1的水平。在商品消费中，引领增长的是康乐用品和乘用汽车；在服务消费中，引领增长的则是家庭用电和用气的相关供给。从消费结构来看，美国消费增长基础较为强劲，总体结构也呈现有序提升的特点。

4. 企业投资增速波动较大，营利能力和产出效率持续提升

2018年企业投资的总体增长情况良好①，前三个季度的企业投资增速达到7.6%，明显超过了2013—2017年3.7%的平均值。但从已公布数据的2018年前三个季度的情况来看，企业投资增速呈现出明显波动的情况：一季度增速11.5%，二季度增速8.7%，三季度增速2.5%，四季度增速预计保持低位，仍为3.0%左右。这种波动情况主要体现为美国宏观经济政策的影响，特朗普政府的减税效应在年初提升了企业的投资意愿，但美联储的加息政策则在下半年明显抑制了企业的新增投资，政策中性取向的意愿较为明显。

与企业投资的波动情况不同，美国企业的营利能力和产出效率保持良好的增长。从美国企业的营利能力来看，三季度美国企业新增利润为782亿美元，增速为3.5%；而二季度的新增规模只有650亿美元，增速为3.0%，整体呈现出增长态势。而从劳动生产率来看，三季度的劳动生产率同比上升了2.3个百分点，相当于工作时间延长了1.8个百分点或者同等时间的产出增长4.1个百分点。这一水平较2017年三季度至2018年二季度末的1.3个百分点，增加了1个百分点，表现在制造业上，体现为5.5%的产业能力的增长。在产出能力提高的基础上，尽管职工薪酬明显上升（同比上升2.8%），但三季度单位产出的劳动力成本下降1.2个百分点。②

5. 对外贸易缓慢增长，贸易逆差进一步扩大，贸易条件略有改善

受到特朗普政府"单边行动"和"逆全球化"的政策影响，美国对外贸易增长总体放缓。根据BEA的预测值和中国的公布值来看，2018年的全球贸易第一大国仍是中国，美国再失第一贸易大国的地位。受到两国数据公布时间点差异的影响，本文基于美国10月的贸易数据③展开分析。

第一，贸易规模增长缓慢。10月，美国出口规模为2110亿美元，

---

① 美国企业投资不包括住宅投资，但包括知识产权投入（美国法律按物权保护知识产权），其他内容大致相近，整体口径与我国有较为明显的差异。
② 据美国人口统计局数据库（https://www.bls.gov/news.release/empsit.toc.htm）。
③ 截至2019年1月22日，该月数据为美国BEA公布的最新数据。

环比增速为-0.1%；进口规模为2665亿美元，环比增速为0.2%。合计规模为4475亿美元，较2018年9月只增长了3亿美元。

第二，贸易赤字进一步扩大，但服务贸易仍是顺差。10月，美国贸易逆差规模为555亿美元，增长1.7%，其中，货物贸易赤字为781亿美元，服务贸易顺差为226亿美元。相较于2017年同期，赤字增加了513亿美元，同比增长了11.4%。

第三，贸易利益保持稳定，净贸易条件略有改善。根据BEA的数据，1—10月，美国进口价格指数为-1%，而出口价格指数为-0.6%，据此测算，美国的净贸易条件为1.004，总体略有改善，贸易利益新增约1%，基本保持稳定。

6. 物价保持平稳运行，成本推进型通胀压力略有加大

2018年12月，美国CPI核算值为1.9%，低于美联储2%的控制目标上限值。在减除粮食（上涨1.6%）和能源（下降0.3%）的影响后，核心CPI高于一般CPI，核算值约为2.2%，其中，商品价格保持稳定，如药品价格下降0.5%、服装价格下降0.1%；但服务价格上涨压力较大，如建筑服务上涨3.2%、交通运输服务上涨2.8%、医疗服务上涨2.6%。

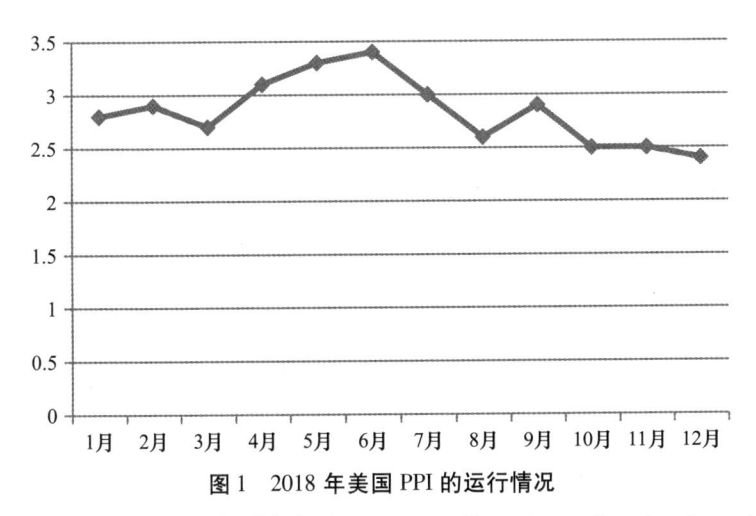

图1 2018年美国PPI的运行情况

资料来源：美国人口统计局数据库（https://www.bls.gov/news.release/empsit.toc.htm）。12月的数据为估算数据。

这样，尽管物价水平符合政策目标，但成本推进型通胀压力仍有所加大，特别是与劳动用工成本直接相关的成本领域。根据 BEA 的统计，2018 年 PPI 的运行呈现出前高后低的特点，原材料、中间产品等价格上涨压力略有缓解（如图 1 所示），但劳动力成本却始终保持较快的上升压力（如表 5 所示）。

表 5　　　　　2017 年以来美国劳动力成本的变动情况　　　　　（%）

项目	2017 年 9 月	2017 年 12 月	2018 年 3 月	2018 年 6 月	2018 年 9 月
薪酬合计涨幅	2.5	2.6	2.7	2.8	2.8
工薪涨幅	2.5	2.5	2.7	2.8	2.9
奖金涨幅	2.4	2.5	2.6	2.9	2.6

资料来源：美国人口统计局数据库（https：//www.bls.gov/news.release/empsit.toc.htm）。

7. 失业率保持历史低位，新增就业规模超 260 万人

2018 年 12 月，美国登记失业率上升 0.2 个百分点，达到 3.9%，但仍处于历史的低点。从新增就业规模来看，失业率的上升与就业市场的变动没有直接的关联，美国就业市场保持高效平稳，新增就业规模 31.2 万人，远超市场预期的 18 万人和全年平均的月新增就业的 21.7 万人的水平。失业率上涨的原因是就业参与率的提高，2018 年 12 月，美国就业参与率提高 0.4 个百分点，达到 63.1%，创下了近年来的新高，从而使 27.6 万人进入到登记失业的"池子"中，带来了失业率的上升。2018 年，美国新增非农就业人口为 260 万人，超过 2017 年的 220 万人，就业市场进一步提升；其中，制造业新增就业人口 58.3 万人，超过 2017 年的 45.8 万人。

根据美联储的预设标准，充分就业区间为失业率在 4.5% 至 5.5% 之间，从美国当前的失业水平来看，已进入到政策层面的充分就业状态，宏观经济政策回归中性有着较为明确的经济基础。从实际运行来看，美国 12 月末登记失业人口为 630 万人，低于 2017 年 12 月末的 660 万人，而新增就业岗位达到了约 760 万个，超过 2017 年年底 690 万个的水平，失业人口与就业岗位比为 1∶1.21，也已经进入到充分就业区间。而从失业半年以上（超过 27 周）的长期失业人口的情况来看，共有 130 万人处于这个区间，较 2017 年下降 20.5 万人，有效激活了沉淀就业市场。

（二）中美贸易摩擦：态势不断升级，战略各有克制

2018 年，中美两国间暴发了人类历史上最大规模的贸易摩擦，从 2018 年 3 月至 10 月，在 8 个月的时间内，中美两国将 3660 亿美元商品纳入到贸易摩擦的范围，给世界经济和贸易的稳定带来了重大冲击。但从贸易摩擦的缘起和进程来看，美国既是挑起事端的一方，也是贸易霸凌主义的一方，同时还是将贸易摩擦的范围主动扩大的一方，中国始终处于守势、被动的状态，并依照多边贸易规则进行维护自身权利，开展有数量更有质量的贸易报复。但自 2018 年 11 月 30 日，中美两国元首在阿根廷会晤后，中美贸易摩擦出现明显转机，双方在战略上均转为克制，并努力消除分歧、相向而行，为两国人民的经济福祉和世界贸易的平稳运行提供支持。

1. 贸易摩擦范围扩大，但中美贸易依旧稳定

按照中国海关总署的统计数据，2018 年中美贸易总额增长 8.5%，达到 6635 亿美元，再创历史新高。其中，出口 4784.2 亿美元，增长 11.3%；进口 1551 亿美元，增长 0.7%；贸易顺差 3233.2 亿美元，同比扩大 17.2%。而按照美国 BEA 的数据，2018 年第三季度，美国对中国出口下降 31 亿美元，达到 460 亿美元；但自中国的进口增加 72 亿美元，达到 1734 亿美元；而贸易逆差上升 103 亿美元，达到 959 亿美元。从运行数据来看，尽管中美贸易摩擦的范围一再扩大（尤其体现在第三季度，合计规模为 3600 亿美元），但两国贸易形势均保持稳定，美国的贸易霸凌行为并没有改变中美贸易的基本状态。

2. 美国农业补贴启动，有效化解了国内压力

受到中国对美国农产品进行贸易报复的影响，美国农场主在 2018 年的夏天到秋天受到了一定程度的损失，并不得不将滞销农产品进行销毁或是培土提熵。美国农业部为此启动了 120 亿美元的补贴计划，对纳入贸易摩擦的大豆、高粱、玉米、小麦、生猪等农产品种植者、养殖者

提供直接补贴，以有效弥补损失并化解政治压力。在补贴计划的支持下，11月农场经营者的收入出现明显增长，总量达到149亿美元（含补贴收入）。这一举措有效防止了贸易摩擦给农业生产带来的波动，有利于尽快恢复中美两国的农产品贸易。

3. 公平、透明、竞争、法治是解决中美贸易摩擦的最大公约数

从美国发起贸易摩擦的诉求来看，国营贸易、政府补贴、市场准入、知识产权保护和合资标准等规则性、制度性问题是其关注的焦点内容。而根据2018年中央经济工作会议的部署，我国2019年对外开放的工作重点是推动由商品和要素流动型开放向规则等制度型开放转变。这样的"公约数"，使得中美两国在2019年具备解决当前的贸易摩擦，实现中美贸易逐步在公平的基础上走向更加市场化、更加规范化的重要条件。

预计新一轮中美贸易谈判将围绕着以下七个方面的主题展开：第一，贸易不平衡问题，双方均应采取有力措施来纠正当前的巨大贸易失衡，中国将适当扩大进口美国的油气能源和基础材料；第二，贸易不公平问题，主要指相关产业发展中的政府补贴带有明显的专向性、歧视性和限制性的问题；第三，贸易不合理问题，主要指国营贸易体系中的政府直接干预和影响，并导致贸易目标和利益结构的偏离；第四，知识产权贸易问题，主要涉及知识产权保护机制、交易市场和管理原则等问题，包括强制许可和侵权救济体系等内容；第五，农产品贸易问题，主要涉及贸易报复中的交叉报复范围限制，以及所涉及的农产品贸易配额、许可证和价格补贴等问题；第六，关于与贸易和投资相关的国家安全审查的机制与标准的认可和谅解，达到既不滥用相关条款和标准，又有效维护企业的正常利益，促进贸易和投资的正常进行；第七，进一步对配额、许可证等非关税措施进行完善和清理，保障分配机制的公平竞争，并继续下调关税水平，避免对贸易活动的政策扭曲。此外，中美两国还将在互联网、数据资源、人工智能和5G应用等问题上进行一系列的谈判沟通，力求达成一致意见和共同行动。

（三）美国宏观经济政策：总体回归中性，着力提升结构

2018年美国宏观经济政策总体回归中性，扩张性的财政政策和紧缩性的货币政策同时并举，国民经济运行虽受到政策的扰动，但并未受到政策的总体刺激和直接干预。从美国宏观经济政策的突破口来看，结构性提升和效率性促进是其着力的重点，而控制杠杆、防控泡沫和促进流转则是其经济政策的一贯主题。

1. 减税政策效果明显，企业投资和居民消费均有所提升

2018年是美国政府的减税年。根据特朗普政府的提议，美国国会批准了对企业所得税和个人所得税两项联邦主体税种的改革。其中，企业所得税的名义税率从35%下调到21%；而个人所得税则由七档税率下调到三档，税负水平下降约15%至40%。① 根据2017年的数据进行静态测算，美国企业所得税和个人所得税累计减税超过3500亿美元。

在减税政策的促进下，美国企业利润水平持续上升，预计全年企业新增利润超过4000亿美元，其中由减税所带来的利润增长超过2500亿美元。而在个人所得税减税的促进下，美国职工的小时工资水平上升到27.48美元，按平均劳动时间为34.5小时/周计算，美国职工年收入将达到5万美元左右，较2017年上升约1000美元。在收入上涨的促进下，美国居民消费增速在第三、第四季度明显加快，预计全年平均增速将超过3%。

2. 加息缩表同时发力，通胀水平有所下降

2018年，美联储的加息进程超出预计，全年加息4次，推动美国联邦基金利率由1.25%—1.5%上升到2.25%—2.5%的水平，逐步进入到美国中性利率区间的下限，并与亚洲和南美洲部分国家的利率水平形成倒挂，带来了国际金融市场的风险和压力。

与加息进程相伴随的是美联储缩减资产负债表的安排。2018年的四个季度，美联储均按照预设的步骤开展缩表计划，到第四季度形成了

---

① 由于个人所得税属于累进税率，所以税负下降的情况也根据不同的总体税负表现为区间模式。

每个月 500 亿美元的缩表规模（如表 6 所示）。在缩表的推动下，2018 年美国 M2 的规模是 145390 亿美元，相当于 2018 年 GDP[①] 的 70.9%；而 2017 年美国 M2 的规模为 139198 亿美元，相当于 2017 年 GDP 的 71.4%。总体上降低了市场上的美元供给，全年合计值约 4200 亿美元，约相当于美国 M2 的 3%。

表 6　　　　　　2018 年美联储缩减资产负债表的情况　　　　　（亿美元）

项目	第一季度	第二季度	第三季度	第四季度
每月国债减少	120	180	240	300
每月 MBS 减少	80	120	160	200
每月合计减少	200	300	400	500

注：本表为美联储公布的计划操作规模，而实际操作值略大或略小于计划规模，不影响本文的基本结论。

资料来源：根据美联储 2017 年 8 月主席联席会议的决议整理。

在加息、缩表的共同推进下，美国的通货膨胀压力出现了小幅的下降，消胀指数在 2018 年下半年的取值分别是 2.4、2.2、2.0、2.0、1.8、1.9，在初步实现政策目标的同时，也降低了进一步加息的预期。

3. 就业激励、收益导向和增量分享成为结构性政策的主要特征

从美国结构性政策的实施主体来看，美国联邦政府的中小企业局和商务部是主要的实施主体，其他的结构性政策主要依靠地方政府（Local Government）提供，总体包括就业激励、收益导向和增量分享三大政策，分别对应劳工雇佣、企业投资和基础设施建设等相关领域的产业发展。

就业激励主要是许多地方政府为了从联邦获得相关的奖金和获得本地居民的选票，对达到雇佣目标的企业进行财政奖励的活动。规模一般不会太大，大致占劳工薪酬总额的 3%—5%。

收益水平是美国金融市场的估值基础，也是美国资产价格的重要定

---

① 以现价 GDP 核算。

价指标。从美国税制来看，以收益为基础的所得税是联邦的主体税种，而以财产价值为基础的财产税是地方的主体税种，都与收益水平有着直接的关系。因此，美国地方政府和联邦政府往往会以实际产出能力特别是收益能力为超过预定目标的企业提供减税支持或是补贴安排。

增量分享主要是指因基础设施建设和经济园区开发而导致的可处置的公共资产产生溢价，以及政府相关的税收收入明显增长。根据资产的溢价水平和新增税收收入，相关的建筑企业和开发商可在提供包括运营在内的服务的情况下，形成合理的增量分享计划，从而形成除运营直接收入之外的收益来源。美国联邦政府即将启动的"万亿美元基建计划"，总带动投资能力预计将超过20万亿美元的投资，其主要的收益渠道就是增量分享计划的运用。

总体上看，美国经济处于繁荣期的状态在8—12个季度应该不会有明显的变化，但美国宏观经济政策的边际压力和措施频率将会有明显的变化。受到中美两国竞争环境和发展战略冲突的重大影响，预期中美贸易摩擦会在2019年得到一定程度的缓解，但并不会根本解决，并在非贸易领域产生一系列新的问题和矛盾。

二 中国经济运行：巩固"六稳"基础，应对"稳中有变"

2018年第四季度的经济运行基本趋同于全年的状态，宏观经济风险有所下降，经济运行的稳定环境得以维持，但外部经济压力明显加大，内部的重大风险并未得到根本解决，中国经济仍处于"拐点"的风险期——究竟是处于"L"型之后的"闪电"型探底，还是"U"型反转，都需要在做好"六稳"的前提下全面实施逆周期调节。

（一）"六稳"框架成果初显，经济运行平稳有序

2018年，中国经济基本实现了中央政治局会议要求的稳就业、稳金融、稳外贸、稳外资、稳投资、稳预期的相关目标，宏观经济运行在合理区间，矛盾与风险得到了初步的缓解。

1. 经济增速达到 6.6%，贡献全球 30% 的经济增量

2018 年，我国经济总量达到 900309 亿元，首次超过 90 万亿元，合美元值约为 13.6 万亿美元，约占全球经济总量的 16%，稳居全球第二大经济体。根据 IMF 的测算，2018 年中国经济为世界经济增长贡献了 30% 的增量，与美国一起成为全球经济最重要的增长"发动机"。

从经济增速来看，全年经济增速达到 6.6%，超过市场预期 6.5% 的水平。从季度来看，四个季度的增速呈现出逐步放缓的局面，增速分别为 6.8%、6.7%、6.5% 和 6.4%，经济总体上仍处于下行周期之中。

2. 就业环境总体稳定，GDP 增长的就业带动能力提升

2018 年，我国城镇新增就业 1361 万人，较 2017 年增加 10 万人。年末城镇登记失业率为 3.82%，调查失业率为 4.9%，低于 4.5% 和 5.5% 的控制目标，在世界主要经济体中居于较低的水平。

从 GDP 增量和新增就业的关系来看（即边际就业能力），GDP 每增长 1% 带动的就业人口约为 206 万人，超过 2017 年 196 万人的水平，GDP 增长的就业带动能力有所提升。

3. 金融风险总体下降，服务实体经济的能力明显增强

2018 年，金融风险的五大表征都出现了明显的回落，主要金融指标均有所好转：一是利率水平有所降低，资金成本有所下降，2018 年市场利率水平①由年初的 4.7423% 回落到年末的 3.5180%（如图 2 所示）；二是宏观杠杆率快速上升的情况得到了良好的控制，2018 年宏观杠杆水平总体稳定，根据中国人民银行的数据，年末债务总余额约为 219.76 万亿元②，以 GDP 为基础的宏观杠杆率约为 244%，与 2017 年的情况基本持平③；三是金融脱媒的状况有所改善，从 M1 的增速与 M2 增速的情况来看已经得到了明显的改善，自 2018 年 2 月以后，M1 的增速即低于 M2 的增速（如图 3 所示）；四是表外资金规模明显下降，以委托贷款、信托贷款和未贴现的银行承兑汇票的情况来看，分别减少 1.61 万亿元、

---

① 按 Shibor 的统计值，以 1 年期的利率为基准测算。
② 包括社会融资部分、地方政府一般债和中央政府债务等构成。
③ 2017 年债务总余额为 199.93 万亿元，GDP 规模按照国家统计局修正后的情况进行核算，约为 82.07 万亿元，计算出的宏观杠杆率也为 244%。

0.69万亿元和0.63万亿元，表外资金总体下降约3万亿元；五是金融体系内部的风险水平有所降低，主要表现为同业拆借利率和质押回购利率水平的回归，自2018年6月起，质押回购利率就与同业拆借利率交替波动（如图4所示），标志着金融市场内部风险有所降低。

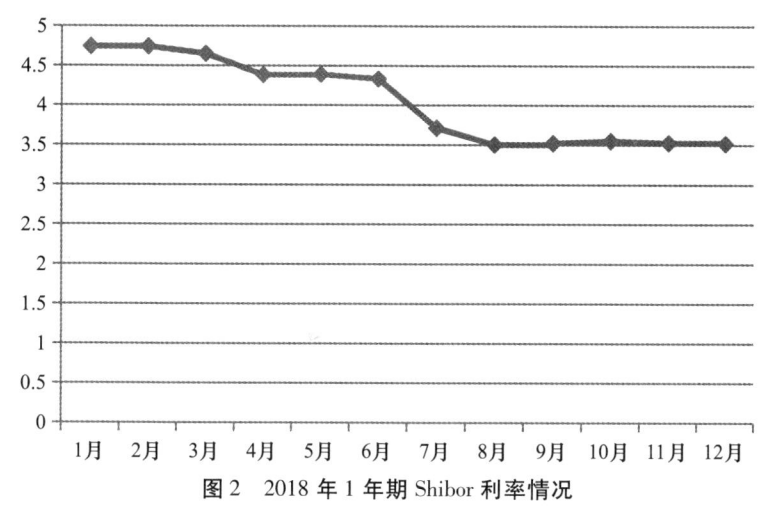

图2　2018年1年期Shibor利率情况

数据来源：中国人民银行数据库。

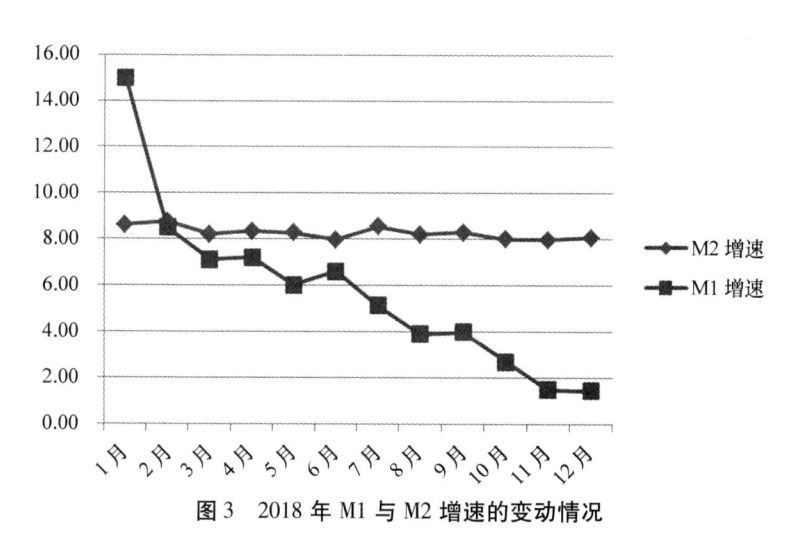

图3　2018年M1与M2增速的变动情况

数据来源：中国人民银行数据库。

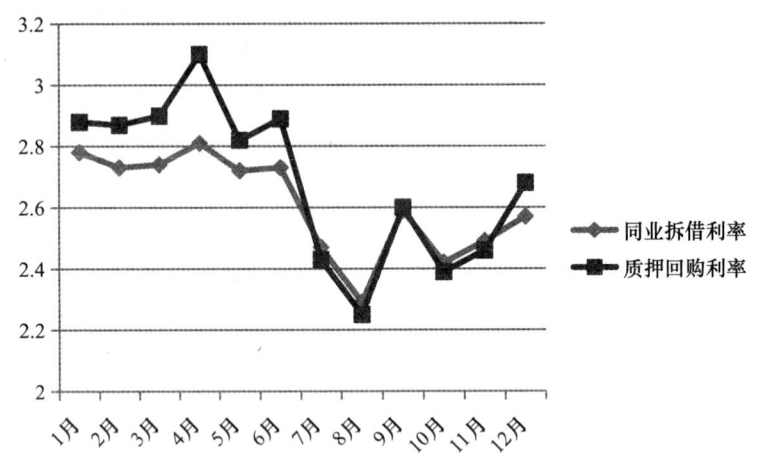

图4 2018年银行间市场同业拆借和质押回购利率的变化情况

数据来源：中国人民银行数据库。

4. 对外贸易总额首超30万亿元，继续蝉联第一贸易大国

2018年，我国进出口总额达到305050亿元，首次超过30万亿元的整数关口，合美元值为4.61万亿美元，再次超过美国成为全球第一贸易大国。从构成来看，出口总额达到164177亿元，增长7.1%；进口总额达到140874亿元，增长12.9%；贸易顺差23303亿元，下降18.3%。总体保持稳定，贸易进一步趋向平衡。

从贸易的地理方向来看，我国与主要贸易伙伴的进出口贸易得到了进一步的发展。其中，中国与欧盟的贸易总额增长7.9%，与美国的贸易总额增长5.7%（其中贸易顺差增长17.2%），与东盟的贸易总额增长11.2%。总体上，我国外贸形势趋于稳定，中美贸易摩擦的影响得到了较好的控制。

5. 外资规模保持高位稳定，制造业外资显著增长

2018年，我国实际利用外资1349.7亿美元，同比增长3%。其中，制造业实际利用外资达到413亿美元，同比增长20.1%，占比高达30.6%，较2017年提升4.8个百分点，而高新技术制造业同比增长35.1%。

在外资规模稳定的同时，外资地理结构也保持稳定。我国主要投资来源地实际投入增长态势良好，新加坡、韩国、日本、英国、德国、美国实际投入金额同比分别增长 8.1%、24.1%、13.6%、150.1%、79.3% 和 7.7%。其中，中美双向投资累计规模超过 2400 亿元。

6. 固定资产投资规模保持稳定，制造业投资增速显著加快

2018 年，我国固定资产投资总额达到 635636 亿元，增速为 5.9%，总体保持稳定，并表现出前低后高的增长态势。其中，民间投资资产 394051 亿元，增长 8.7%，占固定资产投资的比重为 62%，较 2017 年提高约 2.7 个百分点。

从产业结构上看，第二产业的投资增速达到 6.2%，较 2017 年提升 3 个百分点，其中制造业投资增速达到 9.5%，明显超过了平均投资增速，为 GDP 的稳定增长作出了重要的贡献。第三产业的投资增速也得到了小幅的恢复，实现了 5.5% 的增长，其中基础设施投资增长了 3.8%，需要引起关注。

7. 形成良好收入预期，促进消费稳定增长

2018 年居民平均收入达到 28228 元，约合 4232 美元，增速为 8.7%，剔除价格影响后的增速为 6.5%，超过人均 GDP 6.1% 的增速。从收入分配的结构上看，2018 年我国居民收入占 GDP 的比重达到 42.7%，较 2017 年的水平提高约 1 个百分点，收入分配结构进一步改善。从可支配收入水平来看，2018 年人均可支配收入达到 24336 元，同比增长 8.6%，占人均收入水平的 86.2%，较 2017 年的占比提高约 2 个百分点。

在居民收入稳定增长的支持下，居民对经济环境和未来发展的预期明显改善。2018 年，居民人均消费支出达到 19853 元，较 2017 年增长 8.7%，平均消费倾向[①]达到 81.6%，与 2017 的 81.5% 基本相当。从运行数据来看，平均消费倾向仍处于历史高位，并未有任何下降的表现，消费减量、降级并未大面积出现，市场预期平稳。

---

① 平均消费倾向近似为消费总支出与可支配收入的比值。

（二）稳中有变、变中有忧的六大风险表征

在我们初步实现"六稳"目标的同时，经济运行中的深层次矛盾和结构性风险也在一定程度上积累，甚至出现了某种程度的激化。2018年中央经济工作会议明确指出，我国经济下行压力加大，经济运行稳中有变、变中有忧。我们将上述矛盾和风险进行归纳整理，形成了以下六个方面的风险判断：

1. 外部环境复杂严峻

面对人类历史上规模最大、影响最广和损失最多的贸易战，中国政府立足世界人民的福祉，坚持人类命运共同体的目标，遵守多边贸易的基本规则和原则，维护中国企业的正常权益和贸易利益，先后与美国政府开展了五轮综合谈判，形成了一定程度的共识，缓解了贸易的紧张形势，争取了有利的发展时机和环境，并由两国元首在阿根廷的G20会议上初步达成了解决分歧的一致意见。

尽管如此，但从2019年的情况来看，以"中美贸易战"作为主要矛盾的全球经济运行依旧十分复杂，并对我国的外部经济运行环境带来了较大的压力。2019年的外部经济环境的压力和问题主要包括：一是3月2日前，中美元首的阿根廷会晤共识是否能够得到有效落实；二是美国经济政策特别是货币政策是否继续"以邻为壑""一意孤行"；三是保护外商在华合法权益，特别是知识产权保护的进度和水平能否达到预期，并形成制度完善、保护有效的中国特色模式；四是发挥企业的主体作用，推动共建"一带一路"的新机制下，能否突破现有"瓶颈"，真正形成东西双向开放、陆海内外联动的新局面。

2. 经济面临下行压力

从推动经济增长的三驾马车来看，2018年的运行情况均出现了"稳中有降"的特点，经济内部增长动力有所下滑。全社会消费品零售总额的增速仅为9%，成为2004年以来的增速新低；固定资产投资增速仅为5.9%，基础设施投资增速下降明显。相较于内部需求，出口在保持了三个季度的快速增长之后，四季度的增速出现了较为明显的降低，11月的出口规模仅为2274亿美元，增速为5.4%，明显落后于前

10个月12.6%的增速水平,12月出口增速进一步降低,中美贸易战的负面影响开始显现。

3. 金融出现偶发性的异常波动和共振

2018年7月至10月,我国金融市场一度出现股市、汇市、债市相关联的异常波动,并影响到国家的金融稳定和经济安全。从金融市场的杠杆管理和平衡指标来看,我国2018年内生性金融风险的水平已经明显降低;表外资金已经较好地纳入监管,并逐步回归表内;金融服务实体经济的意愿和能力显著增强,国家融资担保基金已完成组建并开始运作。因此,这种资产市场间的风险联动和压力共振的主要诱因是外部的,缺乏内部的传播基础和扩散条件,风险具有偶发性和暂时性的特点,但在短期内所形成的风险压力仍然不容小觑。

4. 地方政府债务风险仍在积累

随着中发〔2018〕27号文件[①]和中办发〔2018〕46号文件[②]的出台,以及PPP项目的治理深化,地方政府的隐性债务风险得到了较好控制。但从债务的总体规模来看,地方政府债务压力并未进入"拐点",隐性债务规模依然庞大,甚至有估算认为在30万亿元左右。而2018年,显性债务规模新增加了21800亿元,增速达到13.5%,约为当期GDP增速的2倍。从政府债务利息的偿还规模来看,2018年政府表内支付利息约为7345亿元,增速高达17.1%,约为同期财政收入增速的2.75倍,占2018年财政收入规模的4%。债务利息的迅速增长,降低了当期积累但增加了债务的累积,并对未来的财政保障能力和服务提供能力形成了压力。

5. 民营企业和中小企业融资难、融资贵的问题仍较为突出

2018年,我国民营企业和中小企业获得贷款的比例约占同期企业贷款增加值的25%左右(国标口径),而增量则相当于2017年增量水平的1.6倍左右(普惠口径),民营企业和中小企业融资取得了一定程度的改善。但从融资难、融资贵的角度来看,民营企业和中小企业的融

---

① 《中共中央国务院关于防范化解地方政府隐性债务风险的意见》。
② 《中央办公厅 国务院办公厅关于印发〈地方政府隐性债务问责办法〉的通知》。

资环境并未取得根本性改善，在某些行业、某些条件下还出现了一定程度的恶化。如民营企业发行企业债的难度有所加大，借新还旧以外，很难形成新增的债券融资规模，债券成本也出现了一定程度的上升。再如部分商业银行面对市场的变动和企业经营环境的变化，为了自身的利益，对中小企业和民营企业实行了抽贷断贷等措施，造成企业流动性困难甚至停业。

6. 资本市场机制扭曲，脆弱性增强

受到注册制改革再度延迟的影响，股票市场的价值估值和定价机制仍然以净资产规模作为定价基础（即每股所代表的净资产水平），而不是利于杠杆管理和投资风险自觉的收益率定价原则。净资产定价机制在市场建立初期可以有效地稳定市场，并形成简便易行的投资原则，但随着市场功能的不断拓展、市场参与主体和交易手段的日趋多样，这种定价机制上的扭曲一方面加大了杠杆波动风险，另一方面导致风险水平和收益率的失衡，形成了与其他市场之间的套利空间。例如，受到净资产增长预期的鼓励，在宽松杠杆机制的环境下，市场资金会大量进入到具有潜在投资空间的行业和企业，从而导致企业的资产膨胀和净资产快速增长，但由于收益水平的限制，则同时导致了净资产收益率的下行。这样，资产系统内部形成了"自我耗散"的机制——资产价格越来越高，净资产收益率却越来越低，杠杆机制不仅仅是资产市场的"加速器"，也成了资产市场风险的"催化剂"，杠杆机制的灵活度和自由度往往就成为资本市场波动程度的"同义词"，从而影响了资本市场的成长性、稳定性和投资性。再如，受到股票市场净资产收益率定价机制的影响，能够带来净资产增值效应的资产在股票市场的定价高，从而形成了与其他收益率主导市场的套利空间。如在可转债发行和转换中，同一家上市公司的可转债收益率总体明显低于正常债券收益率，其原因就是可转债的真正收益渠道不是直接的债务利息，而是"转股"之后的资产溢价空间。

上述六个方面的矛盾，既有短期的也有长期的，既有周期性的也有结构性的，其内部的交织和融合，以及与外部的牵连和蔓延都将使问题更加复杂、解决更加棘手。从其内在作用机制来看，有效扩大内需、纠正机制扭曲、强化竞争的基础性地位和防控杠杆风险是核心表现,也是有效应对运行压力、化解六大矛盾的关键切入点和抓手。

三 财政收入增速明显放缓,收支压力持续加大

2018年,各级财政部门深入贯彻落实党中央、国务院决策部署,聚力增效实施积极的财政政策,大力实施减税降费,保持较高支出强度,优化财政支出结构,提高财政资金效益,全年财政收支运行情况良好。

(一) 结构性减税效果显现,收支缺口有所增大

2018年,全国一般公共预算收入183352亿元,同比增长6.2%,总体进入到中低速增长阶段。全国一般公共预算支出达到220906亿元,同比增长8.7%,仍保持着较快的增长速度。一般公共预算的收支缺口达到37554亿元,同比增长22.1%,占一般公共预算收入的比重达到20.5%,财政收支压力进一步加大。

1. 财政收入增速放缓,宏观税负保持稳定

2018年,我国一般公共预算收入的增速仅有6.2%,略低于同期GDP的增速,政府收入在GDP中的结构比例有所下降,而企业和居民在GDP中的比例则小幅提升,国民收入分配结构总体改善。

以一般公共预算收入作为分析对象,从财政收入的月度增速来看,自2018年6月起,财政收入的月度增速低于当期GDP的增速,而至2018年10月,财政收入的月度增速出现负增长,财政收入的增收压力明显加大(如图5所示)。

从收入划分来看,中央一般公共预算收入85447亿元,同比增长5.3%;地方一般公共预算本级收入97905亿元,同比增长7%。从收入结构来看,中央收入占比为46.6%,地方收入占比为53.4%,基本匹配45∶55的中央与地方收入结构的合理区间。

从收入分配结构来看,全国一般公共预算收入中的税收收入156401亿元,同比增长8.3%;非税收入26951亿元,同比下降

4.7%。从总量上看，税收收入占财政收入的比重为85.3%，处于超过80%收入质量较高的区间，并高于2017年83.7%的水平。从狭义的宏观税负[①]来看，税收收入占GDP的比重约为17.4%，处于16%—18%的中低比例区间，与2017年17.6%的水平基本相当。

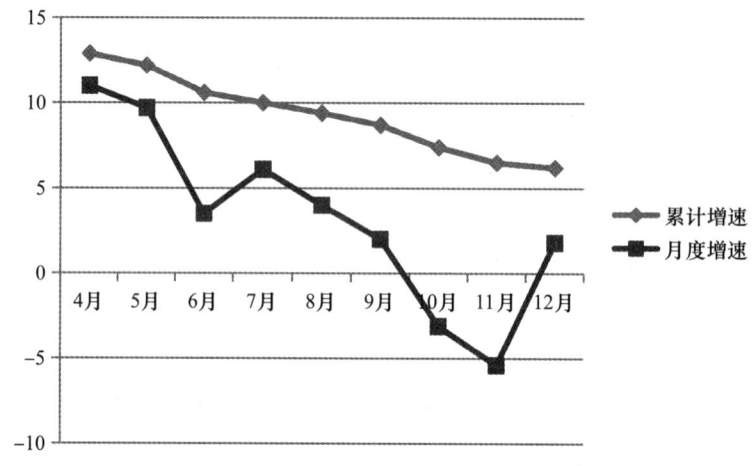

图5 2018年4月以来一般公共预算收入的增长情况

数据来源：根据财政部数据库资料整理。受到2018年3月数据缺失的影响，本文自2018年4月进行汇总归纳。

2. 结构性减税的效果显现，税制结构总体优化

2018的减税政策主要包括以下五个方面。一是深化增值税改革，降低部分行业增值税税率、统一增值税小规模纳税人标准、对部分行业实行期末留抵退税。二是实施个人所得税改革，建立综合与分类相结合的个人所得税制度，实施5000元/月的基本减除费用标准和新的税率表。三是出台一系列支持小微企业发展的优惠政策。如将减半征收企业所得税的小型微利企业年应纳税所得额上限由50万元提高到100万元，将小微企业和个体工商户贷款利息收入免征增值税单户授信额度上限提高至1000万元。四是支持科技研发创新。将企业研发费用加计扣除比

---

① 即只考虑政府税收收入，而不纳入其他政府财政收入和社会基金收入情况下的收入占比。

例提高到75%的政策由科技型中小企业扩大到所有企业,将创业投资企业、参与天使投资个人有关税收优惠政策试点范围推广至全国,将科技型中小企业亏损结转年限由5年延长至10年等。五是两次提高部分产品出口退税率,降低关税总水平,我国关税总水平由2017年的9.8%降至7.5%。

在上述减税政策的推进下,我国增值税、企业所得税、个人所得税和进出口环节税的增速水平在2018年都呈现出下降态势。考虑到进出口环节税受到中美贸易摩擦的影响较大,我们只汇总展示增值税、企业所得税和个人所得税三个税种的收入增速情况(如图6所示)。

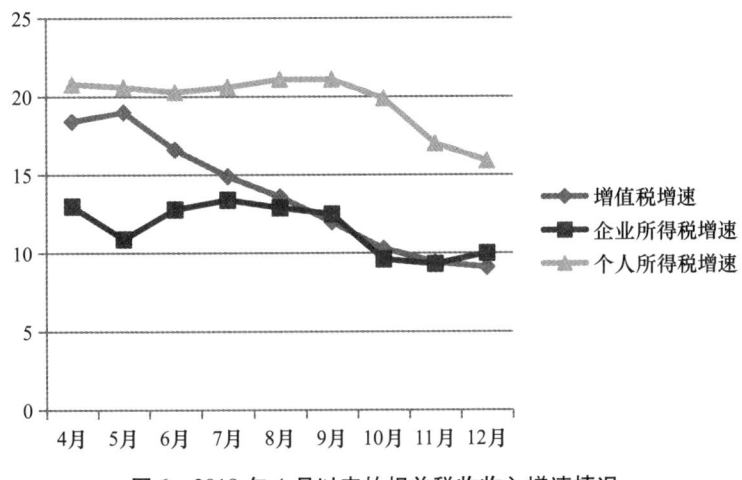

图6 2018年4月以来的相关税收收入增速情况

数据来源:根据财政部数据库的相关数据整理。

从月度数据看,增值税的收入增速在11月当月出现负增长,单月增速水平为-1.2%;而个人所得税收入增速则在10月出现大幅度降低的情况下,11月则转为大幅度的负增长,较2017年同期下降17.3%;企业所得税收入增速总体落后于企业利润的增速(如图7所示),但随着减税效应的发挥,企业所得税收入的增长态势得到了良好的恢复。综合来看,结构性减税的特征突出,效应也在逐步积累和改善。

从税制结构来看,由于减税主要围绕着生产和流通环节进行,所以总体表现为间接税增速放缓,而直接税增速则相对稳定的态势。2018年,直接税的税收收入约为64647亿元,占税收收入的比重为41.3%,较2017年直接税收入增长约11.1%,收入占比提高1个百分点。

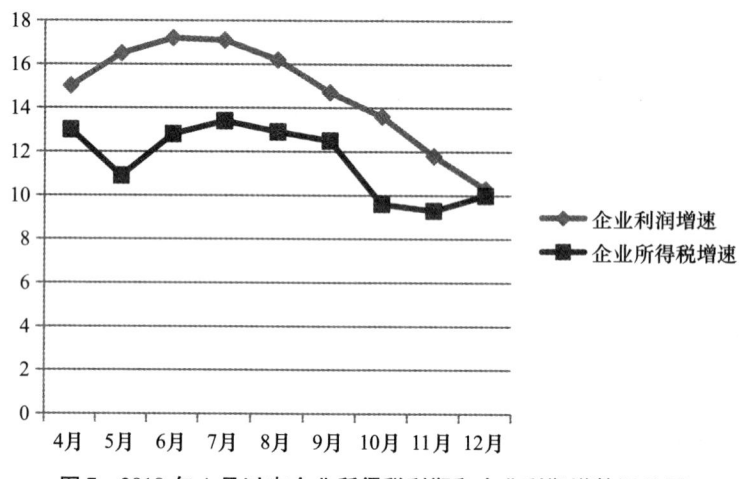

图7 2018年4月以来企业所得税利润和企业利润增整汇总图

数据来源:根据财政部和国家统计局的相关数据汇总而得。

3. 支出结构总体稳定,收支压力不断加大

2018年,狭义层面的公共服务支出规模(即教育、科技、文化、社保、医疗等五类支出)为86850亿元,较2017年增加6828亿元,增速约为8.7%。而农林水支出达到20786亿元,较2017年增加1872亿元,增速约为9.9%。将农林水支出包括在内合并计算,扶贫和公共服务支出的总规模达到107636亿元,占总支出的比重达到48.7%,较2017年提升约0.1个百分点,总体保持稳定。

从财政收支情况来看,2018年的收支缺口约37554亿元,占一般公共预算收入的20.5%,占GDP总量的4.2%左右,较大幅度地超过了赤字率2.6%的水平。我国政府投资应高度重视投入产出情况,全面提升效率和效益,尽可能降低或有债务的发生率和规模。

从收支缺口的进度数据来看,2018年4月以来,我国在2018年的

6月、8月、9月、11月和12月出现了5个月的月度"赤字"（如图8所示），收支缺口压力较大，也在一定程度上说明，我们长期以来所提倡和推进的财政资金存量结构优化的特点并不明显。

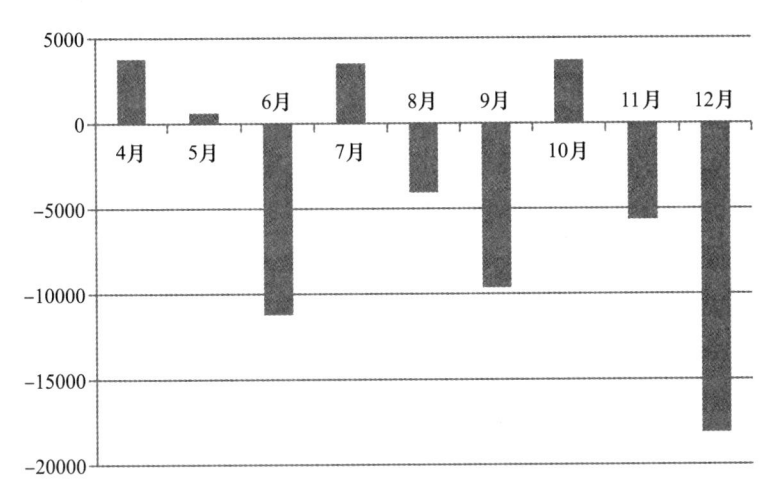

图8 2018年4月以来，我国一般公共预算收支的缺口统计

数据来源：根据财政部数据库的相关数据计算而得。

（二）政府性基金收入出现缺口，专项债券改革势在必行

2018年，政府性基金收入保持快速增长，全年政府性基金的总收入规模达到75405亿元，增速达到22.6%，总体保持快速增长。但从支出来看，全年政府性基金支出的规模达到80562亿元，增速高达32.1%，超过政府性基金的收入水平。全年政府性基金表现出明显的收支缺口，总规模达到5157亿元（如图9所示），大幅度地减少了历史积累的基金余额。

从政府性基金的主要收入构成的国有土地出让收入来看，总体趋势跟政府性基金一致。2018年的土地出让收入总额达到65096亿元，增速达到25%，占政府性基金收入的86.3%，考虑到政府性基金收入并入一般公共预算收入的改革，不能与历史数据进行直接的占比比较。而2018年由土地出让收入形成的支出达到69941亿元，增速为34.2%，占政府性基金支出的86.8%。全年土地出让收入的收支缺口达到4845

亿元（如图10所示），占整个基金收支缺口的94%左右，土地市场形势总体决定了政府性基金的健康运行与发展。

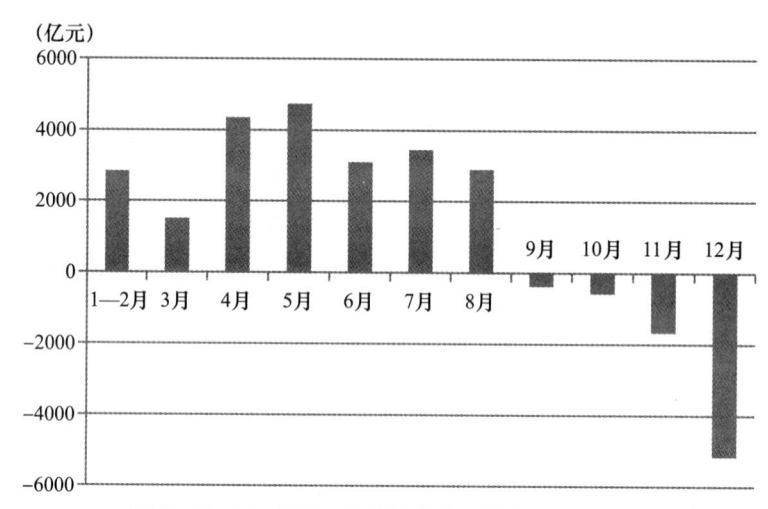

图9　2018年我国政府性基金收入的收支差额情况

数据来源：根据财政部数据库的相关资料计算整理。

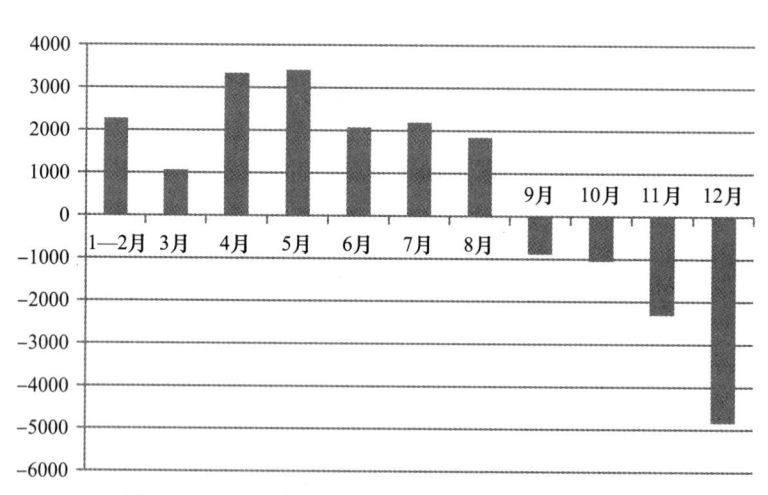

图10　2018年我国国有土地出让收入收支缺口统计

数据来源：根据财政部数据库相关数据计算整理而得。

从政府性基金的收支缺口来看，继续按照原有的政府专项债券模式显然不可持续：第一，政府将专项债作为直接债务对待，将有可能使大量的专项债的偿还责任转向一般公共预算收入；第二，仍以现行的政府性收费和基金收入作为专项债的还款来源，将明显限制专项债的发行规模；第三，所筹集的债务资金须经预算再次分配，一般不直接针对具体的项目，导致项目的资产分置和融资管理空间不足。这样，必须将政府专项债务进行全面改革，具体模式和路径如下：一是将政府项目的收益债与专项债合并，并大幅度地提升专项债的发行限额；二是继续坚持专项债券作为政府直接债券的定位，而不是作为隐性债务，以明晰限额，加强风险管控，并促进债券发行；三是将项目收益作为优先还款来源，政府承担正常的民事担保责任，而不是第一性担保责任，须确定违约事实和资金规模后再纳入责任范畴；四是以项目为对象直接发行专项债券，从而促进项目的资产分置，并可以将政府专项债务资金直接作为项目的资本金，以放大融资能力，实现财政与金融的有效融合。

（三）政府债务总体安全，新增债务仍有空间

截至2018年年末，地方政府债务余额为183862亿元，占2018年地方政府全口径财政收入（一般公共预算收入＋政府性基金收入）的109%，低于150%的安全区间上限，总体处于中上层级的风险水平。计入年度赤字的一般债券余额为109939亿元，约占年度GDP的12.2%；年度新增一般债券发行22192亿元，约占年度GDP的2.5%，对赤字率影响直接且巨大。

从地方政府债券限额的情况来看，截至2018年年底，一般债券的限额中，还有约13850亿元的空间没有使用，约占地方债务总量的7.5%；而从专项债的情况来看，仍有约12262亿元的空间没有使用，约占地方债务总量的6.6%；合计来看，共有约26112亿元的空间没有使用，约占地方债务总量的14.1%。也即，如果出现了超出预计的情况，我国目前仍有继续扩大债务发行的能力或者承担14%左右减税降费的能力。

四　从长期大势谋划当前形势，
　　有序做好四大战略布局

为有效应对经济运行中的结构性矛盾、深层次问题，并着力化解经济下行阶段的投入产出风险和杠杆风险，因循六大矛盾的四大作用机制，中央经济工作会议要求要立足长期大势，站在宏观全局，准确把握宏观调控的度，有针对性地引导市场预期，从而有序做好以下四个方面的战略布局。

（一）宏观调控布局：逆周期调节

中央经济工作会议指出，宏观政策要强化逆周期调节，继续实施积极的财政政策和稳健的货币政策，适时预调微调，稳定总需求。以逆周期调节来统领我国宏观调控的主体框架和基本取向，总体上强调扩张、支撑、协调、平衡的特征，即：政策取向上以扩张性为方向，加大政策的力度和主动性；政策目标上是支撑经济运行，确保经济的平稳有序快速增长；政策组织上应立足于协调，统筹运用财政政策、货币政策、结构政策和社会政策，发挥政策合力；政策策略上要坚持平衡，既包括市场体系各个结构的运行平衡，也包括市场与政府之间的作用平衡。总之，逆周期调节的目标是保持经济平衡运行，畅通国民经济循环，并以此成为宏观调控布局的基础和主导。

从逆周期调节的角度出发，经济下行阶段主要表现为总需求不足、内生增长动力减弱和外部环境恶化的特点。所以逆周期调节的关键是在适度扩大总需求的情况下，以效率、质量和结构优化为导向，修复和提升经济增长的内生动力，以规则等制度性开放为抓手，提升开放水平和拓展开放空间。为此，财政政策作为政策效应时滞短、结构性调控能力突出、奖补激励手段措施多样的宏观调控手段，在逆周期调节中应以扩张性为基本政策取向，并处于基础性和主导性的地位。从政策作用的要点来看，主要包括释放市场空间、激发企业活力和提升支撑能力三个方面；而从政策构成要点来看，则主要包括更大规模的减税降费、较大幅度增加地方政府专项债券规模和大幅度减少政府对资源的直接配置三个主体结构。

而货币金融政策总体处于支持、协同和促进的地位。从这个角度出发，货币金融政策有一定的能力和空间在推进经济结构性调整、维护经济稳定增长和推进金融市场内部系统性改革等方面进行协同推进，也可以在一定的程度上保持政策的独立性。因此，货币政策仍将保持稳健的基本取向，以预调、微调为主，从以下四个方面着手：一是对金融市场的流动性供给要松紧适度、合理充裕，避免市场资金过度紧张导致的债务风险压力，也防止形成通货膨胀预期；二是改善货币政策传导机制，着力在供给机制、交易机制和价格机制上形成突破，从而为货币供应量、利率政策和信贷政策的传导形成有效的促进；三是提高直接融资的比重，以完善资本市场体系、结构和交易机制为重点，按照风险和收益相平衡的原则，借助有效的信用中介和担保，实现多层次资本市场的协调有序发展；四是解决好民营企业和小微企业融资难融资贵的问题，从2019年经济工作的落点来看，先着力解决融资难的问题，基本策略是创新信贷的体制机制，创新抵押财物，实施"尽职免责"安排，推进债权融资支持计划和股权融资支持计划，以降低市场风险预期，降低利率水平。

（二）经济体制改革的布局：坚持供给侧结构性改革不动摇

中央经济工作会议明确指出，"我国经济运行主要矛盾仍然是供给侧结构性的，必须坚持以供给侧结构性改革为主线不动摇"。而2019年的供给侧结构性改革则需要在2018年实质推进的基础上，更多地运用市场化、法治化的手段，更加注重政策的连续性、规范性，立足于培养新动能、激发新活力、构建新体系来发力，核心是要做好"巩固、增强、提升、畅通"的八字方针。

一是要巩固"三去一降一补"成果。推动更多产能过剩行业加快出清，但在手段上要更加注重市场化、法治化，以提升服务的方式有效来推动存量资源的优化配置；要着力降低全社会各类营商成本，继续推进对制度性交易成本、税费成本、融资成本、用能成本和物流成本的控制和减让安排；以农村基础设施、公共基础设施和新兴基础设施为重点，加大基础设施等领域补短板力度。

二是要增强微观主体活力。围绕着"市场、竞争、产权、保障"八个字下功夫，提升市场的统一开放、竞争有序的机制和环境；建立公平开放透明的市场规则和法治化营商环境；完善现代产权体系和保护制度，发挥企业和企业家主观能动性；综合运用宏观经济政策和结构性政策，促进正向激励和优胜劣汰，发展更多优质企业。

三是要增强提升产业链水平。通过学习和掌握通用技术创新、共性技术创新和专业领域的技术最新动态，推进全面创新体系和参与式创新机制建设，提倡以专业技术能力平行参与产业链的机制和模式，给予中小企业相对平等的技术话语权和基于专业性基础上的规模效应，并与传统生产环节的规模效应相叠加，推动技术创新、模式创新转向生产成本优势和效率优势。以此为基础，培育和发展新的产业集群，并借助信息技术和动力技术的创新，推进新的生产组织技术和市场组织模式的应用。

四是要畅通国民经济循环。关键着力点是形成三个良性循环：其一，形成国内市场和生产主体的良性循环，核心是做好"供需的动态平衡"，要推动以有效供给和市场效率为核心，改造和提升我国生产主体和市场组织形态，使供给能够匹配和适应市场的变动；其二，形成经济增长和就业扩大的良性循环，核心是做好就业优先，以提升人力资源为主，采取多种方式维护和保障就业，既支持生产技术和设备装备的创新，又有效避免因设备替代人工而形成的"失业型增长"；其三，金融和实体经济良性循环，要进一步强化金融的本源思维和宗旨意识，提高金融体系服务实体经济能力，并有效防范金融风险，着力提升实体经济的产出效率和收益，通过收益水平的提高，为金融风险防控和金融产业的发展提供更大的空间。

（三）市场发展布局：促进形成强大国内市场

中央经济工作会议指出，"我国市场规模位居世界前列，今后潜力更大"。从理论上看，市场是需求的总和，也即强大的国内市场。一是要依靠市场规模的扩张；二是要形成市场结构的升级、优化，以努力对生产体系和有效供给形成引领和带动。根据中央经济工作会议的精神，2019年市场发展工作的核心是全面推进"消费、投资、技术、要素"四个市场的协调发展。

第一，消费市场就是最终消费品需求的总和。要努力满足最终需求，提升产品质量，细分差异化需求，并让老百姓吃得放心、穿得称心、用得舒心；加快教育、育幼、养老、医疗、文化、旅游等服务业发展，引导消费升级；改善消费环境，增强消费的体验性、获得性，进而形成消费黏性；落实好个人所得税专项附加扣除政策，增强消费能力。

第二，投资市场就是中间产品和基础设施需求的总和。"我国发展现阶段投资需求潜力仍然巨大，要发挥投资关键作用"，要加大制造业技术改造和设备更新，加大生产设备类投资；加快5G商用步伐，加强人工智能、工业互联网、物联网等新型基础设施建设，形成新的产业组织形态和生产组织模式；以补短板为着力点，加大城际交通、物流、市政基础设施等投资力度，补齐农村基础设施和公共服务设施建设短板，加强自然灾害防治能力建设。

第三，技术市场就是以技术要素为核心的需求的总和。2019年的技术市场主要围绕着"共享、保护、健全、支持"为重点展开。即：构建开放、协同、高效的共性技术研发平台，抓紧布局国家实验室，重组国家重点实验室体系，有效提升科研基础设施和大型科研仪器的共建共享；加强知识产权保护和运用，完善和提升专利保护的法律体系，形成有效的创新激励机制；健全需求为导向、坚持"创新"与"驱动"并举，推进以企业为主体的产学研一体化创新机制；进而突破资金渠道和科研条件"瓶颈"，加大对中小企业创新支持力度。

第四，要素市场的核心是资本市场。要通过深化改革，打造一个规范、透明、开放、有活力、有韧性的资本市场，以收益率为基础，完善和优化资本市场的估值体系和定价机制；提高上市公司质量，鼓励企业向投资者分红，并以转让、质押、远期和结构性为重点，完善交易制度；有效推进做空机制、杠杆机制和溢出配资机制的建设，引导更多中长期资金进入；推动在上交所设立科创板并试点注册制尽快落地，有序推进"新三板"的完善与提升。

(四) 风险防控布局：结构性去杠杆

从"全面去杠杆"转向"结构性去杠杆"，既是现实的压力也是战略性的选择。2017年下半年以来，我国坚定地执行"全面去杠杆"改革，在企业债务、家庭债务、政府债务等方面都实现了良好的突破，降低了债务成本、优化了债务结构、缓解了债务风险。2019年，立足于"根本性的化解债务"的要求，以保持经济稳定增长，大力促进实体经济，有效防控资产泡沫为方向，有增有减、有保有压，有序推进结构性去杠杆改革。核心是做好"坚定、可控、有序、适度"的要求。

一是要坚定地打好防范化解重大风险攻坚战，坚决控制住债务的增长，坚决改善有效产出与利息负担的关系，坚决采取有效措施，根据经济整体运行情况和实体经济的产出情况，改善企业资产负债表。

二是要坚持债务风险总体可控、压力总体可负担的原则，坚持结构性去杠杆的基本思路，着力完善金融基础设施，强化监管和服务能力。

三是要推进有序改善债务分布和杠杆"转表"，在适度增加政府债务的同时，战略性地调整企业债务，并维护家庭债务水平的基本稳定，坚持优化债务投资的基本方向。

四是要保持政策和债务的适度性，既要适当地增加"信用"或"刚兑"空间，以增强融资能力和条件，满足投资和展期的需要，防范金融市场异常波动和共振；又要有效约束政府信用和金融信用的滥用，避免"道德风险"和"逆向选择"，稳妥处理地方政府债务风险。

正如中央经济工作会议所强调的，"我国发展拥有足够的韧性、巨大的潜力，经济长期向好的态势不会改变"。面对矛盾和问题，我们要既从长期大势认识当前形势，认清我国长期向好的发展前景；又要坚持问题导向，坚持做好战略布局，正确把握宏观政策、结构性政策、社会政策取向，从而确保经济运行在合理区间。2019年，经济虽有下降的压力，政策却充满着上升的动力，而经济主体和市场机制则在公平竞争的基础上，充盈着澎湃的活力。

（执笔人：闫坤、张鹏）

2019 年

美国经济政策调整总体趋缓与中国经济的逆周期调节

——2019年第一季度我国宏观经济与财政政策分析报告

一 美国经济"两高一低"下的"三大隐忧"

2019年第一季度,美国经济的运行成绩让全世界感到惊讶:GDP的实际增速达到3.2%①,物价的涨幅为1.4%②,失业率仅为3.8%,总体呈现出"两高一低"的良好走势。根据美国经济的运行特点,我们试图在以下四个问题上取得进展:一是支撑美国经济的结构动力是什么,还将产生哪些重要的变化;二是当前的潜在风险和压力表现在哪些方面,激化的可能性有多大;三是基于经济运行形势的美国经济政策调整分析和预判;四是中美两国经贸关系走势等衍生影响。

(一)总体保持"四大平衡",协调驱动"三驾马车"

一季度美国经济总体实现了经济增长、动力协调和结构平衡的运行特征。具体表现为:

---

① GDP的实际增速即以2012年为基期的不变价GDP增长速度,即GDP实际增速就是GDP不变价增速,本文在研究中等效使用这两种表述。

② 本处的物价数据主要使用的是个人消费支出的物价指数(PCE),同期GDP的平减指数(消胀指数)为0.9%。

1. 产出扩张和就业增长的平衡

一季度美国经济总量达到 46098 亿美元[①]，同比增长 1471 亿美元，年化增速达到 3.2%，经济扩张态势明显。与美国经济增长相匹配，就业规模和就业状况也呈现高位提升的特点。按照美国人口统计局的数据，美国一季度新增就业规模达到 54.1 万人（三个月分别新增 31.2 万人、3.3 万人和 19.6 万人），总体延续了 2017 年以来的高就业率基础上的就业高增长态势。

从产出的就业带动能力来看，2019 年一季度单位产出的就业容纳能力为 367 人/亿美元，总体处于良性区间，说明美国经济增长与就业的关系较为稳定，具有良好的正比关系。但与 2018 年全年的单位产出的就业容纳能力（495 人/亿美元）相比，新增就业所需要的新增产出规模明显提高，预期美国的高就业率仍将持续较长的时间，但高就业规模则将出现较为明显的变化，就业"瓶颈"和人工成本的上行成为美国产业竞争力进一步提升的重要障碍。

2. 经济产出与收入分配的平衡

一季度，美国非农领域的职工收入保持小幅增长，非农部门的工作时间都有较明显的增强。从职工收入的情况来看（如表1所示），2019年3月美国非农职工的薪酬为 27.70 美元/小时，职工工作时长是 34.5 小时，职工周薪酬达到 955.65 美元。从职工薪酬的上涨情况来看，同比涨幅为 3.2%，超过了美国 2018 年 2.9% 的 GDP 增速，与 2019 年一季度的年化增速基本相当，经济产出向居民收入层面的转移比较顺畅。

表1　美国一季度职工薪酬与工时情况的统计表　（美元，小时）

类型	2018年3月	2019年1月	2019年2月	2019年3月
小时薪酬	26.84	27.56	27.66	27.70
周工时数	34.5	34.5	34.4	34.5
周薪酬	925.98	950.82	951.50	955.65

资料来源：美国人口统计局数据库。

---

① 美国 BEA 的数据，该数据为根据 2012 年价格计算的不变价规模。

从居民收入总额占 GDP 的比重的数值来看，2019 年一季度个人收入总额的年化值为 180335 亿美元，与年化 GDP 规模 210627 亿美元的比值为 85.62%。从比值上看，与 2016 年以来的情况基本趋同，保持在 86% 左右。美国经济产出与收入分配的平衡保持状态良好，在微观和宏观两个指标上都呈现出稳定运行或良性改进的局面（如表 2 所示）。

表 2　　　　　美国近年来居民收入在 GDP 中的比重情况　　　（亿美元、%）

类别	2016 年	2017 年	2018 年	2019 年一季度
个人收入总额	161251	168309	175824	180335
GDP	187072	194854	204941	210627
比例	86.20	86.38	85.79	85.62

资料来源：美国人口统计局数据库。

3. 居民收入与私人消费、投资增长的平衡

在居民收入稳定增长的状态下，私人消费和投资也呈现出稳定增长的态势。一季度，私人消费规模达到 31766 亿美元，年化增速为 1.2%，较 2018 年同期的 0.5% 明显提高，但较 2018 年全年的 2.6% 增速明显放缓；私人投资的规模达到 8448 亿美元，年化增速为 5.1%，较 2018 年同期的 9.6% 有明显的降低，但与 2018 年全年的 5.9% 增速基本相当。居民收入的稳定增长对私人消费和投资的促进作用良好，并形成了对美国经济的良性循环的基本框架：经济发展—生产产出扩张—就业增长—居民收入提高—私人消费和投资扩张—经济发展。

从框架体系上看，一季度美国经济用产出扩张和就业增长的平衡、经济产出与收入分配的平衡、居民收入与私人消费和投资的平衡等三大平衡关系实现了经济的良性循环，保障经济的持续稳定增长，并为产业创新和资产溢价提供了新的动力和空间。

4. 产业创新与金融市场的平衡

折旧率是一个国家正常情况下产业创新水平的典型代表指标。一季

度，美国的总体折旧水平（年化）为 33814 亿美元，折旧率为 16.05%，在保持相对较高水平的情况下，折旧规模较 2018 年的实际水平扩大 1075 亿美元，折旧率提高 0.08 个百分点。美国产业创新能力保持总体稳定、持续提升的良好状态，并推动美国专利等知识产权产出增速保持在 8.6% 的水平。

与产出增长和产业创新相适应，美国金融市场保持基本稳定。从美联储的货币供给规模来看，一季度末，美国 M2 的规模为 144681 亿美元，较 2018 年同期仅增长 600 亿美元，增速控制在 4.33%，低于 2018 年名义 GDP 的 5.9% 增速。从 M2/GDP 的指标值来看，一季度末该指标值为 68.69%，较 2018 年年底的 70.11% 和 2018 年一季度末 69.56% 的情况进一步下降，说明美联储的"缩表"政策正在逐步发力，对美国货币供给产生了紧缩性的影响。综合考虑美国货币供给的"缩表"安排和货币成本的"加息"安排，目前美元资产的泡沫较小，资产价格溢价的直接支撑力量是收益率的持续攀升而不是杠杆水平的提高和杠杆规模的扩大。

从美国银行业的贷款和债权业务来看，一季度总规模达到 132647 亿美元，增速为 6.3%，这一增速水平较为明显地超过名义 GDP 3.8% 的增速，以此作为核算标准，国民经济的杠杆率[①]约为 64.69%，与 2018 年年底的实际运行值 63.79% 的水平基本趋同，略有增长。总体来看，一季度美国金融杠杆率水平保持稳定，并未出现明显变化的风险。从信贷结构来看，工业贷款的规模为 23472 亿美元，房地产贷款的规模为 44631 亿美元，消费贷款的规模为 15191 亿美元，占比分布如图 1 所示。根据图 1，2019 年的房地产贷款占比略有降低，总体下降约 1 个百分点；工业贷款占比略有增长，总体增长约 1 个百分点；而消费贷款则保持稳定。从贷款比例来看，美国经济产出、产业创新和信贷关系较为平衡和畅通。

---

① 由于美国金融市场十分复杂，尽管商业银行的债券和信贷市场占有债务活动的相当比重，但仍存在明显的不足，我们在结果运用中仅作为横向比较，并不对水平状况进行分析和判定。

2018年一季度

- 工业贷款 21336, 27%
- 房地产贷款 43332, 55%
- 消费贷款 14421, 18%

2019年一季度

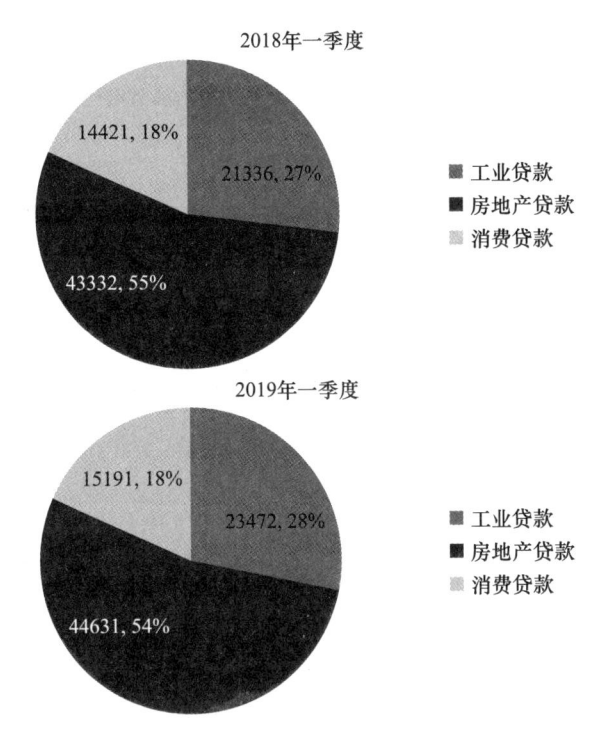

- 工业贷款 23472, 28%
- 房地产贷款 44631, 54%
- 消费贷款 15191, 18%

图1　2018年一季度和2019年一季度美国三类贷款的比例

数据来源：根据美国经济分析局（BEA）数据库资料整理。

从上述四个方面的"平衡"来看，美国"平衡"的形成和发展并非是短期的、偶然的、指标性的，而是带有明显的持续性、规律性和内生性，上述"平衡"使得美国经济不仅在运行上看上去较为协调，而且在实际产出上也将保持持续稳定，并有效稳定经济增长的繁荣期。

（二）制造业、收益率和高赤字成为"三大隐忧"

一季度，美国经济高速运行的背后仍然是极难解决的"三大隐忧"，而且彼此强化、相互影响，使得美国对上述"隐忧"的解决越来越需要依赖结构性改革，而并非宏观经济政策的有效润滑和熨平。"三大隐忧"主要是指：

1. 制造业的技术创新、模式创新能力减弱

一季度，美国制造业的增加值增速（年化值）高达6.5%，总体仍

在加速进程之中，较 2018 年同期提高 2.4 个百分点，较 2018 年全年提高 1.4 个百分点，除汽车产业外，美国制造业减速的直接证据不明显。在汽车产业上，受到美国国内消费增速变化的影响，汽车产出增速仅为 -5%，较 2018 年同期下降 14.5 个百分点，降幅十分明显。但扣除汽车产业后，一季度美国制造业增速仍可达到 3.4%，较 2018 年同期提高 1.4 个百分点，较 2018 年全年提高 0.6 个百分点。

但在折旧、新增投资两项指标层面，还是表现出较明显的下行压力，从而影响制造业的技术创新和模式创新。从折旧指标来看，一季度，美国制造业的平均折旧水平达到 18% 以上，从而带动美国平均折旧率上升到 16.05%。从新增折旧的损失规模来看，达到 1075 亿美元，约占 GDP 的 0.51%。根据美国人口统计局的数据，2018 年四季度生产率提高支撑了 GDP 增长 1.9 个百分点，预期一季度生产率对 GDP 增长的支撑和促进将下降约 0.5 个百分点左右。

从新增投资的情况看，一季度，私人投资的新增规模（年化值）约为 35106 亿美元（按 2012 年的不变价计算，下同），增长 0.92%；其中，固定资产新增投资规模（年化值）达到 33701 亿美元，增速为 0.27%。相较于 2018 年，私人投资增速和固定资产投资增速分别下降 0.10 和 0.63 个百分点。在制造业层面，主要涉及装备投资类的项目，2019 年的投资增速仅 0.01%，较 2018 年的增速下降 0.43 个百分点。固定资产投资增速的下行将影响企业在技术创新、模式创新上的积累，进而影响制造业的增长基础和发展后劲。

2. 市场利率上行、要素成本提高，降低美元资产吸引力

一季度，美元利率继续保持了 2018 年的上行态势。联邦基金利率上升到 2.45%，商业银行 3 个月的存单利率上升到 2.43%，贷款基础利率上升到 5.50%，一年期国债利率上升到 2.34%，市场利率总体明显上行。在利率水平提高、资本要素稀缺性增强的情况下，美元资产的相对收益率下降，吸引力水平总体降低，美元资产价格也出现了一定程度的回落。

一季度，美国职工收入保持持续增长。如前所述，美国职工周薪酬均值已达到 955.65 美元，较 2018 年同期提高约 29.67 美元，同比提高

3.2%，与 GDP 的增速基本同步。在职工薪酬快速增长的影响下，美国制造业、服务业的生产成本明显上升。但从物价指数的构成来看，耐用消费品的价格指数下降了 0.4%，非耐用消费品价格指数下降了 2.4%，在成本上升，价格下降的压力之下，美国制造业企业的利率压力将明显加大。而从服务业来看，在总体成本上升约 3.2% 的基础上，价格指数仅上升约 1.6%，利润压力也异常明显增加。在企业利润波动的影响下，美国股指和债指在一季度的总体波动明显，尽管没有从根本上改变趋势，但对于美元资产的价值稳定性还是带来了明显的影响。

3. 政府财政赤字及其对经济运行效率的替代

美国财政政策仍属于扩张性的财政政策，尽管在总量上有所收缩，但在税式支出和赤字规模上仍呈现明显的扩张性特征。2019 财年的前 6 个月（2018 年 10 月至 2019 年 3 月），美国联邦赤字规模达到 6910 亿美元，接近 2018 财年的全年赤字水平（7690 亿美元）。根据这一基础数据，目前市场普遍预计美国 2019 财年的赤字总水平将超过 1.1 万亿美元，基本上达到全球金融危机反危机措施退出前的赤字规模。预计美国 2019 年偿付的国债利率将达到 5265 亿美元，新增约 260 亿美元。

从目前的情况来看，美国国债除了市场利率有所上升以外，市场环境正常，销售状况也保持稳定，说明美债的安全性没有出现任何明显的波动，仍是当今世界上重要的金边债券，具有良好的投资价值。但巨额的赤字将明显推升市场融资成本，给市场投资带来一定程度的"挤出"性影响，并且债务利息的偿还将明显挤占当期 GDP 的积累和分配空间，这些将会导致经济运行效率明显减弱。从总量上看，美国政府国债将给美国国民经济带来至少约 2.5% 的效率损失，这一损失与美国贸易赤字的损失水平基本相同，但贸易赤字是市场行为的结果，而财政赤字则是美国政府自身政策的代价。

（三）宏观政策的"松紧"搭配将持续，但力度上各自"放松"

根据一季度的经济运行形势，预期美国 2019 年的宏观经济政策将继续保持 2017 年以来的"松紧"搭配格局：以减税和赤字扩张形成扩张性的"松"财政政策，而以加息和减少货币供给形成紧缩性的"紧"

货币政策。但在框架保持稳定前提下，预期财政政策和货币政策分别在"松"和"紧"的力度上将各自放松，以匹配和满足美国经济的运行状况，并有效化解美国经济内部的"三大隐忧"。

1. 财政政策：减税效应开始减退，基础设施投资规模缩减

从一季度的运行数据来看，固定资产投资增速明显下降，成为影响增长的重要因素之一，而固定资产投资增速的下降与企业投资意愿减退、投资成本增加、产出收益下降存在直接的联系，这说明自2017年12月启动新一轮美国"税改"的直接政策效应开始减退，同时也与联邦政府对基础设施预定投资计划规模缩减有一定的关系。

（1）联邦税制改革的经济促进效应开始减退。2017年12月，美国启动了"新经济"以来最大的一次税改，联邦所属的主体税种均出现了较为明显的下降。其中，企业所得税税率整体由35%下降到21%，剔除小微企业和创新企业的影响，企业所得税税额改革在10年内将带来约1.6万亿美元的减税效应；个人所得税税率结构仍保留7档税率，最高边际税率由39.6%下调到37.0%，起征点根据家庭的情况也有相应的提高（总体提高约1倍），个人所得税改革预计在10年内将带来1万亿美元的减税效应。这样，合计两项减税效应，并叠加其对国民经济的促进效果，预计10年内的总减税规模在2.6万亿美元左右，并在10年内完成按照新税制实现旧税制下的年度收入的目标要求。

根据美国财政部的减税效应分析模型，美国减税效应最大的年份是2018年和2019年，随后，减税效应将在企业经营决策中其影响力将会被吸收和常态化，进而导致减税对国民经济的直接促进的影响力下降。从一季度的运行来看，本轮减税政策对居民收入增长的促进作用和居民消费的支撑作用仍较为明显。从居民收入来看，2018年，居民收入较2017年提高4.46%，而居民可支配收入较2017年提高4.97%，在居民收入水平均值提高3.2%的背景下，居民可支配收入增速较居民收入的增速高0.51个百分点（考虑到居民收入增长的衍生效应，实际减税效果大于0.51个百分点），总体减税效果较为明显。而在对居民消费的促进上，一季度美国居民消费支出的规模达到32077亿美元（不变价），

较 2018 年同期的 31522 亿美元提高 0.82%，这一水平超过了 2018 年同期 0.36% 的水平，居民消费有效地支撑了美国经济，并部分体现了美国政府的减税效应。

但在企业所得税层面，税制改革效应的衰减幅度超过预期。这一判断主要来自于固定资产投资异常变化。一季度，美国私人固定资产投资增速为 0.27%，较 2018 年同期的 1.34% 和全年的 0.90% 都有明显的下降。尤其是在税收政策影响较强的非居民投资层面，效果尤其明显：一季度，美国非居民固定资产投资增速仅为 0.38%，而 2018 年同期和全年的增速则分别是 1.47% 和 0.92%；特别是与制造业直接相关的装备类投资增速只有 0.01%，减速特征明显，较 2018 年同期和全年分别下降 0.48 和 0.43 个百分点。

（2）政府赤字进一步加码，但基础设施投资难以扩张。一季度，美国政府支出进一步扩张，但联邦支出规模增速明显放缓。从绝对额来看，美国一季度政府支出的年化规模是 36005 亿美元（现价），较 2018 年的实际年度支出 35208 亿美元明显增长，增速为 2.4%，超过 2018 年 1.5% 的增速水平，赤字规模进一步增长。但在联邦政府层面，一季度联邦支出的年化值只有 13555 亿美元，而 2018 年的实际支出规模则达到 13198 亿美元，核算增速几乎为零增长，而 2018 年同期的年化增速则为 2.6%。

受到联邦政府支出增长缓慢的影响，美国总统特朗普在竞选时提出的"万亿美元"的大规模基础设施建设计划迟迟无法启动，其至美国议会仍在动议是否将其预定规模大幅度缩减。近年来，虽多次有传言要启动这一计划，但从美国政府的赤字增长、债务余额和市场利率的情况来看，美国政府很难在 2019 财年启动该方案，基础设施投资扩张计划仍将进一步推迟。

2. 货币政策：加息进程开始放缓，缩表计划安排对冲

受到美国私人固定资产投资增速放缓和美国股市波动强化的影响，美国需要对价格型货币政策的调整速度适当放缓；而受到美元指数高企、全球美元流动性短缺的影响，美国有义务向世界提供相对充足的美元供给，缩表计划总体上应得到控制，至少在货币供给上应安排对冲，

以避免不必要的全球金融动荡和经济风险。

（1）加息进程开始放缓，美元已形成对非美货币的利率倒挂。2017年至2018年，美国加息进程的速度明显加快。2017年，美联储加息3次，一共提高利率0.75个百分点；2018年，美联储加息4次，一共提高利率1个百分点。至2018年年底，美国联邦基金利率已经达到2.25%至2.5%，这一利率的名义水平已经超过了近一半的新兴工业化国家，甚至超过了中国的隔夜拆借利率水平，形成了对主要经济体的利率倒挂，给上述国家的国内金融稳定和汇率稳定都带来了直接的冲击和明显的压力。

以香港货币市场为例，香港金管局在2018年被迫两次提高综合利率水平，给香港楼市和资本市场的稳定带来压力，并对香港实体经济投资增长形成阻碍。2019年一季度，香港金管局被迫6次入市干预港币对美元的汇率，消耗了172亿港元，对香港的金融稳定带来了较大的压力，也影响了香港货币改革的正常进行。

从一季度的经济运行来看，美国经济中的利率成本上升和制造业投资减缓成为美国政府需要着力针对的关键性问题。美联储的总体目标是形成匹配美国潜在经济增长水平的中性货币政策，而不是将紧缩性货币政策作为常态。美联储主席鲍威尔称美元利率"已抵达中性利率区间低端"，根据这一判断，总体预计美联储暂不会停止加息进程，但是会明显放慢加息步伐。2019年预计加息两次，分别是6月和12月，年终的利率水平将达到2.75%至3%。虽然加息进程放缓，但美元利率与新兴经济体的利率倒挂的压力仍将进一步加剧，世界金融市场和经济运行仍处于高度的敏感期。

（2）缩表计划预计不会中止，但应对货币供给设计对冲性安排。2017年10月，美联储正式启动缩表计划，并设计了加速机制和中止机制，提出了缩表计划的基本目标：减少量化宽松期间形成的1.5万亿美元的供给。截至2019年3月底，美联储已经完成缩表5800亿美元，总体按照加速机制进行推进，并未启动中止机制。

一季度，美元在国际支付体系中的占比降到40%以下，仅为38.77%，这一比例相较于欧元的35%左右，优势已然不大。而导致美元在支付体系中的比例明显下降的重要原因，除了美元"霸权"行径被国际社会所"不齿"之外，美联储的主动缩表安排也导致了美元作为国际流动性的供给紧张，进而导致无法获得美元供给的国家和企业转向欧元、英镑等替代货币。为维护美元的国际地位，避免与美元保持联系汇率的国家和地区的经济金融风险，美联储应在保持缩表安排的同时，加大货币的供给能力，包括对货币乘数的提升或是安排"降准"操作，以对冲缩表带来的流动性紧缩，并优化美元的供给结构。

当然，也可以考虑在 2019 年的第三季度，根据新财年预算的情况和美联储缩表进程，考虑启动"中止"机制，暂停缩表计划一年左右的时间，以策应基础设施建设计划的实施，并对美元的国际支付地位进行有效的维护，同时避免全球的"美元荒"和流动性紧张。

（四）中美贸易谈判有了重大进展，但仍有"横生枝节"的隐忧

截至 2019 年 4 月 5 日，中美双方已经进行了九轮贸易谈判。谈判的内容和标准也随着谈判进程的深入，不断地得到强化和深化。目前的谈判文本已经包括七个实体条款，产出层面上也不再是简单的备忘录或和解方案，而是内容翔实、标准明确、措施清晰完整的贸易（投资）协定。总体上看，中美贸易谈判已经取得了突破性的进展，并有望在 2019 年第二季度缔结这一协定。

从第九轮谈判的重点和进展来看，目前中美两国在知识产权保护、技术转让、非关税措施、服务业、农业、贸易平衡、信息服务等七项协议文本上达成了一致，并在实施机制等非实体内容上也作出了"双向对等"的安排。从目前协议文本的内容上看，中美两国对未来的贸易安排寄予了相当的期望，在坚持形式公平和实体公平的原则下，双方将进一步加大贸易规模、提升贸易层级、优化贸易结构和创新贸易模式，共同为双方国内企业收益和人民福祉，共同为人类命运共同体的国际合作目标与准则，提供良好的发展环境和动力支撑。

但随着美国一季度经济数据的出台，美国经济形势总体上有点"出人意料"的好，这将提升美国"孤立主义"和"逆全球化"的倾向，不排除放缓中美贸易谈判的正常进程，或提出新的不合理要求等安排。一季度，美国出口增速达到3.7%（年化值），略高于2018年同期3.6%的水平，总体保持稳定；而进口增速则为-3.7%，明显好于2018年同期3%的正增长；并使得一季度的出口增长给GDP的贡献率达到1.03个百分点，显著好于2018年同期-0.02个百分点的情况。这一贸易运行结构，将会部分强化"进一步制裁中国"的思维，我们须对这种经济运行情势折射出来的风险异动保持警惕，有效引导社会心理预期，创造更大的共同利益，形成融合统一的中美贸易合力和协调机制。

二 经济运行总体好于预期，经济仍处下行周期

2019年第一季度，我国经济运行的情况总体好于预期，经济出现了有序复苏的良好局面，财政总体形势保持平稳，经济下行压力有所缓解。但受到国际经济环境的变化和国内结构性、体制性问题的影响，"稳中有变、变中有忧"的运行态势仍是主流，我们必须审慎对待重大风险，认真做好稳增长的各项工作，着力解决好政府财政的可持续发展问题，确保财政经济的稳定健康发展。

（一）债务风险压力仍在加大，宏观杠杆率快速上升

从理论和实践出发，债务风险即为当前"重大风险"的主要矛盾所在。根据一季度的GDP情况，按照"金融债务余额变动率/GDP变动率"的比例来计算金融杠杆率的变化，可以得出一季度的金融杠杆率变动率上升30个百分点左右。这一变化显然超过了"两会"报告所提出的"保持宏观金融杠杆率基本稳定"的目标要求，金融管理部门需高度重视这一现象，适当降低债务增速，有效提升股权融资规模和增速，改善融资结构。

从社会融资总额的增量指标来看，一季度社会融资总额的增量达到81976亿元，较2018年同期增加23441亿元，增速达到40.05%，远超同期的名义GDP增速。在结构上，一季度的股票融资规模仅为534亿

元,较 2018 年同期下降 58.38%;而债权融资则达到 81442 亿元,较 2018 年同期增长 42.25%。

而根据存量指标来看,一季度纳入统计的全社会债务余额为 201.35 万亿元①,而剔除政府专项债务后的政府债务余额为 25.96 万亿元(其中国债 14.4 万亿元,地方政府的一般债券 11.56 万亿元),合计债务余额为 227.31 万亿元,以 91.8 万亿元的 GDP 规模作为测算基数,宏观杠杆率水平预期将达到 248% 左右,与前述较 2018 年年底杠杆率水平上升 30 个百分点的判断基本一致。

一季度,债权融资的规模和增速显著超过预期目标,须引起宏观调控部门的关注,务必使债务集中于实体经济领域,以避免产生新的债务风险的累积。

(二) 经济运行出现良性变化,稳增长基础进一步夯实

一季度,按不变价计算,我国经济增速达到 6.4%,居民收入实际增长 6.8%,居民消费价格总水平比上年同期上涨 1.8%,3 月底的城镇调查失业率达到 5.2%。从运行指标上看,经济增长运行在合理区间,居民收入增速明显超过经济增速,物价涨幅平稳,就业环境稳定,稳增长的基础进一步夯实。

1. 稳就业:就业环境保持稳定,居民收入稳定增长

一季度,我国城镇新增就业为 324 万人,完成全年新增就业目标的 29.5%;城镇失业人员再就业 117 万人,就业困难人员就业 39 万人,保持较高的就业水平。根据城镇调查失业率的统计,1—3 月的失业率分别为 5.1%、5.3% 和 5.2%,低于 5.5% 的控制目标,就业率总体保持在高位。从就业岗位与失业人数的比值(即求人倍率)来看,全国人力资源市场求人倍率为 1.28,同比上升 0.5 个百分点,招聘岗位数量大于求职人数,人力资源市场供求基本平稳。

一季度,全国居民人均可支配收入 8493 元,同比名义增长 8.7%,扣除价格因素,实际增长 6.8%。其中,城镇居民人均可支配收入

---

① 数据中含有政府专项债融资,相应的在政府债务中剔除专项债务的余额。

11633元，同比实际增长5.9%；农村居民人均可支配收入4600元，同比实际增长6.9%。从居民人均可支配收入中位数来看，中位数收入为7158元，同比名义增长8.8%，中位数是平均数的84.3%，居民收入差距总体收敛。其中，城镇居民人均可支配收入中位数10038元，同比名义增长8.2%，是平均数的86.3%；农村居民人均可支配收入中位数3663元，同比名义增长8.9%，是平均数的79.6%。

从收入结构上看（如图2所示），一季度，全国居民人均工资性收入4838元，增长8.7%；人均经营性收入1486元，增长8.3%；人均财产性收入721元，增长12.2%；人均转移性收入1449元，增长7.3%。财产收入仍保持最快的增长速度，收入分配结构中的资产收益增长快于劳动报酬增长，但占比相对较低，只有8%左右，并未对收入分配结构带来较大的影响。

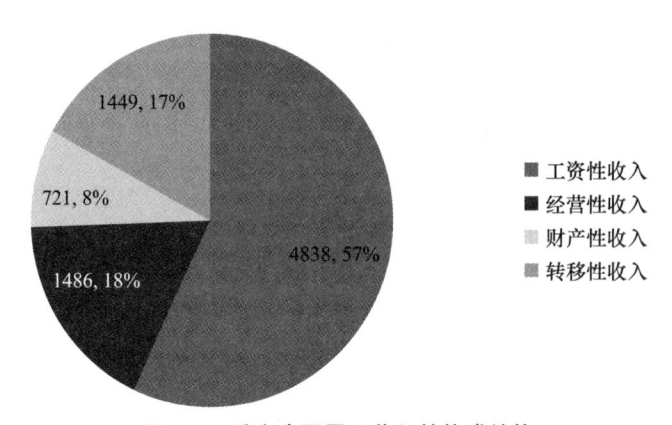

图2 一季度我国居民收入的构成结构

资料来源：国家统计局数据库。

2. 稳金融：货币供应量符合预期，市场利率稳步下行

一季度，伴随着宏观经济的平稳运行，金融形势总体平稳，金融杠杆率总体小幅上升，但市场利率水平持续下行，有利于企业债务管理和展期安排，货币供应量增速维持在8.6%左右，与一季度的名义GDP增速基本相当，符合"两会"的战略安排和市场预期。"稳金融"目标开局良好，并为"稳投资"提供有序支撑的环境。

（1）货币数量增速符合预期，但货币乘数异常上升。一季度，广义货币 M2 的规模达到 188.94 万亿元，较 2018 年同期增长 8.60%，与一季度的名义 GDP 增速基本相当，较 2018 年同期加快 0.4 个百分点。这一增速基本符合"两会"报告所要求的，"广义货币 M2 和社会融资规模增速要与国内生产总值名义增速相匹配"的目标，也体现出了"稳健货币政策要松紧适度"的特征。从 M0、M1 和 M2 的结构关系来看，三者的增速分别达到 3.09%、4.59% 和 8.60%，说明活期存款的增速快于现金，定期存款的增速快于活期存款，总体上，货币供给的长期化特征明显（如图 3 所示）。

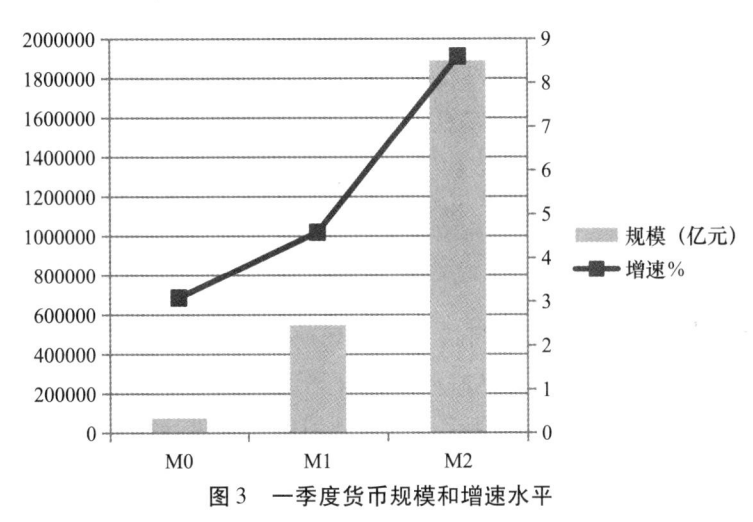

图 3 一季度货币规模和增速水平

数据来源：中国人民银行数据库。

一季度，尽管货币的供给总体稳定，货币乘数总体出现了异常的波动（如图 4 所示）。在货币供给规模和增速保持正常的情况下，货币乘数显著上升，由 2018 年 3 月的 5.41 上升到 2019 年 3 月的 6.22。这一情况说明，表外资金的活动强度有所恢复，货币市场总体环境趋紧，交易利率和资金掉期成本开始上升。这一情况对政府债务管理提出了新的要求，既要防止表外资金引发新的隐性债务风险，又要防止货币交易成本的上升对债务发行量和利率的影响，特别是对地方政府债务纳入银行间市场质押回购市场标准资产后的交易影响。

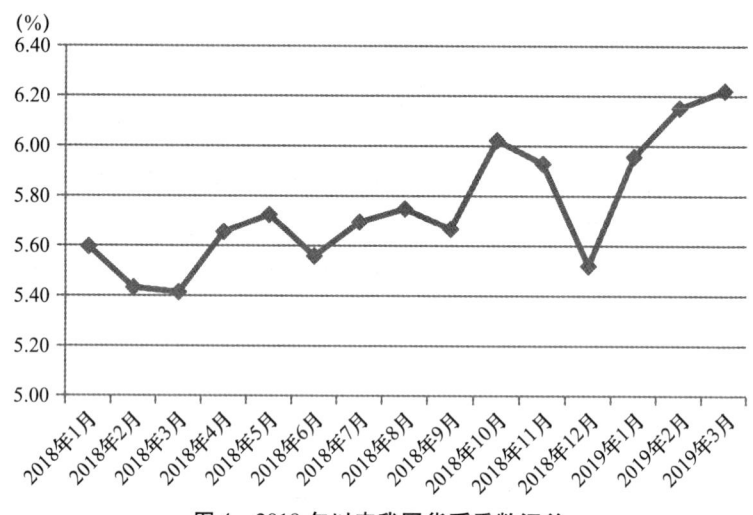

图4　2018年以来我国货币乘数汇总

数据来源：根据中国人民银行数据库的数据计算而得。

（2）外汇储备和外汇占款走势背离，基础货币的波动性明显增加。一季度，外汇占款延续了 2018 年下半年的下行态势，至 3 月底，外汇占款累计下行达 8 个月，共减少基础货币供应 2765 亿元，其中一季度减少 20 亿元。而外汇储备则在同期下降 191 亿美元，其中一季度增长 261 亿美元。外汇储备与外汇占款走势背离（如图 5 所示），说明我国外汇储备的增长仍主要依赖于汇率估值的变动，而不是数量的有效扩张，外汇管理总体仍处于敏感期。

受到外汇占款、再贷款和政府存款波动的共同影响，一季度基础货币供给波动明显，1—3 月的基础货币量分别为 313236 亿元、303569 亿元和 303711 亿元，较 2018 年同期分别减少 17721 亿元、9667 亿元和增加 142 亿元，央行的基础货币管理难度和风险进一步加大。需在国库制度上进一步完善央行与财政的协调机制，有效管控基础货币的波动风险，尽可能保持货币政策和金融市场的运行稳定。

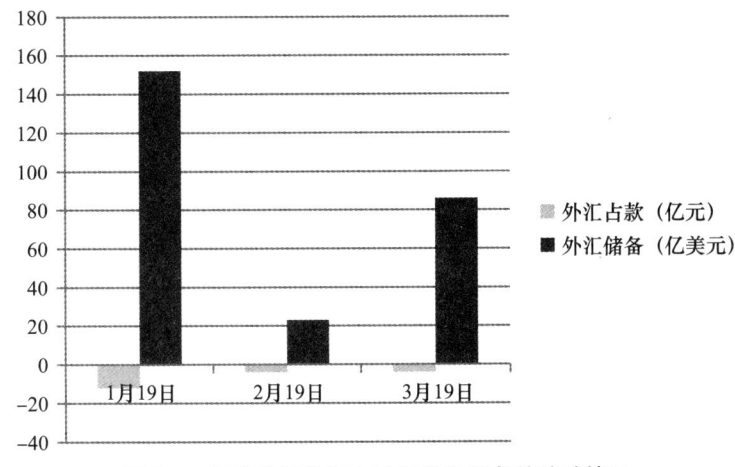

图 5　一季度我国外汇占款和外汇储备的波动情况

数据来源：中国人民银行数据库。

（3）市场利率持续下行，表外资产小幅增长。一季度，上海银行间同业拆放利率（shibor）显现出明显的下降态势，使得市场利率向基准利率的"并轨"运行特征明显（如图6所示）。从运行态势看，符合"两会"报告所提出的"深化利率市场化改革，降低实际利率水平"的战略安排。

市场利率的有序走低，既有利于促进固定资产投资，提升设备类固定资产投资的意愿，增强生产性投资的可行性；又有利于到期债务的展期安排，便利于企业在降低债务成本的情况下，借新还旧或是调整债务的期限结构，使企业经营更加平稳，债务风险的压力适当缓释。

从表外资产的情况来看，一季度，三大类表外资产的规模均较2018年同期的情况有所增长（如图7所示），累计增加608亿元，较2018年同期增加1944亿元。表外资产的扩张，加重了金融监管的压力，也进一步累加了金融监管的风险，特别是1月份和3月份未贴现银行承兑汇票的大幅度增长，还带来了金融套利的隐忧，也亟待监管部门关注。

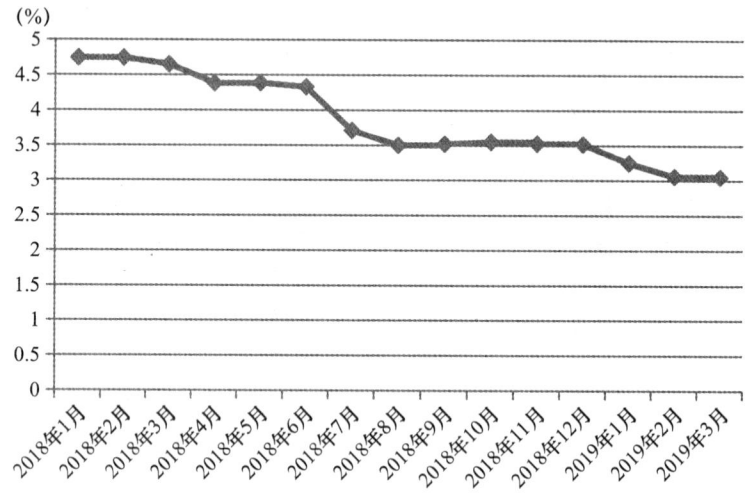

图6 2018年以来我国市场利率的走势情况

数据来源：根据中国人民银行数据库资料整理。

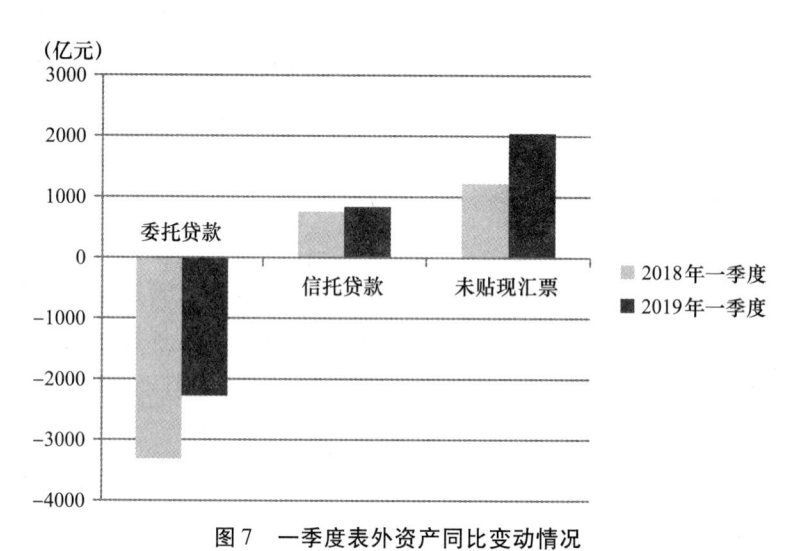

图7 一季度表外资产同比变动情况

资料来源：根据中国人民银行数据库资料整理。

（4）金融运行总体平稳，有助于放大积极财政政策效应。一季度，我国新增人民币贷款5.81万亿元，较2018年同期多增9526亿元，增速达到19.61%，有效保障了市场上的资金供给，并对政府债务发行和市场资金配套形成有效支持。在相对充裕信贷政策的支持下，以国债为代表的政府债务利率呈现出持续下行的特征,以 1 年期国债收益率为例,2018 年 3 月末的国债收益率为 3.3221%,2018 年年底为 2.6000%,而 2019 年 3 月末则为 2.4377%。这一情况说明政府的融资成本出现了较明显的下降,债务风险得到了良好缓解。此外,政府债务对市场投资活动的引致性较为明显,一季度,非金融企业的中长期融资规模达到 2.57 万亿元,有效保障了基础设施投资的放大能力和设备投资的支持能力。

我国 2019 年减税的重点是制造业和小微企业,而减税的重心是以增值税为代表的间接税。企业获得增值税减税的有利渠道是通过大规模固定资产投资形成更多的进项抵扣,并通过有效的存货管理和价格管理控制销项税额的变动。这些都要依赖企业流动性的供给和中长期信贷的保障。一季度,人民币贷款显著增长且呈加速态势(其中 3 月新增贷款规模 5777 亿元,约占一季度新增规模的 60.64%),成为保障我国减税降费效果、提升企业的经营自主性和管理有效性的重要基础。

3. 稳外贸:出口增长加快,进口保持平稳,贸易顺差显著

一季度,货物进出口总额 70051 亿元,同比增长 3.7%,增速比 1—2 月加快 3.0 个百分点。其中,出口 37674 亿元,增长 6.7%;进口 32377 亿元,增长 0.3%;进出口相抵,顺差 5297 亿元,比上年同期扩大 75.2%。

从贸易方式和构成结构来看,总体呈现优化的态势:一般贸易进出口增长 6.0%,占进出口总额的比重为 59.6%,比上年同期提高 1.3 个百分点,在扩大贸易规模的同时,有效提升了贸易利益;而机电产品出口增长 5.4%,占出口总额的比重为 58.8%。民营企业进出口增长 9.9%,占进出口总额的比重为 40.6%,比上年同期提高 2.3 个百分点。

与贸易数据相匹配,一季度,规模以上工业企业实现出口交货值 27663 亿元,同比增长 4.8%,与出口规模基本匹配。但是出口总额与出口交货值之间的差异达到 10011 亿元,占出口交货值的比重为 36.2%,说明我国贸易的相关费用水平仍然较高,具备进一步降低的条件。

4. 稳外资：外资规模稳中有增，欧盟国家成为增长热点

一季度，全国新设立外商投资企业[①] 9616 家，同比下降 32.9%；实际使用外资金额 358 亿美元，同比增长 3.7%（折合 2422.8 亿元人民币，同比增长 6.5%）。

从投资来源的地理结构来看，东盟对华投资新设立企业 437 家，同比增长 33.6%，实际投入外资金额 19.1 亿美元，同比下降 13.4%；欧盟 28 国对华投资新设立企业 599 家，同比增长 20.3%，实际投入外资金额 24.8 亿美元，同比增长 29.6%；"一带一路"沿线国家对华投资新设立企业 1050 家，同比增长 23.5%，实际投入外资金额 20.2 亿美元，同比下降 11.7%。欧盟成为我国引进外资的增长热点，并对中欧贸易的增长形成了有效的支撑。

从国内投资地理方向来看，长江经济带成为外资流入的重点区域。一季度，长江经济带区域新设立外商投资企业 3466 家，同比增长 20%，实际使用外资 175.3 亿美元，同比增长 3.5%，占全国引进外资总量的近一半。

从行业分布的情况来看，农、林、牧、渔业新设立外商投资企业 98 家，同比下降 43%；实际使用外资金额 2 亿美元，同比下降 23%。制造业新设立外商投资企业 1237 家，同比下降 7.3%；实际使用外资金额 110.7 亿美元，同比增长 8.5%。服务业新设立外商投资企业 8272 家，同比下降 35.5%；实际使用外资金额 241.3 亿美元，同比增长 0.8%。一季度，制造业引进外资的规模占引进外资总规模的 30.9%，较 2018 年同期提高约 5 个百分点，行业结构明显改善。

5. 稳投资：基础设施投资有所回升，制造业投资结构优化

随着一系列"稳投资"政策的落地实施，全国固定资产投资增速稳步回升。一季度，全国共完成固定资产投资 101871 亿元，同比增长 6.3%，增速比 1—2 月提高 0.2 个百分点，比 2018 年全年提高 0.4 个百分点。投资结构继续优化，在补短板、新动能以及转型升级等方面的投资持续发力，对优化供给结构的关键性作用继续彰显。

---

① 不含银行、保险、证券、信托等金融企业数据。

(1) 基础设施投资企稳回升,民生领域投资加速。2018 年 10 月以来,全国基础设施投资增速持续回暖,2019 年一季度同比增长 4.4%,比 2018 年全年提高 0.6 个百分点。其中,铁路运输业投资增长 11%,比 2018 年全年下降 5.1%;道路运输业投资增长 10.5%,增速比 2018 年全年提高 2.3 个百分点;信息传输业投资增长 35.5%,增速比 2018 年提高 32.4 个百分点;生态保护和环境治理业投资增长 43%,增速与 2018 年全年持平。

民生相关领域投资增速加快。一季度,社会领域投资同比增长 14.3%,增速比 1—2 月和 2018 年全年分别提高 4.1 和 2.4 个百分点。其中,教育投资增长 14.7%,增速比 1—2 月回落 0.1 个百分点;文化体育和娱乐业投资增长 22.7%,增速比 1—2 月提高 6.6 个百分点;卫生和社会工作投资增长 3.4%,比 1—2 月下降 3.1 个百分点。

(2) 制造业投资结构优化,技改投资增速显著提高。一季度,制造业投资同比增长 4.6%,增速比 1—2 月回落 1.3 个百分点,但仍高于 2018 年同期 0.8 个百分点。从制造业的投资结构上看,主要表现为高技术制造业投资增速加快和制造业中转型升级投资增长态势良好两个方面。从高技术制造业投资来看,一季度的增速达到 11.4%,增速比 1—2 月提高 5.2 个百分点,高于全部制造业投资 6.8 个百分点。其中,医疗仪器设备及仪器仪表制造业投资增长 16.9%,电子及通信设备制造业投资增长 14.4%。从技术改造和转型升级的投资来看,一季度制造业技改投资增长 16.9%,增速比 2018 年全年提高 2 个百分点,比全部制造业投资高 12.3 个百分点。

(3) 房地产开发投资总体稳定,房价仍然持续上涨。在"稳地价、稳房价、稳预期"政策作用下,房地产市场出现积极变化,主要指标多呈稳中向好态势。一季度,房地产开发投资同比增长 11.8%,规模达到 23803 亿元,占固定资产投资总额的比重为 23.4%,占比进一步上升。房地产新开工面积增长 11.9%,提高 5.9 个百分点,房地产供给水平保持稳定,并略有增长。

从住宅市场来看,住宅的销售额达到 23239 亿元,增速 7.5%;而商品房销售面积为 25954 万平方米,下降 0.6%;全国住宅的平均价格为8954元/平方米，超过了一季度全国居民人均可支配收入8493元的水平，即使按照城镇居民人均可支配收入11633元计算，房价收入比也达到70个季度，约为17.5年，明显超过8年以下的安全线，并导致房地产市场泡沫进一步累积。

6. 稳预期：民间投资平稳增长，消费信心明显提升

一季度，民间投资同比增长6.4%，增速虽比1—2月有所回落，但仍高于全部投资。民间投资中，社会领域投资增长26.6%，增速比1—2月提高9.2个百分点；房地产开发投资增长13%，继续保持较快增长。

与投资增长相适应，我国消费品市场总体平稳，消费结构持续优化升级，消费方式不断创新发展，消费领域新旧动能转换稳步推进，居民消费潜力进一步释放，消费仍是经济增长的第一驱动力，对经济增长的贡献率达到65.1%。一季度，与消费升级相关的通信器材类商品同比增长10%，化妆品类增长10.9%，家用电器和音像器材类商品增长7.8%，明显高于限额以上单位商品零售平均增速，消费者信心水平明显提升。

三 普惠性减税效应初显，财政可持续压力加大

一季度，我国在"两会"召开之前就针对小微企业启动了普惠性的减税计划，重点表现在增值税和企业所得税两个层面，并对个人所得税实施6项专项扣除，并与5000元的起征点改革相衔接，明显降低了个人所得税收入水平。从运行数据来看，普惠性减税效应初步显现，部分税种的增速明显放缓。受到经济增速放缓、房地产市场改革和普惠性减税的共同影响，财政收入增速下降，收支矛盾突出，财政可持续压力明显加大。

（一）财政收入增速放缓，普惠性减税效果显现

一季度，对小微企业的普惠性减税进程已经启动，直接影响了企业所得税收入和增值税收入的增长，并相应地导致附加性税收的下降。全

国一般公共预算收入 53656 亿元，同比增长 6.2%，明显低于 7.6% 左右的 GDP 名义增速，减税效应开始显现。其中，中央一般公共预算收入 25338 亿元，同比增长 5.4%；地方一般公共预算本级收入 28318 亿元，同比增长 6.8%。在结构上，全国一般公共预算收入中的税收收入 46706 亿元，同比增长 5.4%；非税收入 6950 亿元，同比增长 11.8%。税收收入占一般公共预算收入的比重为 87.0%，同比降低 5.7 个百分点，收入质量略有下降。

从主要收入项目情况看，各项税收的增长情况如下：

（1）国内增值税 19601 亿元，同比增长 10.7%。国内增值税占税收收入的比重为 42.0%，较 2018 年同期提升 4.2 个百分点，说明我国企业增加值状况总体好转，并具有承受新一轮增值税减税的必要空间。

（2）国内消费税 5199 亿元，同比增长 29.3%。总体上仍是受到制成品价格上涨、增加值率提升的影响，在价内税的推进下，表现出快速增长的态势，符合理论上的预期和预算设计。

（3）企业所得税 9888 亿元，同比增长 15.8%。在小微企业所得税明显减税的压力下，企业所得税仍取得较快速的增长，与企业增加值改善、利润水平上涨有明显的关系。

（4）个人所得税 3239 亿元，同比下降 29.7%。主要是受到新增 6 项专项扣除，提升起征点到 5000 元等措施的影响，总体符合预期，初步达到了减税目标的安排。

（5）进口货物增值税、消费税 4458 亿元，同比增长 2.9%；关税 694 亿元，同比下降 6.8%。进口关税的税额下降主要与平均关税率下调的安排有关，并受到进口总额增速只有 0.3% 的影响。受到进口关税税额下降的压力，完税价格的水平也有所下降，从而导致了进口货物增值税、消费税的缓慢增长。

（6）出口退税 5062 亿元，同比增长 32%。说明我国对出口的支持政策和投入水平保持基本稳定。

（7）城市维护建设税 1444 亿元，同比增长 4.8%。总体受到增值税收入增长缓慢和城市维护建设税税率下降的影响，增速保持相对较低的水平。

（8）车辆购置税 945 亿元，同比下降 3.1%。与汽车销售总额增速为 -3.4% 的情况基本一致，考虑到车辆购置税税率在 2019 年恢复到 10%，而 2018 年同期只有 7.5% 的情况，同等条件下的车辆购置税税额的降幅更加明显。

（9）印花税 732 亿元，同比下降 4.8%。其中，证券交易印花税 397 亿元，同比下降 4.2%。印花税的降低与固定资产交易印花税税率下调相关，也与部分资产交易的频率和换手率减缓有直接的关系。

（10）资源税 494 亿元，同比增长 21.8%。总体符合一季度资源价格的上涨情况和资源税制改革的进度情况。

（11）土地和房地产相关税收中，契税 1514 亿元，同比增长 6.8%；土地增值税 1667 亿元，同比增长 14.7%；房产税 643 亿元，同比增长 1.6%；耕地占用税 388 亿元，同比增长 4.9%；城镇土地使用税 541 亿元，同比下降 9.9%。总体符合预期。

（12）环境保护税 58 亿元。由于是新税种，2018 年同期无此收入，故无法直接比较，总体数额不大，符合污水治理领域税收的设计目标。

（13）车船税、船舶吨税、烟叶税等其他各项税收收入合计 264 亿元，同比增长 17.7%，主要受到税基变化和加强征管的影响，未加重市场主体的不合理负担。

（二）财政支出快速增长，收入缺口矛盾加剧

一季度，全国一般公共预算支出 58629 亿元，同比增长 15%，超过同期收入水平 4973 亿元，占同期财政收入水平的 9.3%。从规模上看，明显低于一季度国债和地方政府债务的发行规模 25792 亿元的水平，总体上为其后三个季度的政府支出留出了相对充裕的空间。从其构成来看，中央一般公共预算本级支出 6919 亿元，同比增长 14.6%；地方一般公共预算支出 51710 亿元，同比增长 15%。

一季度的主要支出科目情况如下：第一，教育支出 8522 亿元，同比增长 14%；第二，科学技术支出 1763 亿元，同比增长 26.5%；第三，文化旅游体育与传媒支出 716 亿元，同比增长 6.9%；第四，社会保障和就业支出 9903 亿元，同比增长 7.6%；第五，卫生健康支出

4750 亿元，同比增长 9%；第六，节能环保支出 1310 亿元，同比增长 30.6%；第七，城乡社区支出 6247 亿元，同比增长 22.8%；第八，农林水支出 4180 亿元，同比增长 14.6%；第九，交通运输支出 3820 亿元，同比增长 47.4%；第十，债务付息支出 1497 亿元，同比增长 8.5%。

从支出结构上看，属于民生保障类的支出规模达到 27355 亿元，占一般公共财政支出的比重为 57.3%；属于刚性支出的规模为 53499 亿元，占一般公共财政支出的比重为 91.3%。财政支出调整空间较小，目前形成的财政收支缺口在进一步减税降费的压力之下，财政收支矛盾将更加突出，压力加大、风险加剧。

（三）政府性基金预算收入增长缓慢，土地出让收入压力较大

一季度，全国政府性基金预算收入 14300 亿元，同比下降 6.2%。分中央和地方看，中央政府性基金预算收入 1003 亿元，同比增长 6.1%；地方政府性基金预算本级收入 13297 亿元，同比下降 7.1%，其中国有土地使用权出让收入下降 9.5%。

在支出方向，一季度，全国政府性基金预算支出 18881 亿元，同比增长 55.9%。分中央和地方看，中央政府性基金预算本级支出 293 亿元，同比增长 89%；地方政府性基金预算相关支出 18588 亿元，同比增长 55.5%，其中国有土地使用权出让收入安排的支出增长 45.2%。

四 坚持结构性改革方向，更好地实施逆周期调节

2018 年中央经济工作会议明确指出，2019 经济运行呈现出"稳中有变、变中有忧"的特点，在宏观调控上，既要坚持结构性改革的基本要求和方向，又要针对经济的下行压力，更好地实施逆周期调节。4月 19 日召开的政治局会议再次就此问题进行明确，指出要适时适度地实施宏观政策的逆周期调节，并强调导致当前经济下行的因素主要是"体制性的、结构性的"，周期性因素处于次要地位。根据上述的改革要求，依托"三张资产负债表"的结构框架，并有效结合一季度的国

际国内经济运行态势，对2019年的宏观调控体系设计如下。

（一）通过改革开放和结构调整的新进展巩固经济社会稳定大局

这一问题的关键是"稳增长"的策略问题和主要矛盾的判断与运用。第一，稳增长的基本策略是通过宏观政策实现"六稳"，并有效调用和布局各项经济资源，进而为改革创造良好的条件；坚持改革的基本方向，并通过深化改革来激发市场潜力和制度红利，从而为稳增长提供良好的改革支撑，并通过改革的不断深化来持续推进经济社会的有序发展。从2019年4月19日中央政治局会议的重大战略安排来看，坚持"通过改革开放和结构调整的新进展巩固经济社会稳定的大局"，从而将改革模式作为当前推进经济社会发展的主要模式。这一模式要求我们，宏观政策的设计和安排要服务和服从于改革的进度和要求，只能因循改革的方向、路径和策略予以保障和推进，而不能将宏观政策的相机抉择和灵活处置置于改革之上，更不能为了一时的权宜之计，使宏观政策背离改革的方向，甚至给改革带来更大的风险和阻力。例如，2019年政府扩大基础设施和公共产品的投资压力极大，有多个地方政府提出是否能够适当放缓融资平台的改革进度，甚至适当恢复融资平台公司的融资功能。诸如此类的问题就有了明确的答案，宏观政策不能逆着改革的方向实施，必须服从和服务于改革，相应地也就不能因为外部环境和政策运行环境的变化，而动摇改革的方向和原则。

第二，稳增长的基本矛盾是结构性的、体制性的，周期性和总量性的矛盾处于次要和从属地位，绝不能本末倒置。必须坚持结构性改革的基本方向，大胆破除体制性、制度性障碍，有效释放市场主体的活力、市场机制的潜力和制度的红利；在此基础上，有序推进逆周期调节，更好地实施宏观经济政策，有效解决周期性和总量性矛盾，从而为结构性改革的深化创造良好的环境，为体制性、机制性障碍的破除提供良好的支撑。一季度，部分地区将周期性问题、总量性矛盾置于核心地位，对"铁公机"等基础设施大干快上，对产业运行、企业发展中的结构性矛盾和体制性障碍视若不见或是简单"绕行"，从而导致了债务配置与实体经济发展相脱节，金融资源与中小企业经营相背离，政府投入与结构性改革的要求不匹配。我们必须将宏观经济政策有序回归到结构性、体制性改革层面,保持战略定力,坚持顶层规划,坚持问题导向,以供给侧结构性改革为主线,以创新驱动发展为战略支撑,真正意义上夯实我国经济社会发展的良好基础,而不是谋求政策性的刺激和阶段性的拉升,导致经济运行不必要的扰动和波动。

第三,宏观政策的逆周期调节要适时适度,并把推动制造业高质量发展作为稳增长的重要依据。逆周期调节的重心是形成良好的经济运行环境,并为改革的深入进行提供动力和保障。因此,当前的稳增长,其内在要求不是简单地通过扩张性的宏观政策实现稳增长的要求,而是要形成制造业的高质量发展趋势,并将制造业的高质量发展作为稳增长的重要判定依据。从这个角度出发,稳增长的真正含义不是通过扩张性的宏观经济政策实现经济运行的稳定,而是通过政策支持改革的顺利进行,通过创新驱动和供给侧改革推进制造业的高质量发展,从而形成稳增长的构成内涵和表征指标。

(二) 完善宏观资产负债表的定位,构建新治理与调控框架

以政府、企业和居民家庭三张宏观资产负债表为基础,结合中央经济工作会议、全国"两会"和4月19日中央政治局会议的精神,构建如图8所示的治理与宏观调控框架。

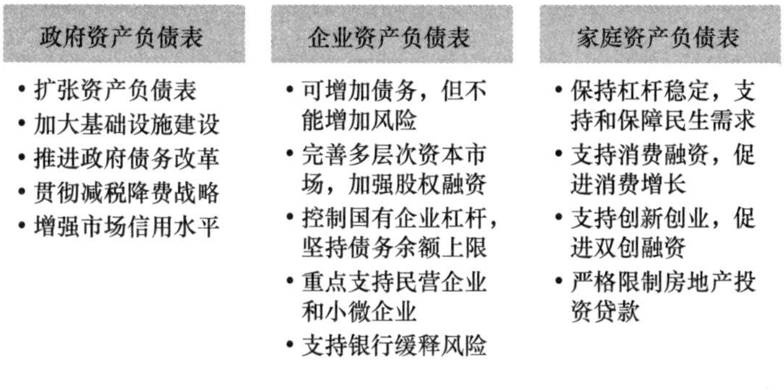

政府资产负债表	企业资产负债表	家庭资产负债表
• 扩张资产负债表 • 加大基础设施建设 • 推进政府债务改革 • 贯彻减税降费战略 • 增强市场信用水平	• 可增加债务,但不能增加风险 • 完善多层次资本市场,加强股权融资 • 控制国有企业杠杆,坚持债务余额上限 • 重点支持民营企业和小微企业 • 支持银行缓释风险	• 保持杠杆稳定,支持和保障民生需求 • 支持消费融资,促进消费增长 • 支持创新创业,促进双创融资 • 严格限制房地产投资贷款

图8 2019年宏观调控与国家治理的基本框架

按照中央经济工作会议和全国"两会"的要求,2019年要"保持宏观杠杆率基本稳定",也即债务的增速与名义GDP增速基本同步,并推进"结构性去杠杆",即着力于优化债务结构,对实体经济的高质量发展要敢于提供新增债务,而对资产市场的投资产品则要坚持控制债务的增加。从总体上看,2019年的宏观调控和治理框架的核心机制是以下三点:第一,管好债务结构,控制债务规模,实现债务增长与实体经济发展的统一;第二,稳定市场需求,推进制造业发展,实现真正意义上的稳增长;第三,保持家庭资产负债表的基本稳定,严格限制房地产投资活动。这三个机制也是三条主线,将会被贯彻在以下改革和政策的设计之中。

1. 政府资产负债表:适度扩张,促进投资,支持实体经济发展

从我国政府债务管理水平和资源调动能力来看,政府资产负债表是当前信用水平最高、承担风险能力最强、调动社会资源规模最大的一张表。在"结构性去杠杆"的大背景下,政府资产负债表原则上应以扩张为主,适当增加债务规模,有效扩大投资能力,有序推进减税降费,增强实体经济的活力。具体改革与调控措施包括:

(1) 适度增加政府债务,加大基础设施建设力度。2019年政府债务规模将出现较为明显的增长:政府赤字将达到2.76万亿元,增加3800亿元,其中,中央政府赤字增加2800亿元,地方政府赤字增加1000亿元;地方政府的专项债券规模为2.15万亿元,较2018年的规模扩大8000亿元。一季度,国债发行规模达到9459亿元,较2018年同期增加1308亿元;地方政府债券发行规模达到14067亿元,其中,一般债券6895亿元,专项债券7172亿元。从债务的用途和性质看,主要是新增债券,并形成较大的投资带动和引导能力,对于保证基础设施的建设要求作用明显。

新一轮大规模基础设施建设须基于三个基点展开:第一,大规模基础设施建设并不是稳增长的核心,而是稳增长的环境,并为稳增长的核心指标的实现创造良好的条件。根据4月19日中央政治局会议的要求,稳增长的核心指标是制造业的高质量发展,因此,大规模基础设施建设的主要目的是有效出清市场、支持制造业转型升级,并通过智慧、绿

色、可持续等理念,为制造业的创新发展提供良好的市场环境和关键支持。第二,大规模基础设施建设应高度重视项目的效率和效益,并力争通过项目运营来获得大多数债务的偿付,即形成债务由政府举借以降低融资成本,但债务偿还则依托于项目以减少政府负担和风险。第三,大规模基础设施建设不应形成新的投资过剩和过度供给,因此,基础设施建设要立足于"补短板",大力推进新兴基础设施建设、贫困落后地区的一般基础设施建设,以及能够发挥现有基础设施互联互通作用的新增项目建设。

(2)推进政府债务改革,提升政府债务对社会资金的直接带动能力。为支持大规模基础设施建设和减税降费工作的有效进行,必须对当前的政府债务管理进行深入的改革,进一步理顺债权债务关系,提升政府债务对市场投资的引导和带动能力。按照这一要求,2019年政府债务改革的关键举措如下:第一,将地方政府债务,尤其是一般类债券作为无风险资产对待,从而将商业银行投资政府债务(持有政府债券的能力)提升约25%,以促进政府债券发行,容纳更大的发行规模;第二,推动地方政府债券在银行间质押回购市场上的标准化运用,增强流动性和交易的便利性,从而有效降低政府债券的利率水平,降低政府的融资成本;第三,根据专项债券的改革要求,把专项债券的政府债券属性与项目收益债券的投资特征相结合,形成专项债券既作为项目资本金,又作为项目劣后级资产的基本架构。通过项目资本金引导社会资金流入,通过劣后投资降低融资成本,并引导市场进一步降低项目资本金比例的要求。

(3)贯彻实施减税降费战略,有效疏导和化解市场"梗阻"。本轮减税降费战略几乎覆盖所有关键性的税种和收费。从减税来看,主要涉及以下五个方面:第一,增值税减税,除将小规模纳税人的起征点提高到月销售收入(营业收入)10万元之外,对增值税的纳税人实施降低税率、增加进项抵扣和实施进项留抵返还等政策安排,预期将减税约1万亿元;第二,企业所得税减税,主要集中在小规模企业上,将小规模企业的标准核定为应纳税所得额低于300万元,对低于100万元的部分征收5%的企业所得税,对100万元以上300万元以下的部分征收10%

的企业所得税，预期将减税 1500 亿元左右；第三，个人所得税减税，主要是在落实 5000 元起征点的基础上，进一步实施 6 类专项扣除项，从而大幅度降低纳税人的所得税负担，预期将减税 2000 亿元以上；第四，进口关税及行邮税税率仍将进一步下调，并有效改善我国的贸易环境，推进贸易新业态的发展，预期将减税 500 亿元左右；第五，推动地方下调资源税、城市维护建设税、教育费附加、房产税、印花税（除证券交易外）、城镇土地使用税和耕地占用税等税率水平，为企业经营创造良好的税收环境。

而从降费来看，则主要涉及以下三类收费：第一，政府收费类。2019 年要在前期取得重大改革成果的基础上，进一步减少和降低政府收费门类和标准，主要有：从 7 月 1 日起，减免不动产登记费，扩大减缴专利申请费、年费等的范围，降低因私普通护照等出入境证照、部分商标注册及电力、车联网等占用无线电频率收费标准，并要求必须有明显降费，比如车库、车位等不动产所有权登记收费标准由每件 550 元降为 80 元，商标续展注册费收费标准由 1000 元降为 500 元；将国家重大水利工程建设基金和民航发展基金征收标准降低一半；至 2024 年年底对中央所属企事业单位减半征收文化事业建设费，并授权各省（区、市）在 50% 幅度内对地方企事业单位和个人减征此项收费。第二，社会保险收费类。2019 年的社会保险收费改革主要包括以下四个安排：一是将养老保险企业缴费比例下调到 16%，较标准水平下降 4 个百分点；二是适当降低工伤保险的收费标准，完善工伤保险的保障机制，建立集体缴费标准的累退制度等；三是加大失业保险的稳岗支持力度和就业奖励机制，并将失业保险基金 1000 亿元的余额用以支持 1500 万人的职业技能培训；四是推动生育险和职工医疗保险的适度融合，并力争取消生育险的收费，由职工医疗保险相应的覆盖支出，以进一步降低企业负担。第三，垄断企业收费类。主要包括降低移动网络流量和中小企业宽带资费全年约 1800 亿元、降低一般工商业平均电价、下浮铁路货物执行运价、减并港口收费、取消公民身份信息认证收费等措施。综上，2019 年的收费降幅约为 8000 亿元，其中，社会保险缴费降低约 5000 亿元，其他领域的降费约 3000 亿元。

在贯彻好上述战略的同时，要高度重视本轮减税是以流转税为主的减税特征。要加强市场监控，减少不必要的政府干预，防止垄断企业扭曲减税效果，真正意义上将小微企业的税负水平降下来，将消费者的税收负担减下来，将产业链对减税的效应分配公平顺畅起来。核心的举措是相关政府部门务必减少一切不必要的制度性和程序性的障碍，真正使减税降费的效果落到实处；并对市场垄断力量较强的企业实施一定程度的价格管理和干预，避免其沉淀过多的减税效应，从而损害整个产业链的利益。

（4）在风险隔离的基础上，加大对市场主体的信用支持。政府投资切忌形成市场的"挤出"效应，因此，应高度重视金融市场的融资问题。从金融市场的融资策略来看，杠杆、久期和信用是重要的三大平衡项，在当前去杠杆、降久期的大环境下，为保持市场融资水平的基本稳定，就只有加强信用管理的重点方向。

为提升市场的信用水平，最优方案是政府将自身一部分闲置信用借给市场主体使用，这样得到政府支持后的市场主体在融资方面将具有良好的能力和空间；而同时，要避免政府承担信用出借的无限责任，应在政府与市场主体之间建立"隔离墙"机制。2019年的信用管理机制主要由国家融资担保基金和各省市的融资担保基金组成，主要业务包括以0.3%左右的低价开展融资担保服务，并与股东银行或其他参与银行开展"总对总"合作等。此外，各级政府已经组建的风险补偿基金和投资引导基金也应进一步地发挥作用和效应，增强其服务实体经济的能力。

2. 企业资产负债表：严格管控债务风险，支持民营小微企业

受到企业债务风险较大、偿债压力较大的影响，2019年的企业资产负债表总体债务的承受能力有限，必须有效做好非债务融资的业务增长，推进股权融资的有效扩张。在此基础上，对债权融资结构进行深入的调整和改革，要确保债务资金都要进入实体经济领域，并实施边际效应导向的分配原则，重点倾斜民营企业和小微企业，在促进实体经济发展的同时，有效控制和优化金融运行。主要措施包括：

（1）完善多层次资本市场建设，全面推进注册制改革。为提升市场效率，完善市场估值体系，有效控制不必要的金融套利行为，形成统

一的估值体系和原则，2019年应进一步完善资本市场建设，提升市场效率，促进风险与收益相平衡，并通过局部实践为全面推进注册制改革做好充分的准备。核心的举措包括以下三个方面：第一，以科创板建立和运行为基础，为全面注册制改革提供重要的实践探索，坚持对科创板科学规范的准入要求，实施信息披露管理，并按照主板市场的集合竞价机制组织市场交易；第二，以国有企业为重点，积极推进上市公司增加分工规模和提升红利收益，以策应全面注册制改革之后的估值体系转型——由净资产估值转向收益率估值；第三，加强信息披露的真实性、完整性、及时性和规范性管理，并严惩信息造假的上市公司和企业，不排除采取重罚之后的直接退市安排。

（2）控制国有企业杠杆水平，支持民营小微企业融资。当前，累积的企业债务风险水平仍然较高，总体债务容纳空间有限。为提升有限债务的实际产出效果，确保国民经济持续平衡健康发展，应有效控制国有企业不合理的融资需求，并尽可能引导金融资源流入民营企业和小微企业。具体措施安排包括以下四项：第一，根据行业特性确定企业债务水平（余额）的上限指标，对达到债务余额上限的国有企业，原则上不得举借新增债务，只能在推进混合所有制改革和实体企业战略布局调整的基础上，结构性调整债务分布；第二，建立民营企业和小微企业的信用体系，并通过有效的信用管理为民营企业和小微企业融资提供支持；第三，适当提升商业银行的风险容忍度，多渠道增加商业银行的资本金，有效防范金融市场和实体经济风险，构建企业债务的金融"防火墙"；第四，完善商业银行相关信贷经营团队的考核机制，将考核重点由结果导向转向过程管理，构建完备的"尽职免责"原则和管理操作机制。

（3）加强政策支持力度，推进金融供给侧改革。为落实金融为实体经济服务、实体经济是金融的出发点和落脚点的要求，央行和财政部应在以下三个方面为金融市场提供支持，并形成典型的七条支持措施（如表4所示）。第一个方面是增强信贷支持能力，主要政策包括四条：一是以银行等金融企业为主体发行小微企业融资专项债券，并将其纳入商业银行的普惠金融业务体系之中；二是推动城商行、农商行、农信社的定向降准,并将降准而增加的近 3000 亿元资金全部用于民营企业和小微企业融资;三是要求国有大型商业银行大幅度增加小微企业贷款,增速原则上不得低于 30%,并建立起面向制造业企业的设备购置贷款和无抵押信用贷款的促进机制;四是要求商业银行根据小微企业的历史诚信状况和现行经营状况提供"无还本续贷"的业务安排,避免因债务压力导致企业正常经营出现风险。第二个方面是提供风险缓释支持,主要政策包括两条:一是推进商业银行金融永续债券的发行,通过永续债券实现补充商业银行资本金和补充长期流动性的安排;二是加大不良资产的冲销力度,2019 年可考虑按照 2 万亿元左右的规模来冲销商业银行的不良资产,以降低商业银行的存量风险,并提升相关监管指标的风险容忍度。第三个方面是风险稀释和流动性支持,主要政策措施是央行为商业银行提供再贷款便利,如接受商业银行符合标准的小微企业贷款作为质押资产,并要求商业银行将小微企业贷款与自有无风险资产(如国债等)按照 1∶2 的比例"打包",央行接受资产包作质押,并通过中期借贷便利(MLF)的渠道为商业银行提供低息再贷款,补充流动性,稀释贷款风险。

表 4　　推进金融供给侧改革的"三方支持"与"七项措施"

三方支持	七项措施
增强信贷支持能力	小微企业融资专项债券
	对城商行、农商行、农信社定向降准
	国有大行对小微企业贷款增速不低于30%
	对小微企业实施无还本续贷安排
提供风险缓释支持	发行金融机构永续债券
	加大不良资产的冲销力度
风险稀释和流动性支持	央行为商业银行小微企业贷款提供再贷款便利

3. 家庭资产负债表:支持创业、扩大消费,严控杠杆不当增长

2016 年以来,我国家庭资产负债表状况持续恶化。以中国人民银行的贷款统计为标准,2015 年年底,家庭债务规模为 27 万亿元,到

2018年年底，家庭债务规模则达到47万亿元，而到2019年一季度末，家庭债务总额已达50万亿元。居民家庭债务压力持续加大，一方面导致风险开始向社会的底层移动，增强了债务的脆弱性；另一方面导致收入增长无法有效转化为消费增加，债务对消费的挤出日益明显。因此，在家庭资产负债表的管理上，首要的原则就是：保持家庭资产负债状况的基本稳定，严格控制杠杆水平上升，在支持创业、扩大消费的同时，严格限制家庭举借债务用于房地产等长期投资活动。具体内容包括：

（1）支持消费金融，优化消费补贴，促进消费增长。2018年，我国消费金融取得了较大的发展，但也带来了违约率提高、通过消费信贷套利等问题。2019年，从宏观审慎的角度出发，仍须支持消费金融的发展，促进消费信贷和互联网支付业务的进一步普及，加速推进居民信用体系建设，将消费金融纪录作为居民信用体系的重要构成。支持各商业银行和消费金融机构将信用纪录用以建构信用评价模型和评级管理，并以此为基准开展消费金融服务。

在强化消费信贷的同时，地方政府也将对重要的消费产品实施专项补贴计划，以促进相关消费，提升市场消费能力和引导消费升级。2019年可考虑以信息消费、汽车消费和节能家电消费作为消费补贴和促销的对象，在尽可能不扭曲市场资源配置的前提下，为消费扩张提供支持。

（2）支持创新创业活动，扩大"双创"融资支持力度。家庭创新创业是"双创"体系的重要构成，而"双创"则是经济发展新动能的重要基础。为推进"双创"发展，有效支持经济发展新动能的快速成长，为国民经济提供新的支撑，财政、金融政策均应有效支持家庭创新创业活动，以促进新动能的发展。主要的政策措施可考虑如下的框架：一是对众创园区或孵化器拓展三大功能，即：政策优惠的权利推荐、企业经营与资信状况评价、园区小企业集合业务载体，并促进小微企业的有效孵化、扩大融资、创新转化和发展壮大；二是对众创园区或孵化器的创业房屋免征房产税，房屋的租金在符合标准的情况下，免征增值税；三是对提供创新创业贷款的商业银行，优先支持发行小微企业融资专项债券，优先纳入央行再贷款支持计划，并对1000万元以下额度的贷款执行贷款利息免征增值税；四是对参与创新创业的家庭，根据家庭成员的情况，相应地将重点群体创业就业优惠政策纳入实施范围，按照个体工商户每户12000元/年和企业员工6000元/人·年的标准用于抵免应缴纳的增值税、城维税、教育费附加和所得税的税额；五是对创新创业的经营主体，按照月销售收入10万元或者季销售收入30万元的标准享受免征增值税的优惠待遇。

（3）支持安居性房地产融资，严格限制房地产投资性杠杆。按照中央经济工作会议将房地产市场发展作为社会发展的重要内容，并纳入"保障和改善民生"的工作定位，城市政府应坚持从提升社会满意度，保障居民安居需要，支持房地产用于居住等基本要求出发，支持城镇无房家庭的安居性融资，支持只拥有一套住房的城市家庭的改善性融资，以匹配和满足房地产的居住性需要，并保持市场平稳运行。对于拥有两套及两套以上住房的家庭，则应通过提高首付、提升利率的方式限制其杠杆能力，既坚持"不是用来炒的"方向，又有效维护家庭资产负债表的稳定，避免进一步恶化和消费的进一步"挤出"。

此外，还应加速推进房地产调控的长效机制和基础性制度建设：一是抓紧时间出台"三大条例"，即住房租赁条例、住房保障条例和住房销售管理条例；二是有序推进房地产税立法，并力争于2020年完成立法，进入实施准备阶段；三是构建房地产再融资机制，避免社会财富的存量沉淀，并形成衍生性产品市场；四是按照一城一策、分城施策，夯实地方政府主体责任的方式推进长效机制的建设与运营。

（执笔人：闫坤　张鹏）

中美贸易战背景下呼唤供给侧改革2.0版本

——2019年上半年我国宏观经济与财政政策分析报告

一　美国下半年将重新走向宽松

2019年第二季度，美国经济的运行总体保持平稳，但部分重点指标的趋势开始变得不明朗。美国二季度进出口数据、居民消费和工业产出数据均出现一定程度的趋缓，库存周期在下半年也将成为拖累经济增长的重要因素。虽然美国经济增速处于中长期潜在增速附近，通胀数据也处于政策的合理区间，但我们认为美联储将在2019年下半年降息2—3次。美联储重新实行宽松货币政策的压力，主要来自于金融市场本身对于宽松货币政策环境的依赖。具体而言，美国股市走势从2009年以来至今与全球各大央行宽松货币政策之间的相关系数达到82%，即宽松的货币政策是支撑美股的最重要因素。基于金融市场风险的考虑，以及2020年美国大选的政治考虑，我们认为美联储将重回宽松货币政策。欧洲和日本等发达经济体的领先指标已经出现明显的回落，金融市场也与宽松的货币政策密切相关，预计将跟随美联储的宽松货币政策。2019年下半年，海外经济体基本面情况将缓慢回落，各大央行可能重新走上宽松货币政策的道路，有利于全球风险资产的估值扩张。

（一）美国经济基本面平稳，但美联储将重回宽松

二季度美国经济总体较为平稳，就业、居民消费、进出口、通胀、

企业设备投资等核心指标均处于合理区间。美国经济的重点构成是消费部门，但美国居民的储蓄率较低，居民消费波动与金融市场密切相关。美国企业设备投资的波动与金融市场的波动相关性也非常高。因此，从金融市场稳定的角度看，美联储重回宽松符合宏观审慎的原则，我们预计美联储在下半年将重回宽松。

从季度数据来看，2019年一季度美国GDP环比折年率下修至3.1%，高于2018年四季度的2.2%，也高于美国去年一季度经济增速均值。美国2019年一季度GDP数据整体上超预期，但是结构上并没有预期好。具体而言，从需求端来看，美国一季度经济增速超预期主要是由净出口好转以及私人被动补库存拉动的，但是这些指标的波动性比较大，从美国内需的趋势来看，私人消费、私人投资增速趋势都在走弱。2019年二季度美国经济部分核心指标就略显疲态。

值得注意的是，2019年二季度，美国经济指标开始出现分歧，整体走势尚不明朗。第一，由于受中美贸易摩擦的影响，2019年4月美国出口季调环比增速开始负增长，进出口数据率先出现一些问题。第二，2019年4—5月个人消费支出季调环比增速均为0.2%，远低于3月的0.8%，也处于历史平均增速以下。第三，美国工业产出和企业设备投资增速也有所放缓，美国4月工业产出环比下降0.5%，不及预期0%和前值-0.1%，为2018年5月以来最差表现。美国企业设备投资周期也开始掉头向下。当然，美国5月工业产出环比增长0.4%，逆转此前负增长的趋势，有助于缓解市场对美国制造业疲软的担忧。因此，从经济数据来看，美国经济增速目前平稳，出现了一些分歧，但整体仍处于合理区间。

1. 美国消费增速整体平稳

从国民经济支出法来看，消费部门占美国GDP的比重高达70%，是美国经济的主要动力，也是短期经济波动的重要来源。美国消费稳定，美国经济的整体趋势就保持稳定。按照我们拟定的美国居民消费影响因素模型的结果，美国居民消费受居民收入增长预期、消费信贷环境、整体货币政策等因素的影响。由于美联储紧缩政策的滞后效应、美国房价持续上涨和居民收入预期的趋缓，美国居民消费增速在

2019 年一季度环比折年率为 0.9%，连续三个季度缓慢下滑。2019 年以后，美联储停止进一步加息、缩表步骤影响缓解、居民收入增速稳定等因素的作用下，我们预计美国居民消费增速将保持平稳，消费者信心也将有所提振。

短期而言，从美国近期公布的经济数据来看，虽然 4—5 月个人消费支出季度调整后环比增速均为 0.2%，远低于 3 月的 0.8%，但美国劳动力市场依旧紧俏，工人薪资同比增速维持在 3% 以上，居民收入增速在未来一段时间较为稳定（如图 1 所示）。从高频的调研数据来看，密歇根消费者信心指数虽有下滑，但仍在相对较高位，说明美国居民对今后的美国经济前景和居民消费仍然保持一定程度的乐观。6 月密歇根消费者信心指数超预期录得 98.2，表明美国消费仍有一定支撑，短期内暂不会失速下滑（如图 2 所示）。前瞻地看，美国居民消费增速在 2019 年下半年有望延续上半年的稳定，将给美国经济带来较好的支撑。美联储在 2019 年下半年的宽松货币政策预期，也将在一定程度上对居民的财富效应、居民消费信贷的货币政策环境和利率环境带来较为正面的影响，这些因素将共同作用，使得美国居民消费增速在 2019 年下半年保持整体平稳。

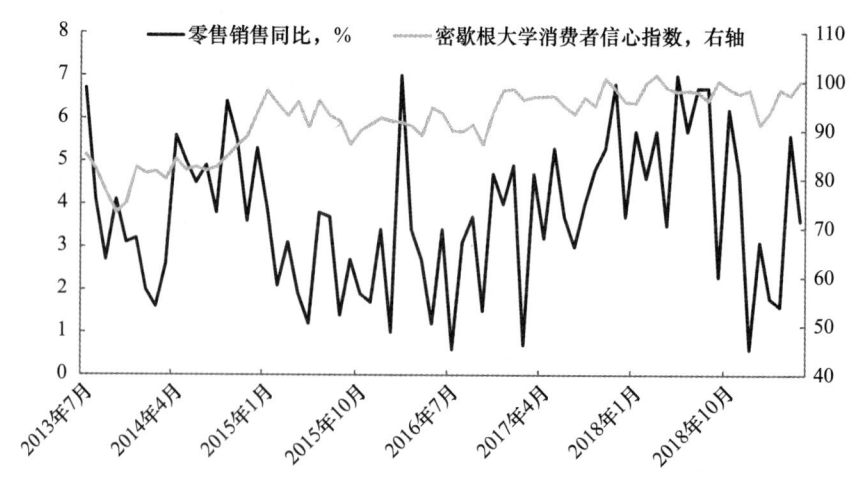

图 1　美国零售销售同比和密歇根消费者信心指数

资料来源：万得、美国人口统计局数据库。

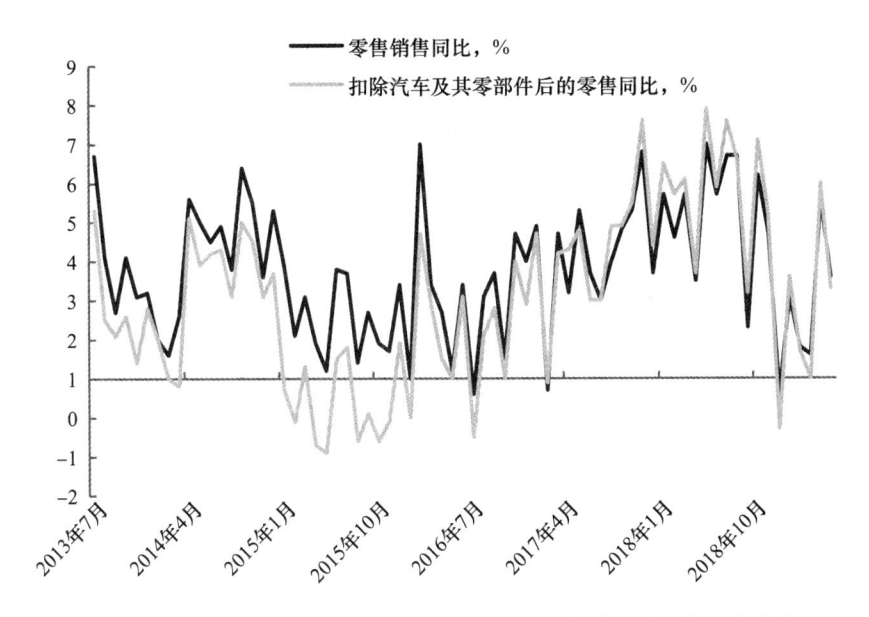

图 2　美国零售销售同比增速和扣除汽车及其零部件后的零售同比增速

资料来源：万得、美国人口统计局数据库。

中长期而言，2008 年全球次贷危机后美国居民消费增速整体上弱于次贷危机前，并且美国居民部门持续去杠杆。美国居民部门的去杠杆是温缓和健康的，当然去杠杆造成了美国居民消费增速整体中枢的下降，但是也为未来的金融和经济平稳增长起到了较好的支撑作用。美国居民部门去杠杆的过程，使得美国居民消费习惯略微保守、消费心理更为谨慎，金融机构也变得更加谨慎，当然这些变化是与美国 2008 年金融危机之前横向相比。如果与其他经济体的纵向比较，美国居民消费增速和居民消费习惯并不能说非常保守。值得注意的是，2008 年金融危机之后，美国居民薪资增速不高，也是造成美国居民消费较为平稳的重要原因。由于前期居民杠杆率的控制，美国居民消费增速大幅降低的可能性就比较小。

2. 企业部门投资增速风险加大

美国企业部门的设备投资增速的变化也在相当程度上影响美国经济的短期波动。美国总统特朗普的减税政策，在 2017—2018 年刺激企业部门的投资开始企稳回升。但在 2019 年年初美国企业部门的设备投资增速开始出现逐渐趋缓的现象，企业部门库存水平也开始高于历史平均水平。

具体而言，2019年一季度美国企业部门投资年化环比增速升至6%，但这主要是因为汽车等耐用品被动补库存，导致私人库存大幅增加。从近年来美国企业部门设备投资的趋势来看，美国2016年四季度开始主动补库存，2018年下半年开始内需逐渐减弱，开始被动补库存，后面可能面临去库存，进而拖累美国经济。此外，2019年一季度美国私人固定资产投资年化环比增速下降到3%。特朗普实施减税后，美国私人固定资产投资增速大幅上升，2017年一季度更是达到9.9%，但随着减税效应减弱，增速从2018年下半年开始下滑。2018年三季度起，伴随企业端景气指标率先下滑，以及居民端景气指标开始回落，美国经济已进入景气下行阶段。根据历史经验，去库存往往导致美国经济下行速度加快。2018年下半年至今，受企业担忧贸易摩擦等影响，美国零售商和批发商持续大幅补库（主要增加汽车类产品库存），推高总私人库存。但2018年以来，美国零售及批发销售均表现疲软；同时，库存的领先指标，制造业PMI新订单指数更是大幅下滑（如图3所示）。未来一段时间，一旦企业开始去库存，美国经济景气可能回落。

图3 美国工业和制造业产能利用率

资料来源：万得、美国人口统计局数据库。

从 2019 年的数据来看美国企业部门的设备投资情况，美国 6 月 Sentix 投资信心指数①大幅下滑至 6.5，表明近期美国投资者信心有所下降，未来美国企业部门投资增速下滑压力仍然存在（如图 4 所示）。第一，特朗普减税的效应继续减弱，一般而言，减税对企业设备投资的效应将在 1.5—2 年后开始逐渐减弱。美国企业设备投资由于前期减税效应的减弱，将重新开始有所下滑。第二，美国企业部门去库存的压力，也将压制企业部门的设备投资。2019 年一季度私人固定资产投资增速上升是被动补库存的结果，后续企业可能面临去库存压力。第三，企业债务风险较大。美国长期的低利率环境刺激了企业加杠杆，美国企业部门经过次贷危机之后的去杠杆、市场出清，从 2012 年三季度开始加杠杆，2018 年二季度末为 74.4%，已创历史新高，三季度略有下降，但仍高达 73.9%。

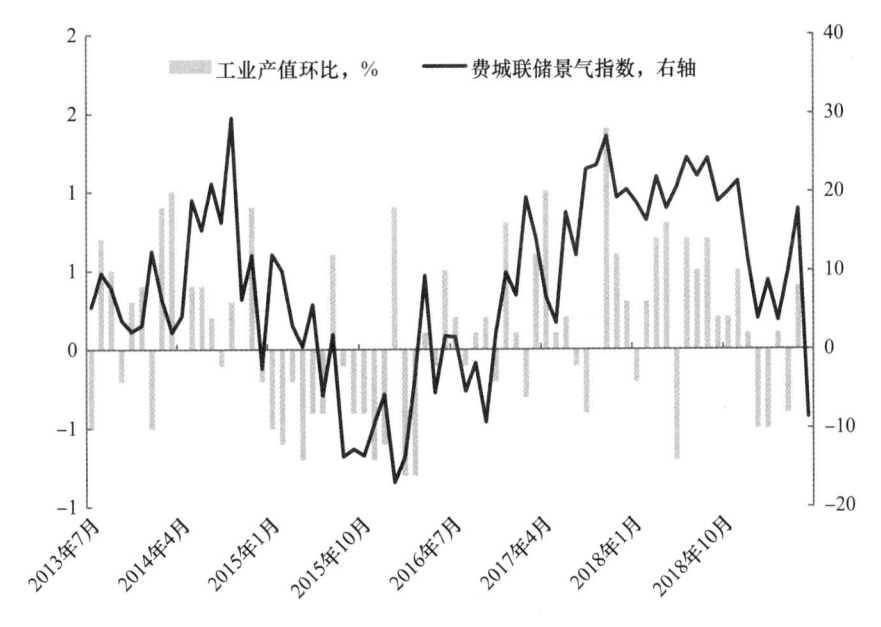

图 4　美国工业产值环比和费城联储景气指数

资料来源：万得、美国人口统计局数据库。

---

① Sentix 投资者信心指数是衡量经济活动中投资者信心水平的指标。它是一个领先指标，衡量投资人对美国经济的情绪，较高的指标表示较高的投资者乐观度。

按照我们的判断,美联储下半年可能重新实行宽松的货币政策,这会缓解企业融资压力,从而防止投资增速过度下滑。房地产市场近期有所恢复,也会支持抵御投资的下行风险。宽松的货币政策对于企业设备投资周期具有一定的正向作用,但是传导需要一定的时滞。按照以往的经验,宽松的货币政策传导至企业设备投资端的时间大约为 4 个季度到 6 个季度。因此,2019 年下半年即便美联储重启宽松的货币政策,也依旧很难改变短期企业设备投资逐渐下滑的态势。

3. 美国通胀水平平稳,就业市场稳定,但 PMI 数据疲软

美国通胀水平较为平稳,在一定程度上支持美联储不再采取较为激进的加息政策。具体而言,美国 5 月 PCE 及核心 PCE 物价指数表现均符合预期,但仍不及美联储的通胀目标。具体数据方面,美国 5 月 PCE 物价指数环比增长 0.2%;PCE 物价指数同比增长 1.5%;核心 PCE 物价指数同比增长 1.6%;核心 PCE 物价指数环比增长 0.2%(如图 5 所示)。美国 5 月物价上涨主要受新机动车以及食品服务和住宿支出价格上行的支撑。此外,美国 6 月密歇根消费者信心指数终值超预期录得 98.2,高于预期和前值的 97.9,但远不及 5 月终值的 100。这一数据主

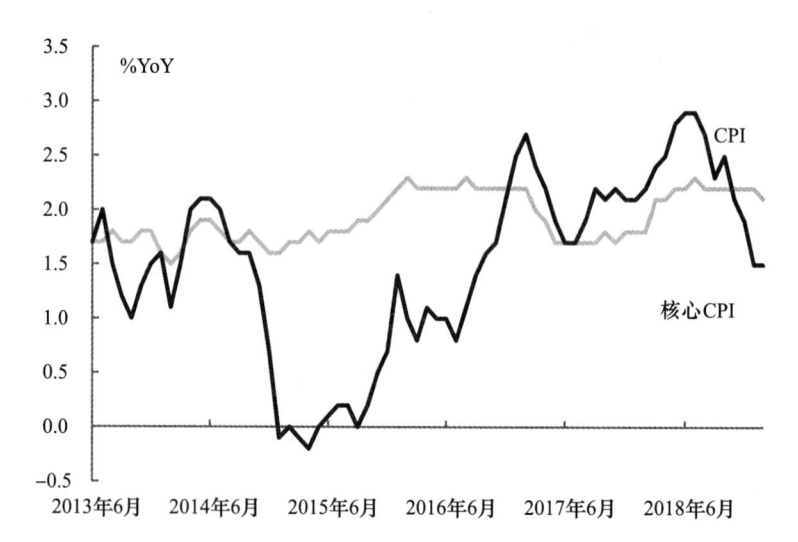

图 5 美国 CPI、核心 CPI 同比

资料来源:万得、美国人口统计局数据库。

要是受访者对关税的担忧提升,一定程度上拖累美国消费者对经济前景的预期。

作为短期经济领先指标的制造业和非制造业 PMI 指数,美国也出现了一定程度的下滑(如图 6 所示)。2018 年上半年,美国制造业 PMI 新订单指数和私人固定资产投资增速先后见顶回落。2019 年以来,美国制造业 PMI 新订单指数继续下滑,并在 6 月跌至荣枯线 50%,创近三年新低。同时,私人固定资产投资中,非住宅投资增速延续下滑态势,其领先指标核心资本品订单增速更是跌至 0% 附近。地产投资增速的表现也十分疲软,一季度跌至 -2.9%、连续两个季度负增长,领先指标营建许可同比增速加速下挫。

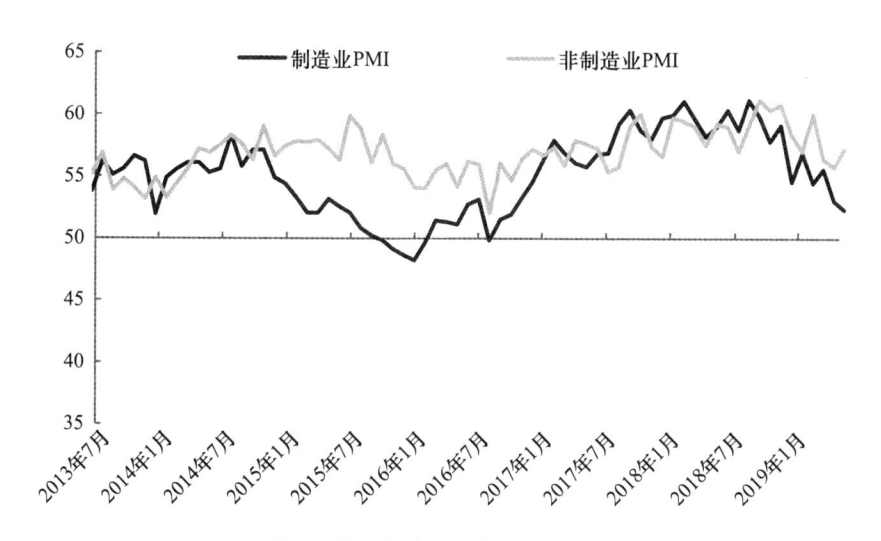

图 6　美国制造业及非制造业 PMI

资料来源:万得、美国人口统计局数据库。

美国就业市场运行平稳,且最新非农就业数据出现反弹,但工资增速仍偏弱。6 月美国非农数据公布,新增非农就业 22.4 万人,较 5 月明显增加;失业率 3.7%,较 5 月上升 0.1 个百分点;平均小时工资环比增长 0.2%,与预期基本一致。在 5 月数据大幅走弱之后,6 月美国非农数据反弹。在 5 月新增非农就业仅 7.2 万人的基础上,6 月新增就业大幅反弹,在当前经济预期偏弱的大背景下,明显超出市场预期。具体而言,分项来看，反弹较为普遍，除了零售、采掘仍录得负增长以外，几乎所有行业都出现反弹。这也使得金融市场反应较为剧烈，尤其是在当前对7月美联储降息预期已非常充分的背景下，10年期美债收益率快速反弹至2%以上。但综合工资情况来看，近期就业市场依然偏弱，且更可能是需求下滑的逻辑。但综合二季度整体就业数据来看，非农就业同比增速仍然继续下滑（如图7所示）。更重要的是，本轮全球经济走弱首先冲击的是美国的企业部门，而企业盈利预期转弱正逐步传导至其员工报酬，这使得我们看到近几个月新增雇佣、小时工资、工作时长出现同时下滑，这与招工率数据出现持续下滑是相对应的，反映企业对雇佣的需求开始出现松动。在收入增速放缓的背景下，美国消费受金融市场波动影响加大，而开始出现明显波动放大的现象。如前所述，随着全球贸易的趋弱，市场对于企业部门偏弱的环境已有一定的预期，因此未来需关注居民部门的变化。而随着美国工资收入的放缓，叠加美国金融市场的波动加大，这使得本轮美国居民资产负债表对于金融资产价格依赖程度较大的问题逐步暴露出来，需要密切关注美国居民消费数据的波动和短期的风险。

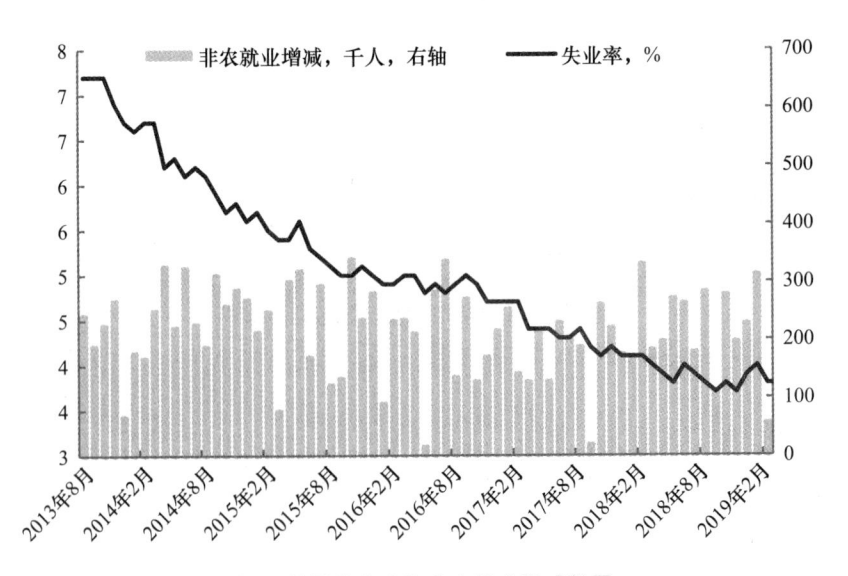

图7　美国失业率和非农就业增减数量

资料来源：万得、美国人口统计局数据库。

(二) 欧洲、日本等增长乏力,也将重回宽松

欧洲和日本经济领先指标在 2018 年年底已经开始出现略微的下行趋势。随着 2019 年下半年美联储重新走向宽松,我们预计欧洲、日本等发达经济体也将走向宽松。新兴市场经济体的短期资金流动和汇率波动在 2019 年下半年可能升高,地区金融风险也将值得重视。

1. 欧洲和日本的经济领先指标已经开始出现疲软迹象

欧元区核心国经济动能回升,新兴市场需求承压。6 月欧元区制造业 PMI、服务业 PMI 分别小幅反弹至 47.7、53.4,主要受益于德国、法国核心国的需求改善,意大利、西班牙等边缘国增长动能依然在弱化(如图 8 所示)。具体来看,德国制造业 PMI 由上月的 44.3 上升至 45.4,新订单、就业、库存均明显回暖,法国制造业 PMI 由上月的 50.6 上升至 52.0,各分项指标全面回升,但意大利、西班牙、爱尔兰等国制造业 PMI 却持续走低。往前看,欧元区增长的核心依然在于其制造业的复苏,而这又紧紧依赖于中美两大全球经济增长引擎。其他主要发达国家,日本与英国经济动能依然偏弱,日本、英国 6 月制造业 PMI 继续下滑,日本 6 月机床订单同比降幅扩大,英国经济的下行压力主要来自于其脱欧的不确定性、经济增长的放缓(如图 9 所示)。总体来看,其他主要发达国家及地区受制于其自身动能的不足和外需的不确定性,宽松的货币政策将依然持续。同时,在全球主要经济体增长放缓的背景下,主要依赖于外需的新兴经济体增长动能整体不足,举例来看,韩国 6 月出口增速降幅从 -9.5% 进一步扩大至 -13.5%,进口增速降幅从 -1.8% 进一步扩大至 -11.1%,马来西亚、印度尼西亚、印度、俄罗斯等国 6 月制造业 PMI 下滑。

较为脆弱的劳动力市场、萎靡的实体经济基本面使得欧洲经济前景较为暗淡。欧洲央行为不佳的经济前景预备了工具,以新一轮 TLTRO-III 的较低利率防范欧洲银行业系统性风险。欧洲央行可提供的货币政策工具箱有限,刺激力度较难保证。

2. 欧洲、日本大概率将跟随美国重回宽松

欧洲央行行长德拉吉 2019 年 6 月 18 日在葡萄牙辛特拉举行的 ECB

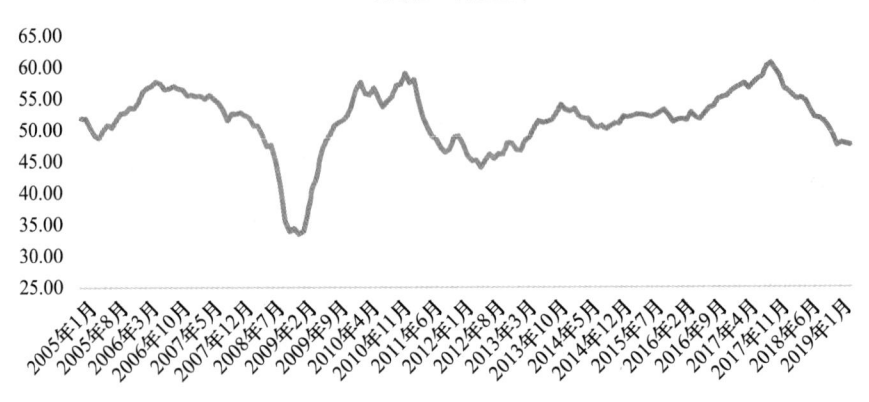

图 8 欧洲制造业 PMI 指标

资料来源：万得、欧洲央行。

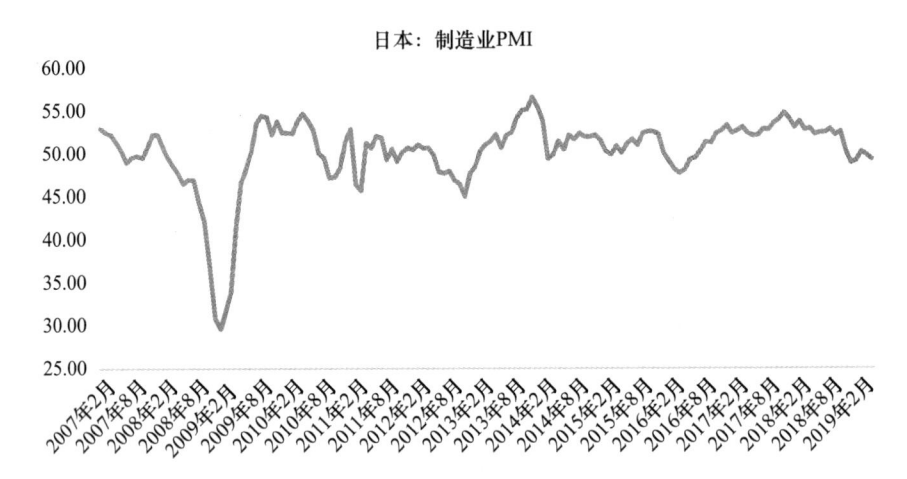

图 9 日本制造业 PMI 指标

资料来源：万得、日本央行。

央行论坛上发表讲话。德拉吉认为，如果通胀始终不达目标，欧洲央行将采取降息或者重启资产购买计划。这是欧洲央行释放的最明确的货币宽松信号。欧元区经济下行压力和市场通胀预期持续低迷，促使欧洲央行官员考虑货币宽松的措施。德拉吉甚至暗示，短期内将容忍通胀超过2%，以弥补近年以来通胀长期低于目标的情况。

欧洲央行其他三位官员也表示，如果欧元区需要采取行动来提振通胀，预计将首先采用降息作为刺激措施。我们认为，德拉吉在10月底任期届满之前，大概率会进行降息。降息时点还存在一定的不确定性，预计最早在7月25日，降息幅度为10基点。

具体而言，欧洲央行刺激经济的工具主要有四种：降低利率、重启QE、利率分层（Tiering）和直接为银行提供低息贷款。其中，前两项是最可能实施的工具。第一，降低利率会挤压欧洲银行的利润率，因为目前欧元区的存款利率已经是-0.4%，银行无法把负利率直接转嫁到顾客头上。如果利率继续下行，银行可能会选择减少贷款发放。信用创造活动减少，会对实体经济产生负面影响。因此利率下行的空间有限。第二，欧洲央行之前QE的规模高达2.6万亿欧元，与美联储不同的是，欧洲央行并没有开启缩表，继续QE的操作空间也不大。而且欧洲央行继续大规模购买国债，也会进一步模糊货币政策和财政政策的界限。总体来说，欧洲央行进一步货币宽松的政策空间较为有限，而预期管理的作用更大。

（三）美联储货币政策将影响全球金融市场稳定

美联储货币政策与全球金融市场稳定密切相关。按照我们的分析，美国股市的标普500指数与美联储资产负债表宽松之间的相关性达到了82%左右，即美联储继续宽松的货币政策将推动股市的上涨；美联储紧缩的货币政策，将使得全球股市承压。美联储的货币政策行为，在2019年下半年一定程度上受到美国金融市场波动的影响，也受到中美贸易摩擦的影响。

1. 全球金融市场波动与美联储货币政策密切相关

美联储公布的6月会议纪要显示，美联储决策者们在6月政策会议上判断，美国经济前景的不确定性和下行风险显著增加，从而增强了降息的理由。"如果这些最近的事态发展证明是持续性的并继续拖累经济前景，许多人判断近期内出台额外的货币宽松政策将是合理之举。"[①]

[①] 《美联储会议纪要详解和机构点评汇总》，汇通网（https://www.fx678.com/c/20190711/201907110745231295.html），2019年7月11日。

与会者指出,虽然整体金融状况仍对经济增长构成支撑,但这种状况看上去有个重要前提,就是预期美联储将在近期内放松政策以帮助抵消全球前景不确定性和其他下行风险对经济增长的拖累。

2019年7月11日鲍威尔再次听证时的态度发生了一些变化,鲍威尔表示:"在美国经济表现不错之际,一致要求美联储降息的市场预期让我感到惊讶。我们了解到,中性利率比我们此前以为的低,中性失业率也是如此。所以货币政策没有我们之前认为的宽松。"

我们认为,在该表述中,清晰地传达了预防式降息的意图,即中性利率比美联储预期的低,因此需要下调政策利率以达到中性利率,以及在数据中性的情况下应市场强烈要求进行预防性降息,并不是认为美国经济陷入衰退、趋势性降息。

按照我们的分析,美国股市的标普500指数与美联储资产负债表宽松之间的相关性达到了82%左右(如图10所示),即美联储继续实行宽松的货币政策将推动股市的上涨;美联储紧缩的货币政策,将使得全球股市承压。

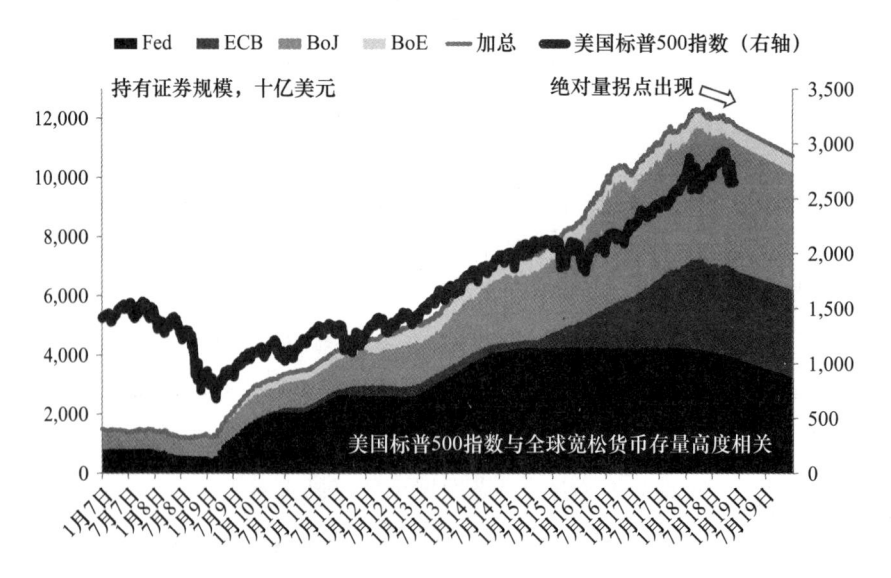

图10 美国标普500指数与全球央行货币宽松

资料来源:万得、彭博。

2009年之后的金融市场波动，从我们的归因模型来看，大约80%来自于全球主要经济体货币当局的宽松扩张，只有20%来自于经济基本面的改善（如图11所示）。

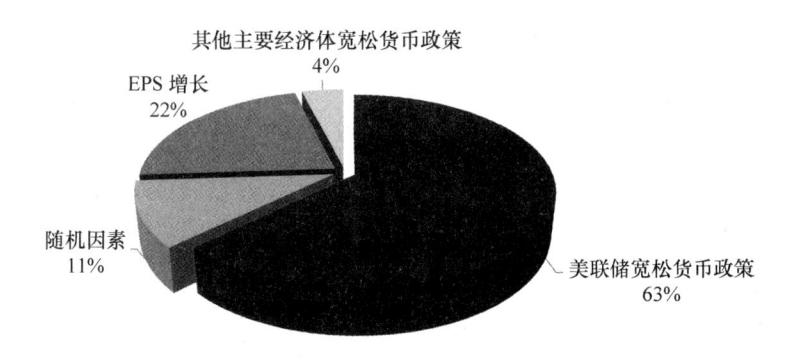

图11　美国股市归因分析

资料来源：万得、彭博。

从中长期的视角来看，20世纪70年代美国布雷顿森林体系崩溃之后的宽松货币政策，向全球收铸币税，造成国内贫富差距扩大，真实薪资水平倒退。2008年之后的量化宽松货币政策加速了国内矛盾的爆发，民粹主义抬升。前瞻地看，美国国内金融市场的内生要求和国内民粹主义的抬升，将使得美联储货币政策在未来一段时间内易松难紧，全球各大经济体的货币政策趋势趋同。

2. 中美贸易摩擦对双方经济增长的影响

从全球经济体的整体利益、中美两国的利益来考虑，应该极力避免爆发进一步的贸易冲突。从学术的角度来看，本部分从较为极端的假设来看贸易摩擦升级对中美两国的影响。从模型的测算结果来看，两国应该加强合作，避免贸易战。

按照我们的可计算的一般均衡模型，中美贸易战对中美两个国家的经济增长都有一定影响，分为直接影响和间接影响，其中直接影响为出口对经济的直接弹性，间接影响为出口对经济体的消费和投资的拖累作用。

按照我们的模型，假设最差的情景双方对全部商品加关税到25%

税率之后，从 2019 年年中到 2020 年年底，加税对经济的负面影响逐渐显现，中美经济增速受此拖累最大降幅分别为 1.2 和 0.6 个百分点。如果考虑贸易战之后的产业转移，将对产业链的影响更为深远。

如果贸易战进一步升级，美国国内通胀影响可能会变得较大。按照我们的模型测算，对大约 3000 亿美元的中国剩余进口产品征收 25% 的关税将对核心 PCE 产生 0.5 个百分点的峰值效应，而汽车关税将产生约 0.3 个百分点的峰值效应。如果所有提议的关税都在一年内实施，那么对核心 PCE 的总体影响将达到 0.9 个百分点左右。美国核心通胀的上升，将制约美联储宽松货币政策的空间和预期，对美国资产价格和美国经济增长不利。

从我们可计算的一般均衡模型结果来看，中美两国应该尽力避免贸易战的进一步升级，重新回到合作共赢的轨道上来。

二 中国经济运行平稳，结构化改革效果显著

2019 年上半年，我国经济运行的情况总体平稳，经济出现了有序复苏的良好局面，财政总体形势保持平稳。2019 年第二季度 GDP 增速从一季度的 6.4% 小幅回落至 6.2%。6 月数据而言，社会消费品零售、工业增加值与固定资产投资均有超预期表现。具体而言，拉动 6 月消费的最主要因素为汽车销量，新国标对 6 月汽车消费有一定的刺激效应，预计 7 月汽车消费增速可能有所回落，但汽车消费逐渐回暖的整体趋势将持续。投资方面，前期预期修复使制造业投资增速在大幅下滑后得到喘息。基建投资增速也取得了小幅增长。回顾 2019 年上半年，中国经济运行平稳，结构化改革效果显著。前瞻地看，2019 年下半年，在财政政策和货币政策持续发力的背景下，基建投资增速可能略有回升，消费增速也有望企稳。我们预计，2019 年下半年中国经济增速将稳定在 6.2% 左右，稳中向好。主要假设为：（1）房地产投资累计同比增速维持在 8% 左右；（2）基建增速提升 2—3 个百分点；（3）社会零售总额增速维持在 8.5% 左右；（4）出口增长不失速。短周期而言，中国经济增长处于企业库存和利润周期的底部区域，建设高质量的经济增长将是

未来的重中之重,我们呼吁供给侧改革2.0版本。

(一)经济运行显示韧性,下半年仍需政策发力

2019年上半年,按不变价计算,我国经济增速达到6.3%,消费、投资、出口增速均表现平稳,彰显了中国经济增长的坚强韧性。在中美贸易摩擦的外部环境与国内深化改革的背景下,进一步稳定增长,加快结构性改革是中国经济行稳致远的关键。从我国经济整体和分项的领先指标来看,2019年下半年,中国房地产投资增速、出口增速可能会有一定的下行压力;消费增速和基建增速可能将小幅企稳或有一定的回升。为了保障经济增速位于合理区间,2019年下半年财政政策和货币政策仍需发力,控制部分领域的金融风险,加快结构性改革。

1. 稳就业:保证经济增长处于合理区间,稳定大学生就业

按照我们对于中国经济增长与就业人数的模型测算,目前中国经济处于合理区间,不会出现较为严重的就业问题。具体而言,按照我们的就业与经济增长的门限模型分析,如果下半年经济增长跌破5.8%,将会出现一定程度的就业压力,特别表现在大学生就业和劳动密集型产业。2019年上半年,全国城镇新增就业737万人,完成全年目标任务的67%。6月,全国城镇调查失业率为5.1%,比上月上升0.1个百分点;其中25—59岁人口调查失业率为4.6%,低于全国城镇调查失业率0.5个百分点。31个大城市城镇调查失业率为5.0%,与上月持平。6月,全国企业就业人员周平均工作时间为45.7小时。二季度末,农村外出务工劳动力总量18248万人,比上年同期增加226万人,增长1.3%,增速比一季度加快0.1个百分点。据2019届全国高校毕业生就业工作视频会议的信息获知,2019届高校毕业生人数预计达到834万人,比去年还多14万人。因此,2019年下半年要稳定经济增长,采取一系列措施,结构性降低大学生等人群的就业压力。

2019年上半年,全国居民人均可支配收入15294元,比上年同期名义增长8.8%,扣除价格因素,实际增长6.5%。其中,城镇居民人均可支配收入21342元,增长(以下如无特别说明,均为同比名义增长)8.0%,扣除价格因素,实际增长5.7%;农村居民人均可支配收

入7778元，增长8.9%，扣除价格因素，实际增长6.6%。2019年上半年，全国居民人均可支配收入中位数13281元，增长9.0%，中位数是平均数的86.8%。其中，城镇居民人均可支配收入中位数19536元，增长8.2%，是平均数的91.5%；农村居民人均可支配收入中位数6601元，增长9.2%，是平均数的84.9%。

从收入结构上看，全国居民人均工资性收入8793元，增长8.7%，占可支配收入的比重为57.5%；人均经营净收入2467元，增长8.9%，占可支配收入的比重为16.1%；人均财产净收入1321元，增长13.2%，占可支配收入的比重为8.6%；人均转移净收入2715元，增长6.8%，占可支配收入的比重为17.7%（如图12所示）。

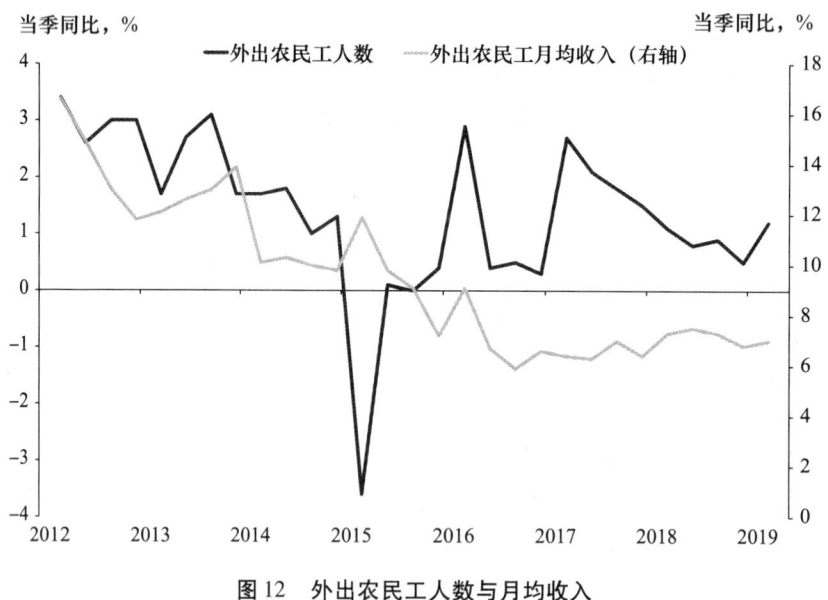

图12 外出农民工人数与月均收入

资料来源：万得、国家统计局。

2019年上半年，全国居民人均消费支出10330元，比上年同期名义增长7.5%，扣除价格因素，实际增长5.2%。其中，城镇居民人均消费支出13565元，增长6.4%，扣除价格因素，实际增长4.1%；农村居民人均消费支出6310元，增长8.7%，扣除价格因素，实际增长

6.4%。上半年，全国居民人均食品烟酒消费支出 2950 元，增长 4.8%，占人均消费支出的比重为 28.6%；人均衣着消费支出 731 元，增长 3.0%，占人均消费支出的比重为 7.1%；人均居住消费支出 2389 元，增长 10.8%，占人均消费支出的比重为 23.1%；人均生活用品及服务消费支出 621 元，增长 3.8%，占人均消费支出的比重为 6.0%；人均交通通信消费支出 1387 元，增长 7.8%，占人均消费支出的比重为 13.4%；人均教育文化娱乐消费支出 1033 元，增长 10.9%，占人均消费支出的比重为 10.0%；人均医疗保健消费支出 941 元，增长 9.5%，占人均消费支出的比重为 9.1%；人均其他用品及服务消费支出 278 元，增长 9.8%，占人均消费支出的比重为 2.7%。

2. 稳金融：鼓励货币进入实体经济

2019 年上半年，央行坚持稳健的货币政策，适时、适度实施宏观政策的逆周期调节，保持流动性合理充裕，做好预调微调，加大金融对实体经济尤其是民营经济和小微企业的支持，坚持结构性去杠杆，在推动高质量发展中防范和化解金融风险，扎实做好重点领域的金融风险防控。总体看，当前银行体系流动性合理充裕、货币信贷和社会融资规模适度增长，市场利率运行平稳。

(1) 上半年货币供给合理充裕。具体而言，2019 年 6 月末，广义货币（M2）余额 192.14 万亿元，同比增长 8.5%，增速与上月末持平，比上年同期高 0.5 个百分点；狭义货币（M1）余额 56.77 万亿元，同比增长 4.4%，增速比上月末高 1 个百分点，比上年同期低 2.2 个百分点；流通中货币（M0）余额 7.26 万亿元，同比增长 4.3%。上半年净回笼现金 628 亿元。

2019 年上半年人民币贷款增加 9.67 万亿元，同比多增 6440 亿元。分部门看，住户部门贷款增加 3.76 万亿元，其中，短期贷款增加 1 万亿元，中长期贷款增加 2.75 万亿元；非金融企业及机关团体贷款增加 6.26 万亿元，其中，短期贷款增加 1.47 万亿元，中长期贷款增加 3.48 万亿元，票据融资增加 1.18 万亿元；非银行业金融机构贷款减少 3565 亿元。6 月，人民币贷款增加 1.66 万亿元，同比少增 1786 亿元。

2019 年上半年社会融资规模增量累计为 13.23 万亿元，比上年同期多 3.18 万亿元，6 月当月社会融资规模的增量是 2.26 万亿元，比上年同期多 7705 亿元。6 月末，社会融资规模的存量是 213.26 万亿元，同比增长 10.9%，增速比上年同期低 0.2 个百分点（如图 13 所示）。

综合来看 6 月底的金融数据回升，主要有三个方面原因：一是季节性因素，尤其在企业融资方面，企业债和非金融性公司新增贷款虽然环比明显增加，但同比来看反而小幅降低；二是政策发力，2019 年 6 月地方政府专项债的大幅增加，虽然绝对值贡献不到 16%，但边际增量的贡献约占三分之一；三是金融监管冲击的放缓，虽然非标准融资整体减少，但其大幅少减的量，对社会融资同比多增的贡献几乎占据了剩下的三分之二。

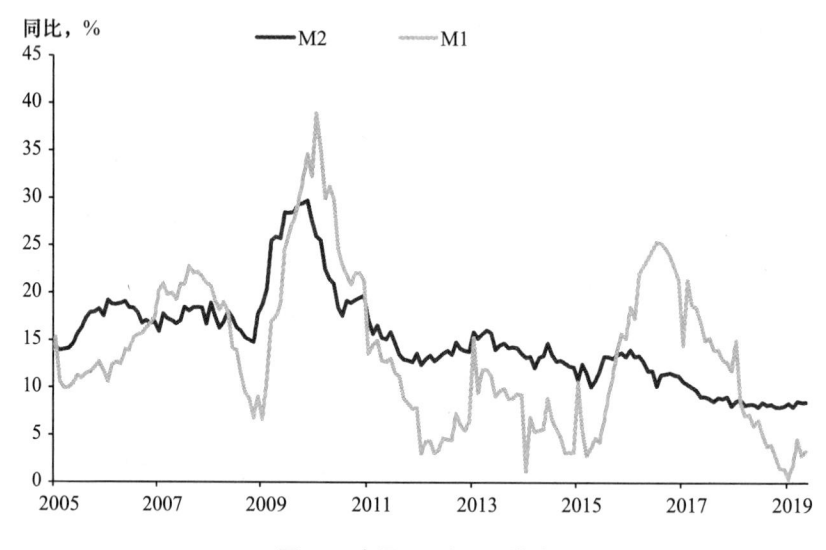

图 13 中国 M2 和 M1 增速

资料来源：万得、国家统计局。

（2）货币增速要与名义 GDP 增速总体匹配。实施稳健的货币政策要松紧适度，要尽量与实体经济的需求相匹配。具体而言，广义货币增速和社会融资规模增速要与国内生产总值名义增速相匹配，以更好满足经济运行保持在合理区间的需要。

我们的研究发现，中国金融市场的估值波动与过剩流动性（社会融资规模增速－国内生产总值名义增速）高度一致。运用社会融资总量增速（TSF yoy）减去名义 GDP 增速作为过剩流动性的代理变量，我们发现其与 A 股估值变化之间的相关性达到 70%（如图 14 所示）。货币增速要与名义 GDP 增速总体匹配，过剩流动性将使得虚拟资产的估值扩张，形成资金脱虚向实的现象。

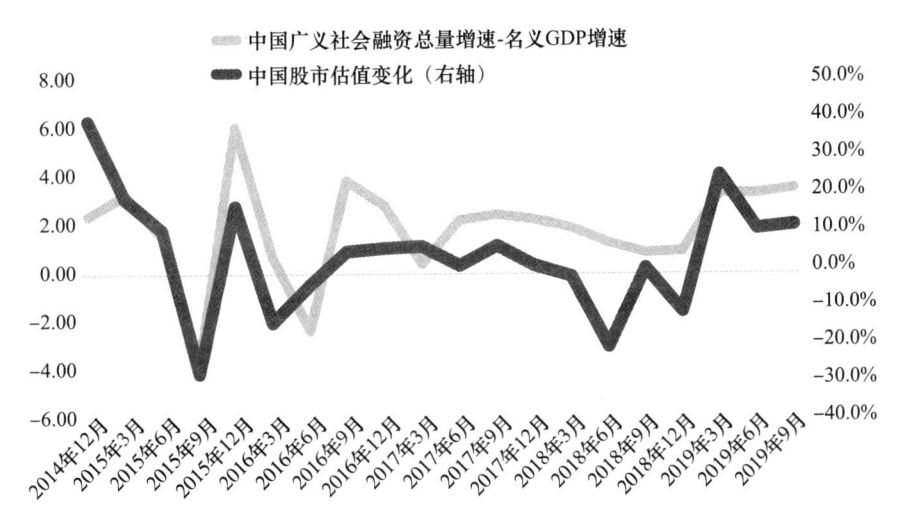

图 14　中国广义社会融资规模增速与股市估值

资料来源：万得、国家统计局。

按照我们的历史数据分析，当过剩流动性（社会融资规模增速－国内生产总值名义增速）超过 1.8 个百分点，中国股市和房地产市场价格将出现一定程度的扩张；当过剩流动性低于 1.8 个百分点，中国股市和房地产市场价格将表现得较为温和。

3. 稳外贸：要注意下半年的出口增长风险

2019 年上半年由于中美贸易摩擦等因素的影响，我国外贸环境非常复杂。二季度货物进出口总额 146675 亿元，同比增长 3.9%，增速比一季度加快 0.2 个百分点。其中，出口 79521 亿元，增长 6.1%；进口 67155 亿元，增长 1.4%。进出口相抵，顺差 12366 亿元，同比扩大 41.6%。贸易方式结构进一步优化，一般贸易进出口增长 5.5%，占进出口总额的比重为 59.9%，比上年同期提高 0.9 个百分点；机电产品出口增长 5.3%，占出口总额的比重为 58.2%。民营企业进出口增长 11.0%，占进出口总额的比重为 41.7%，比上年同期提高 2.7 个百分点。6 月，进出口总额 25619 亿元，同比增长 3.2%。其中，出口 14535 亿元，增长 6.1%；进口 11083 亿元，下降 0.4%。

上半年，规模以上工业企业实现出口交货值 58361 亿元，同比增长 4.2%。6 月，规模以上工业企业实现出口交货值 10555 亿元，增长 1.9%，增速比 5 月加快 1.2 个百分点。

按照我们拟完的中国出口增长模型，由于外部需求的式微和前期中美贸易摩擦产生的抢出口行为，2019 年下半年外贸形势不容乐观（如图 15 所示）。

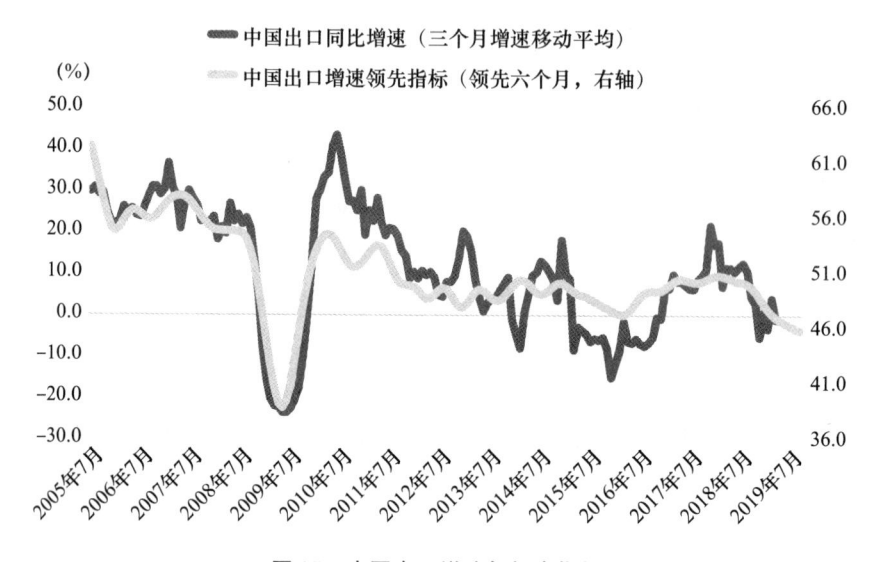

图 15　中国出口增速与领先指标

资料来源：万得、国家统计局。

4. 稳投资：基础设施投资有所回升，制造业投资结构优化

2019 年 1—6 月，全国固定资产投资（不含农户）299100 亿元，同比增长 5.8%，增速比 1—5 月加快 0.2 个百分点，比一季度回落 0.5 个百分点。其中，民间投资 180289 亿元，增长 5.7%。分产业看，第一产业投资下降 0.6%；第二产业投资增长 2.9%，其中制造业投资增

长3.0%；第三产业投资增长7.4%，其中基础设施投资增长4.1%。高技术制造业投资同比增长10.4%，增速比全部投资快4.6个百分点；高技术服务业投资增长13.5%，增速比全部投资快7.7个百分点。从环比看，6月固定资产投资（不含农户）增长0.44%。

上半年，全国房地产开发投资61609亿元，同比增长10.9%，增速比一季度回落0.9个百分点。全国商品房销售面积75786万平方米，同比下降1.8%；全国商品房销售额70698亿元，增长5.6%，增速与一季度持平。

（1）基础设施投资企稳回升，抵御经济下行风险。基建投资在短期经济调控中主要用来抵御经济下行周期的风险，以及补足中长期经济增长的短板。基础设施投资（不含电力、热力、燃气及水生产和供应业）同比增长4.1%，增速比1—5月提高0.1个百分点。其中，水利管理业投资增长1.1%，比1—5月下降1.8个百分点；公共设施管理业投资下降0.3%，降幅收窄0.5个百分点；道路运输业投资增长8.1%，增速提高1.9个百分点；铁路运输业投资增长14.1%，增速回落1个百分点。

按照世界银行的研究报告，我国2009年以来的基建投资回报率大约为8%，即考虑基建项目直接经济效应和外溢的正外部性的整体回报率。基建投资项目本身的回报率可能较低，有的项目可能低于融资成本，但是如果考虑其正的外部性，中国基建投资的回报率具有较高的水平。

（2）房地产投资面临压力，制造业投资仍需提升。2019年固定资产投资稳定是托底的基建和韧性较强的房地产带动。基建投资保持稳定器作用，但在地方政府债务暂时没有化解的情况下，2019年可能不会出现大幅上行。房地产投资在上半年都能有较好的增长，但土地购置并不热情，100个城市土地出售已经下滑，房地产下半年面临下行。制造业投资6月虽然有所回暖，但仍然在探底过程，预计三、四季度可能稳定。固定资产投资随房地产投资下行。

按照我们的房地产销售领先指标，预计2019年下半年房地产销售和房地产投资增速将缓慢下行，其下行对经济增长造成的拖累将依赖基建投资托底。

5. 稳物价：居民消费价格涨势温和，工业生产者价格基本平稳

2019年上半年，全国居民消费价格同比上涨2.2%，涨幅比一季度扩大0.4个百分点。其中，城市和农村均上涨2.2%。分类别看，食品烟酒价格同比上涨3.9%，衣着上涨1.8%，居住上涨2.0%，生活用品及服务上涨1.1%，交通和通信下降1.0%，教育文化和娱乐上涨2.5%，医疗保健上涨2.6%，其他用品和服务上涨2.2%。在食品烟酒价格中，粮食价格上涨0.5%，猪肉价格上涨7.7%（如图16所示），鲜菜价格上涨9.2%。扣除食品和能源价格后的核心CPI同比上涨1.8%，涨幅比一季度回落0.1个百分点。6月，全国居民消费价格同比上涨2.7%，涨幅与上月持平；环比下降0.1%。

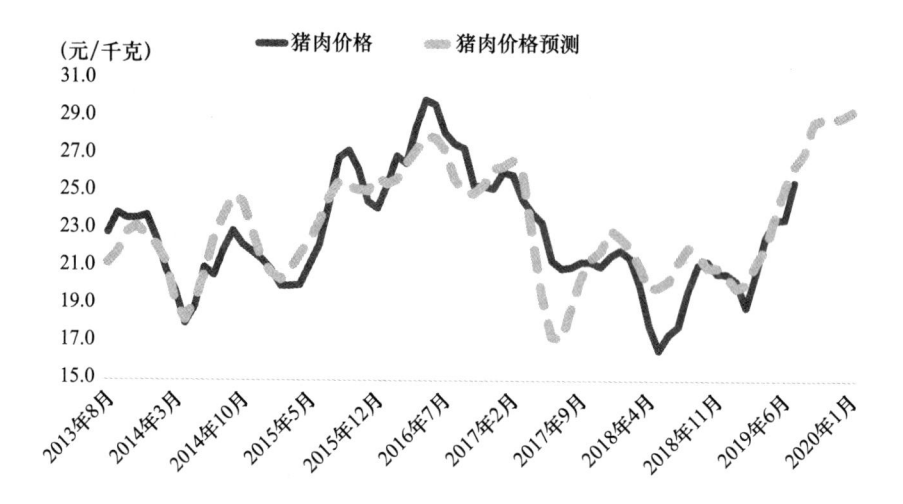

图16 猪肉价格与领先指标

资料来源：万得、国家统计局。

上半年，全国工业生产者出厂价格同比上涨0.3%，涨幅比一季度扩大0.1个百分点。6月，全国工业生产者出厂价格同比持平，环比下降0.3%。上半年，全国工业生产者购进价格同比上涨0.1%，涨幅与一季度持平。6月，全国工业生产者购进价格同比下降0.3%，环比下降0.1%。

前瞻地看，我们预计2019年下半年的通胀压力可能略微抬升，但仍处于可控区间。主要的原因为猪肉等食品部分通胀的抬升。按照农业部和我们的猪肉价格领先指标显示，下半年猪肉价格的上行压力较大。

（二）供给侧改革深入推进

2019年上半年，供给侧改革的"三去一降一补"成果巩固。具体而言，二季度，全国工业产能利用率为76.4%，比一季度提高0.5个百分点，比2013年以来的平均值高1个百分点；其中非金属矿物制品业、黑色金属冶炼和压延加工业、有色金属冶炼和压延加工业产能利用率分别比一季度提高3.4、1.7和1.7个百分点。6月末，全国商品房待售面积50162万平方米，比上月末减少766万平方米，比上年同期下降8.9%。5月末，规模以上工业企业资产负债率为56.8%，同比下降0.6个百分点。上半年，生态保护和环境治理业、教育等短板领域投资同比分别增长48.0%和18.9%，分别比全部投资快42.2和13.1个百分点。供给侧改革有效地提升了上游行业的营利能力，使得部分产能过剩行业恢复生机。

整体债务率水平合理控制，三大攻坚战持续推进。5月末，全国地方政府债务余额198953亿元，控制在全国人大批准的限额之内。精准脱贫加力显效，贫困地区农村居民人均可支配收入保持较快增长。污染防治成效继续显现。初步核算，上半年，天然气、水电、核电、风电等清洁能源消费量占能源消费总量的比重比上年同期提高1.6个百分点，单位国内生产总值能耗同比下降2.7%。

2019年上半年，我国经济结构继续优化。上半年，第三产业增加值占国内生产总值的比重为54.9%，比上年同期提高0.5个百分点，比第二产业高15.0个百分点；第三产业增长对国内生产总值增长的贡献率为60.3%，高于第二产业23.2个百分点；规模以上工业企业中战略性新兴产业和高技术产业保持快速增长。最终消费支出增长对经济增长的贡献率为60.1%。在全部居民最终消费支出中，服务消费占比为49.4%，比上年同期提高0.6个百分点。

2019年上半年，中国经济在总量上实现了稳定增长，在结构上进一步优化，有效地控制了债务规模和杠杆率。前瞻地看，2019年下半年海外不确定因素增加，国内的房地产投资和出口增速承压，经济增长前景有一定压力。我们认为，财政政策和货币政策需要进一步发力，为结构性改革和中美贸易摩擦营造较为稳健的时代背景，对重点领域进行支持，进一步减税降费。

三 减税效应显著，期待更大力度

2019年上半年，积极的财政政策加力提效，中央和地方财政部门切实采取措施，确保减税降费落地生根。上半年全国财政收入增长3.4%，其中一季度增长6.2%，二季度增长0.8%。减税降费效果持续加大，相关收入同比下降或增幅回落。减税政策在制造业等行业体现明显，上半年税收收入比一季度显著回落。非税收入增长较快，主要是为支持企业减负，中央和地方财政多渠道盘活国有资金和资产筹集收入弥补减税带来的减收，并非提高收费增加的收入。总体看，2019年上半年财政收入运行总体平稳，如果将减税等因素还原回去，全国财政收入增幅与GDP现价增幅基本匹配，保持在合理区间。减税效应显著，期待更多更大力度的减税降费政策，激励实体经济。

（一）财政收入增速放缓，减税效果显现

2019年上半年，全国税收收入累计增速，与2018年相比，同期回落了13.5个百分点。减税降费政策的落实落地，进一步减轻了企业负担，增加了居民收入，对增强企业信心、稳定市场预期、有效应对经济下行压力、促进经济平稳运行，都发挥了重要的作用。1—6月累计，全国一般公共预算收入107846亿元，同比增长3.4%。其中，中央一般公共预算收入51589亿元，同比增长3.4%；地方一般公共预算本级收入56257亿元，同比增长3.3%。全国税收收入92424亿元，同比增长0.9%；非税收入15422亿元，同比增长21.4%。

1—6月累计，主要收入项目情况如下：（1）国内增值税35570亿

元,同比增长5.9%。增值税增速略微落后于名义GDP增速,主要是2019年上半年加大减税力度所致。(2)国内消费税8471亿元,同比增长23.3%。(3)企业所得税25199亿元,同比增长5.3%。(4)个人所得税5639亿元,同比下降30.6%。个人所得税增速大幅下降,也是因为推出的个人所得税减税政策效应。(5)进口货物增值税、消费税8291亿元,同比下降2.7%;关税1405亿元,同比下降3.4%。(6)出口退税9779亿元,同比增长27.7%。主要是出台了一系列鼓励出口的优惠税收政策。(7)城市维护建设税2606亿元,同比增长2.5%。(8)车辆购置税1862亿元,同比增长3.1%。(9)印花税1389亿元,同比增长6.9%。其中,证券交易印花税769亿元,同比增长17.1%。主要是上半年国内资本市场较为平稳活跃,资本市场印花税较上年同期有较大增长。(10)资源税959亿元,同比增长14.2%。(11)土地和房地产相关税收中,契税3184亿元,同比增长7.1%;土地增值税3565亿元,同比增长10.3%;房产税1477亿元,同比下降0.5%;耕地占用税824亿元,同比增长2.8%;城镇土地使用税1133亿元,同比下降13.4%。(12)环境保护税113亿元,同比增长1.4倍。(13)车船税、船舶吨税、烟叶税等其他各项税收收入合计516亿元,同比增长12.6%。

2019年上半年财政政策减税效应显著。分税种看,上半年国内增值税同比增长5.9%,比上年同期增幅回落10.7个百分点,主要是2018年降低增值税税率政策翘尾和2019年增值税新增减税效果进一步放大的影响。企业所得税同比增长5.3%,比2018年同期增幅回落7.5个百分点,主要受提高研发费用税前加计扣除、小微企业普惠性税收减免以及5月底出台的保险业手续费及佣金税前扣除比例上调等减税政策的影响。进口货物增值税、消费税同比下降2.7%,主要是增值税减税效果持续体现。个人所得税同比下降30.6%,主要是2018年个人所得税提高起征点、调整税率的政策翘尾和2019年增加六项附加扣除的减税效应叠加释放。涉及小微企业普惠减税的"六税两费"(包括资源税、房产税等)合计下降0.2%。上半年全国税收收入增长0.9%,比一季度增幅回落4.5个百分点。其中,二季度下降3.3%,特别是从5月起,深化增值税改革减税效果更加突出,税收收入连续两个月下降,主要行业受益明显。上半年,制造业税收同比增长4.9%,增幅比一季度回落6.8个百分点,其中,汽车、专用设备、通用设备、仪器仪表、电气器材、纺织、化工等行业增幅回落明显;交通运输仓储业、信息传输软件服务业税收分别增长0.9%、0.5%,增幅比一季度回落10.3、6个百分点;批发和零售业税收同比下降0.5%,而比一季度增长3.5个百分点。另外,受5月底出台的保险业手续费及佣金税前扣除比例上调影响,保险业税收同比下降18%。

(二) 财政支出快速增长,发债工作成绩显著

2019年1—6月累计,全国一般公共预算支出123538亿元,同比增长10.7%。其中,中央一般公共预算本级支出16890亿元,同比增长9.9%;地方一般公共预算支出106648亿元,同比增长10.8%。具体而言,1—6月累计,主要支出科目情况如下:(1)教育支出18117亿元,同比增长10.5%。(2)科学技术支出4276亿元,同比增长17.3%。(3)文化旅游体育与传媒支出1604亿元,同比增长5.9%。(4)社会保障和就业支出17645亿元,同比增长6.7%。(5)卫生健康支出10095亿元,同比增长8.3%。(6)节能环保支出3145亿元,同比增长19.7%。(7)城乡社区支出14232亿元,同比增长13.5%。(8)农林水支出9445亿元,同比增长13%。(9)交通运输支出6766亿元,同比增长22.3%。(10)债务付息支出4104亿元,同比增长12.1%。

财政支出普遍增长。地方财政统筹地方一般公共预算收入、中央财政转移支付、债券发行收入、盘活存量资金等,做好支出预算执行工作。上半年,地方一般公共预算支出同比增长10.8%,增幅比上年同期提高3个百分点。31个地区全部实现同比增长。

财政收支的矛盾,促使2019年上半年的发债工作非常重要。与2018年同期相比,2019年上半年新增债券发行主要特点:一是发行进度大幅提升。2018年已提前下达了部分2019年新增债券额度,上半年新增债券发行进度较上年同期的15.5%提升55.2个百分点。二是债券期限明显延长。上半年新增债券平均期限达 8.76 年,较上年同期平均期限 6.33 年增加 2.43 年,其中 6 月当月新增债券平均期限约 10.4 年。三是利率成本有所下降。上半年新增债券平均发行利率 3.44%,较上年同期平均利率 4% 降低 56 个基点,其中 6 月当月平均发行利率 3.52%。

(三) 政府性基金预算收入增长缓慢,土地出让收入压力仍大

2019 年 1—6 月累计,全国政府性基金预算收入 31781 亿元,同比增长 1.7%。分中央和地方看,中央政府性基金预算收入 1989 亿元,同比增长 3.5%;地方政府性基金预算本级收入 29792 亿元,同比增长 1.6%,其中国有土地使用权出让收入下降 0.8%。

在支出方面,2019 年 1—6 月累计,全国政府性基金预算支出 37150 亿元,同比增长 32.1%。分中央和地方看,中央政府性基金预算本级支出 874 亿元,同比增长 8.1%;地方政府性基金预算相关支出 36276 亿元,同比增长 32.8%,其中国有土地使用权出让收入安排的支出增长 11.5%。

四 呼吁供给侧改革 2.0 版本

面对错综复杂的国内外环境,我们呼吁供给侧改革 2.0 版本。以"三去一降一补"为代表的供给侧改革在过去几年时间内发挥了重要作用,但随着宏观经济环境的变化,部分政策内容还有改善的空间。中美贸易战背景下呼唤供给侧改革 2.0 版本。从供给侧改革前后行业 ROE 变化来看,去产能增强了上游行业的营利能力,但略微削弱了中游行业和下游消费行业的利润份额。供给侧改革 2.0 版本,即为进一步减税降费,释放改革红利,增加中游行业和下游消费行业的利润份额。同时,加快建设发达的资本市场,增加直接融资比例,为科技创新提供更有效的金融供给。从存量上,做好服务制造业、消费行业的政策支持,稳定宏观经济增长;从增量上,大力发挥金融供给侧改革的功能,为大量科技型、技术型企业提供便利的直接融资途径。因此,我们从学术层面提

出的供给侧改革2.0版本可以概括为"一促一增","一促"即为利用减税降费等一系列政策措施促进中游制造业和下游消费行业的稳定;"一增"即为运用强大的资本市场,提供直接融资工具,增加对实体经济,特别是高科技企业的融资支持力度。

(一) 通过更大力度的减税降费来支持实体经济

呼吁供给侧改革2.0版本中的"一促"即为减税降费,意为通过调节政府、居民、企业之间的收入分配比例,使得居民和企业在经济增长过程中的获得感提升,是提升实体经济投资回报率的良方。20世纪70年代以"拉弗曲线"为代表的供给学派减税理论对美国里根政府的经济政策产生过重大影响,近期美国特朗普政府同样以供给学派的理论为指导,提出大规模减税法案。当然,减税降费的举措在我国财政收入增速持续放缓、环境保护、民生保障等刚性支出需求不断增加时,财政可持续性面临着一定的挑战和风险。

供给侧改革1.0版本中的"三去一降一补",从供给侧改革实施前后行业ROE的比较来看,主要是使得上游行业享受到更多改革红利。我们发现,上游行业中的钢铁、煤炭、有色金属、化工、建材等从2016年供给侧改革深入实施以来,盈利情况均出现了系统性的提升。营利能力提升的背后,大部分是因为产品涨价原因,技术进步等有一些促进作用,但短期内并不是主要原因。帮助上游产能过剩行业摆脱困境,重新焕发生机,确实是供给侧改革1.0版本的重要作用,但是我们发现2016年供给侧改革深入实施之后,中游行业和下游消费行业的盈利情况不容乐观。一个可能的解释为,上游行业原材料部分涨价之后,这些原材料作为中游制造业的成本部分,侵占了部分原有行业的利润。价格层层传导到消费行业,下游消费行业的盈利部分也被削弱。因此,供给侧改革1.0版本的"三去一降一补"政策,有力地帮助上游行业去除过剩产能,提高营利能力,但是却无意中变相使得中游制造业和下游消费行业的利润部分受到挤压(如图17所示)。

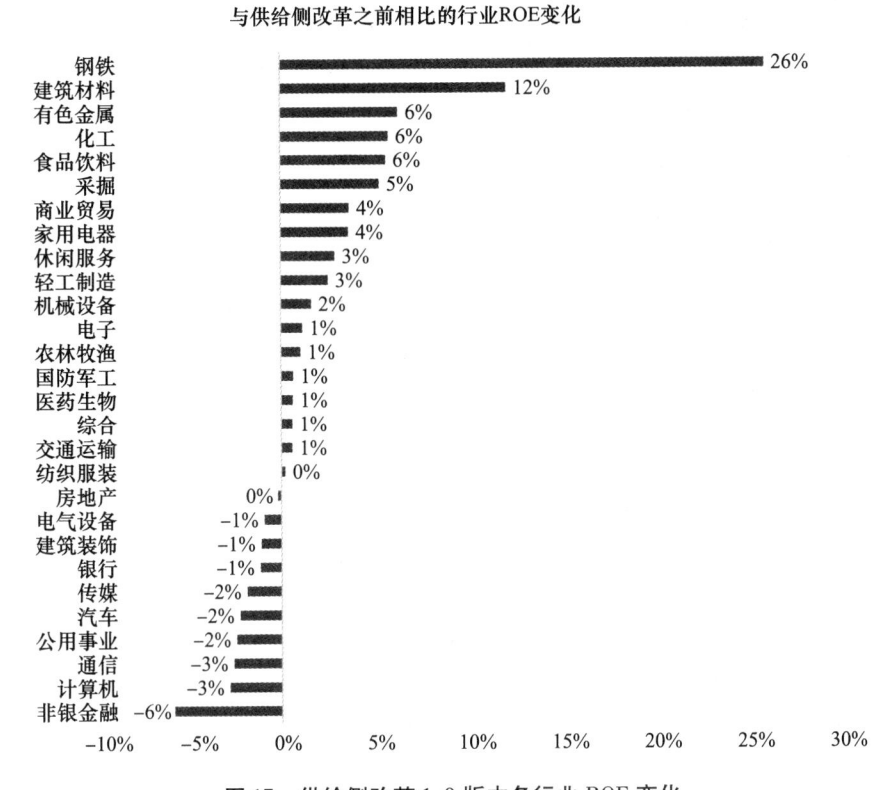

与供给侧改革之前相比的行业ROE变化

钢铁	26%
建筑材料	12%
有色金属	6%
化工	6%
食品饮料	6%
采掘	5%
商业贸易	4%
家用电器	4%
休闲服务	3%
轻工制造	3%
机械设备	2%
电子	1%
农林牧渔	1%
国防军工	1%
医药生物	1%
综合	1%
交通运输	1%
纺织服装	0%
房地产	0%
电气设备	-1%
建筑装饰	-1%
银行	-1%
传媒	-2%
汽车	-2%
公用事业	-2%
通信	-3%
计算机	-3%
非银金融	-6%

图 17 供给侧改革 1.0 版本各行业 ROE 变化

资料来源：万得、国家统计局。

按照《政府工作报告》，2019 年将减轻企业税收和社保缴费负担近 2 万亿元，主要通过降低增值税率和降低企业社保缴费负担的形式实现。具体而言，将制造业等行业现行 16% 的税率降至 13%，将交通运输业、建筑业等行业现行 10% 的税率降至 9%；保持 6% 一档的税率不变，但通过采取对生产、生活性服务业增加税收抵扣等配套措施，确保所有行业税负只减不增。2019 年要明显降低企业社保缴费负担。下调城镇职工基本养老保险单位缴费比例，各地可降至 16%。根据财政不可能三角定律，减税、控制债务规模、积极财政三项目标同时都要达成，短期内基本上是非常艰难的。通过减少政府部门一般性财政支出规模，增加国企利润入库，以及地方政府财力的挖潜，同时适度增加地方政府专项债的规模，减税降费带来的财政可持续性风险将降低。

从减税降费的微观传导来看，有利于企业部门更多地专注于实体经济，更多地投入研发，更多地注重技术进步而不是脱实向虚。由于实体经济的投资环境不佳，越来越多的非金融企业减少了对生产性资产的投资，而把资本配置在金融资产上，这种行为被学术界称为金融化。降低企业实际税负有利于降低企业资本成本，从而促进企业投资增加。彭俞超等人（2017）利用2007—2016年上市公司的面板数据，对企业税负与金融化行为的关系进行了探索。实证结果表明，企业实际税负较低的企业，金融化程度就较低，反之亦然。即降低企业税负水平，有利于企业部门重回主业，专注于企业经营。我们的计量模型选取效益（利润率）、销售增速和创新（研发支出占营业收入比例）三方面绩效指标，采用2006—2017年我国上市公司数据研究减税对企业的影响发现：企业直接税有效税负降低可以显著提升利润率，激发企业扩大资本开支，增加研发支出和专利申请数量；企业间接税税负的降低，有助于企业提升销售额增长率，但对企业利润率水平影响不大。减税对于居民部门的效果也非常明显，个税的降低将提升居民消费水平，促进居民在教育、医疗等方面的支出。因此，减税降费从企业、居民行为的微观层面而言，将产生较为明显的正向作用，但是其传导需要一定的时长，并不是一蹴而就。我们的研究发现，从企业减税到增加资本支出时滞大约1—2年，对居民部门消费促进作用的时滞在0.5—1年。

从减税降费的宏观传导来看，在经济衰退时，减税政策会减少纳税人的税收负担，积极财政政策效应更加明显；而在经济繁荣时，纳税人对税收负担敏感度下降。按照我们构建的减税对经济增长影响的脉冲响应模型来看，增值税占GDP的比重与经济增长负相关，但影响较小，即增值税占GDP的比重每降低1%，未来4—8个季度内GDP增长率提高0.04%；社保缴费负担与经济增长近期呈正相关，同样影响较小。但是在过去近20年总体呈负相关关系，即社保缴费负担的降低有助于提高经济增长；值得注意的是，减税效果最显著的是企业所得税，即企业所得税占GDP的比重每降低1%，未来4—8个季度内GDP增长率会增加0.09%。从我们的模型实证分析来看，企业所得税减税对GDP拉动作用最为明显，应该成为下一阶段减税政策的主要选择方向。

减税降费中的"费"部分还有很大的降低空间。从税收结构上看，以增值税、消费税、关税为主体的流转税是中国税收的主要部分，多年来占整个税收收入的比例都在65%左右。企业所得税作为直接税的代表，份额大约在25%左右，其他税种则分享余下的10%左右的份额。由于我国政府收入的多元化，在税收之外的各类费、基金、社保、住房公积金乃至土地出让金收入等非税收入的占比过大。除了2019年提出的降低社保负担，减税降费中的其他"费"部分还有很大的降低空间，这部分也是下一阶段减税降费的重要方向。

现实的经济运行规律比经典的拉弗曲线要更为复杂。经典的拉弗曲线描绘了政府的税收收入与税率之间的关系，提高税率能增加政府税收收入。但税率的提高超过一定的限度时，企业的经营成本提高，投资减少，收入减少，即税基减小，反而导致政府的税收减少。从收入法的GDP中居民、企业、政府三者的收入分配来看，企业部门和居民部门的份额近年来存在持续的压力。政府部门通过减税降费等措施，分一部分收入给企业和居民，有利于经济运行的通顺，以及经济增长的平稳，促进全社会的技术进步和效率提升。

供给侧改革2.0版本中的"一促"，就是充分利用减税降费等一系列政策措施，减轻企业的压力，增加企业在国民经济收入中的份额。当然，减税降费的政策施行的同时，民生支出具有刚性，因此财政支出可能依然保持较高速度，这就造成了财政运行的压力增加。按照我们的测算，现阶段财政政策实施减税降费和投资基建的综合社会收益均高于国债收益率。我们建议适度增加财政债务率水平，特别是中央财政债务率水平。比较发债成本和利用财政空间来减税降费带来的综合收益，我们认为未来进一步发债减税是可行的。利用总量的社会资金和相对较低的融资成本，减轻企业实际负担，就是发债减税的实质。同时，也需要实时监测财政负债率的数据，发债减税也需要控制总量，属于周期性政策。中游制造业和下游消费行业的营利能力复苏之后，所产生的税收收入可以用来偿还上个周期的发债本息，实现财政资源的跨期运用。

(二) 通过金融供给侧改革支持实体经济

供给侧改革2.0版本中的"一增",就是运用强大的资本市场,提供直接融资工具,增加对实体经济,特别是高科技企业的融资支持力度。

金融对实体经济的支持和帮助对产业的发展,特别是高新技术产业的发展非常重要。我国金融不平衡、不充分发展主要体现在三个方面。

第一,间接融资与直接融资发展不平衡。随着债券和股票市场的发展,非金融企业的直接融资占比有所提升,但银行信贷在社会融资中仍占据主导地位。以间接融资为主的金融市场结构难以适应发展更多依靠创新、创造的大趋势。从间接融资来看,截至2018年底,我国银行业金融机构境内总资产261.4万亿元,继续位居全球第一。我国银行业的规模和实力都已经足够大,但是多层次、广覆盖、有差异的银行体系尚未建立。金融供给主体,特别是中小金融机构不足,小微、"三农"、绿色等金融服务短板还有待补齐。更为重要的是,银行等间接融资的强大不能有效地转化为对国民经济关键领域,特别是高新技术产业的支持。很多高新技术企业可能需要长时间的不营利,财务数据糟糕,但发展前景可能有希望的情景,基于审慎性原则,以贷款等形式为主的银行间接融资体系无法对高新技术产业形成良好的金融支持作用,这是机构风险控制、法律体系等制度性原因造成的。

第二,金融机构服务和市场主体需求不平衡。当前我国金融业体系不完善,层次结构不健全,而且金融业发展呈现出明显的"需求侧驱动"特征,同质化、粗放型经营较为严重。通过金融机构实现对实体经济的支持变得较为困难,各大金融机构之间对于新业态、新模式、新技术的涌现没有做好足够的准备。当前产业发展已不单纯满足实体经济部门融资的需求,还有现金管理、投资交易、财务顾问、保险、证券、基金等多样化的需求,传统信贷主导的融资模式已经无法匹配企业多样化的需求,需要有业务模式和产品服务的创新。金融供给侧改革在一定程度上也在呼吁更高质量和多层次的金融服务体系。中长期来看,我们需要构建分层有序、功能互补的多层次资本市场和多层次、广覆盖、有差异的银行体系。

第三，直接融资体系的发展与经济社会发展不平衡。我国直接融资体系的发展是一个系统性工程，涉及法律、体制改革等多个方面的推进。目前全口径直接融资规模占社会融资总额的比重，在2007年股权分置改革完成后由2002年的4.95%上升到11.09%，最近10年基本保持在15%左右，股权融资规模基本在5%左右徘徊，而美国直接融资占整个融资体系的比重则达80%左右。对于现代金融来说，金融就是对信用的风险定价。国家的金融市场之所以会有不同的融资结构，会有不同的金融市场、金融产品及金融工具，很大程度是与国家的信用关系及基础性制度安排有关。目前我国正在大力推动信用体系建设，一定程度上有利于我国基于信用体系建设的直接融资体系。

增加直接融资支持实体经济的一系列措施即为我们所说的供给侧改革2.0版本的"一增"。具体而言，科创板设立并试点注册制，新股延续常态化发行，以及新三板增量改革政策出台预期增强，实体经济企业的融资渠道更加多元，融资获得感显著增强。长期来看，积极稳妥推进主板、中小板、创业板、新三板、科创板、区域股权交易市场、券商柜台交易市场等建设，协同发展场内和场外，公募和私募，股票、债券和期货等多层次资本市场体系。同时，构建多层次、广覆盖、有差异的银行体系，亟须增加金融供给主体，补齐金融服务短板，为不同经济群体、经济层次、不同产业、不同领域的市场主体提供差异化、特色化的金融服务，特别是小微、"三农"、绿色等领域。

总之，呼吁供给侧改革2.0版本，主要包括"一促"，即为更大力度的减税降费，增强中游制造业和下游服务业的营利能力，促进存量经济部门的持续健康发展，保持国民经济良性循环；"一增"，即为更大力度地建立更为完善的直接融资体系，建设全社会的信用体系，更好地为高新技术产业的发展提供金融供给支持。通过"一促一增"，供给侧改革可以在新的形势下更好地为经济发展服务，化解风险，为实现高质量发展贡献新的力量。

（执笔人：闫坤　刘陈杰）

世界经济可持续发展困境与财政可持续的解困之策
——2019年第三季度我国宏观经济与财政政策分析报告

当前，全球经济增长前景黯淡，不确定性上升。这充分说明，此前各国为了走出全球金融危机阴影、保障宏观经济稳定而作出的各种财政和金融上的努力，并没有带来经济全面持续的增长。与此同时，那些扩张性的宏观经济政策还导致财政和金融风险持续加大，不但不能对经济发展贡献力量，反而成为经济发展的负累，一些国家不得不面对赤字恶化、债台高筑等问题。这就迫使世界各国高度重视经济可持续发展，将找到一条适合本国的"可持续发展之路"作为当前最紧迫的任务来抓。

一 世界经济可持续发展：任务艰巨

2019年第三季度，从世界经济总体运行情况和世界主要国家经济运行情况来看，经济可持续发展的基础不佳、前景不明，我国也无法独善其身。换句话说，无论是世界经济，还是具体国家和地区的经济，可持续发展任务均变得更加艰巨。

（一）可持续发展目标界定

可持续发展并非一个新话题。"可持续"最初是生态学的概念，1987年由世界环境与发展委员会（WCED）在《我们共同的未来》报告中正式界定，通过保护自然资源以实现经济、社会、自然环境等多个系统相互协调并永续发展，既能满足当代人的需要，又不对后代人满足其需要的能力构成危害。

此后，"可持续"的使用范围不断扩大，逐渐被借鉴到经济学和社会学等学科的研究之中，并被赋予新的内涵。如在研究经济增长问题时，将生态资源以物质资本之一的形态引入到生产函数之中，并且将"绿色"标准引入传统的 GDP 增长指标。当然，无论在哪个领域讨论"可持续"的问题，均需要协调该领域现在与未来之间的关系。

2015 年，为期 15 年的联合国千年发展目标正式收官，而另外一项为期 15 年的联合国可持续发展目标正式启动，正在全球范围内推进 17 个领域的可持续发展。自 20 世纪 90 年代末美国就推出以信息技术为核心的新经济战略，在全球金融危机后又提出重振制造业战略，旨在通过制造业的回归本土，带动实体经济的发展和就业增长，进而改善经济发展质量，实现美国经济的"再繁荣"。在此之后，美国又先后推出以"大数据研究和发展倡议"为载体的国家大数据战略，以"人工智能研究和发展战略计划"为载体的国家人工智能战略，引领全球数字经济和人工智能的发展。除此之外，还不断推出提升其创新、产业、信息领域能力的国家发展战略以支撑其可持续发展。日本追求可持续发展是以其创新发展战略为载体的，从"国民收入倍增计划"到"科学技术立国"，从"创新 2025 战略"到"超智能社会"，再到近年发布的年度"综合创新战略"，均旨在通过创新发展为日本经济增长提供持续的动力。

中国提前完成了多项联合国千年发展目标，并自党的十五大开始，就陆续将可持续发展作为国家经济和社会发展规划目标、现代化建设目标、全面建设小康社会目标，并将其作为科学发展观的基本内涵，五大发展理念的基本组成部分。2017 年，党的十九大报告提出了阶段性的可持续发展目标：到 2020 年坚决打好防范化解重大风险、精准脱贫、污染防治"三大攻坚战"，全面建成小康社会；到 2035 年基本实现社会主义现代化；到 21 世纪中叶把我国建成富强民主文明和谐美丽的社会主义现代化强国。

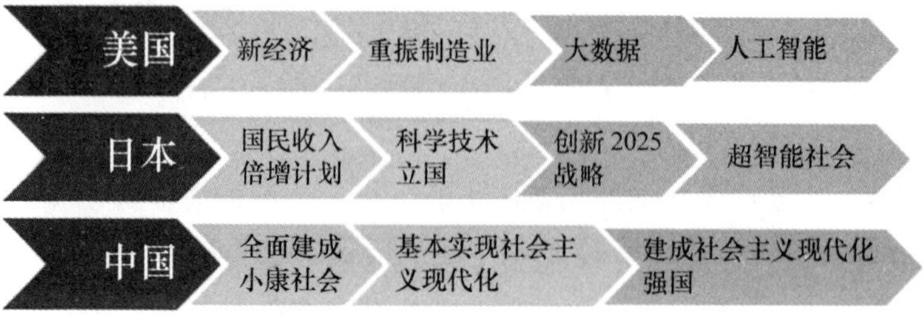

美国	新经济	重振制造业	大数据	人工智能
日本	国民收入倍增计划	科学技术立国	创新2025战略	超智能社会
中国	全面建成小康社会	基本实现社会主义现代化	建成社会主义现代化强国	

图1　美、日、中三国可持续发展阶段性目标

（二）经济可持续发展境况不佳

1. 世界主要国家的经济发展乏力，经济可持续发展不具备牢固的基础

2019年以来，世界主要经济体的经济增长速度均呈现逐季放缓趋势。美国第一季度实际GDP增速达3.2%，较2018年末显著回升，但其强劲增长势头未能持续，第二季度和第三季度分别降至2.0%和1.9%，而同比增速第二季度较第一季度也出现了显著下降。第三季度美国投资、净出口数据依旧走弱，消费呈现疲态，尽管第三季度经济增速下降幅度收窄，但经济下行压力依然较大。欧元区增速延续了自2017年第四季度以来的下行走势，2019年前三个季度GDP同比增速分别为1.3%、1.2%和1.1%。日本经济在2019年仍保持低速增长，但增长形势明显好于2018年，第一、二季度同比增速均为1%，经济运行相对稳定。中国前三个季度GDP同比增速分别为6.4%、6.2%和6.0%，正在以每季度0.2个百分点的速度平稳回落（如图2所示）。

从制造业采购经理指数（PMI）这一宏观经济走势的先行指标来看，2019年前三个季度，世界及主要经济体的制造业PMI纷纷下行至50%的荣枯线以下，说明世界范围内的经济景气程度趋于弱化。摩根大通全球制造业PMI指数自5月起连续5个月落在收缩区间，表明世界经济整体呈现收缩迹象（如图3所示）。美国制造业PMI于2019年呈逐月下降走势，自8月降至49.1%后一直没有重返荣枯线以上，表明经济复苏的阻力较大；欧元区制造业PMI在9月达到了45.7%的历史低位；日本制造业PMI除4月达到50%外，基本长期保持在荣枯线以下；我国制造业

PMI 自 2018 年 12 月起一直处于 50%的荣枯线以下，只有 2019 年 3 月和 4 月短暂地回到荣枯线以上，表明我国经济下行压力一直没有被缓解。

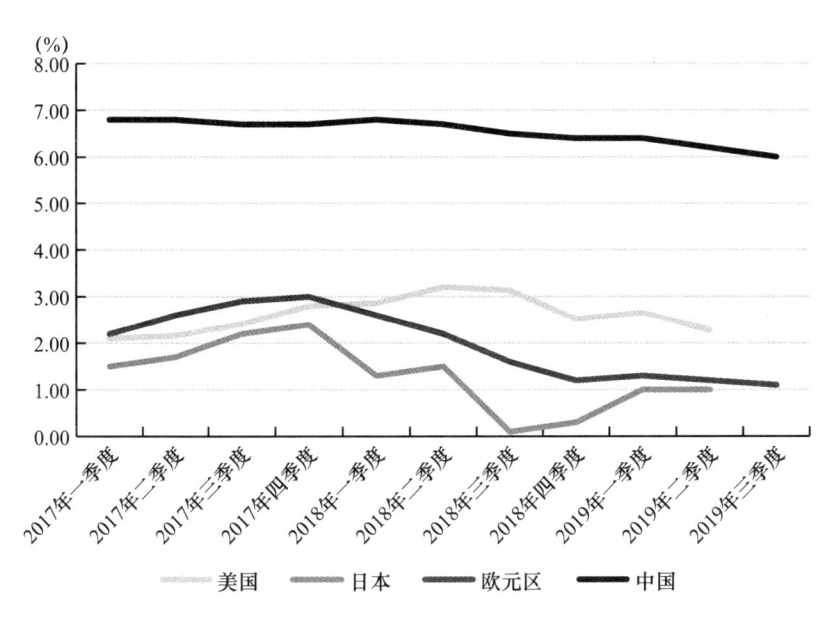

图 2　2019 年世界主要经济体 GDP 同比增长趋势

数据来源：Wind。注：美国和日本的季度同比数据尚未发布。

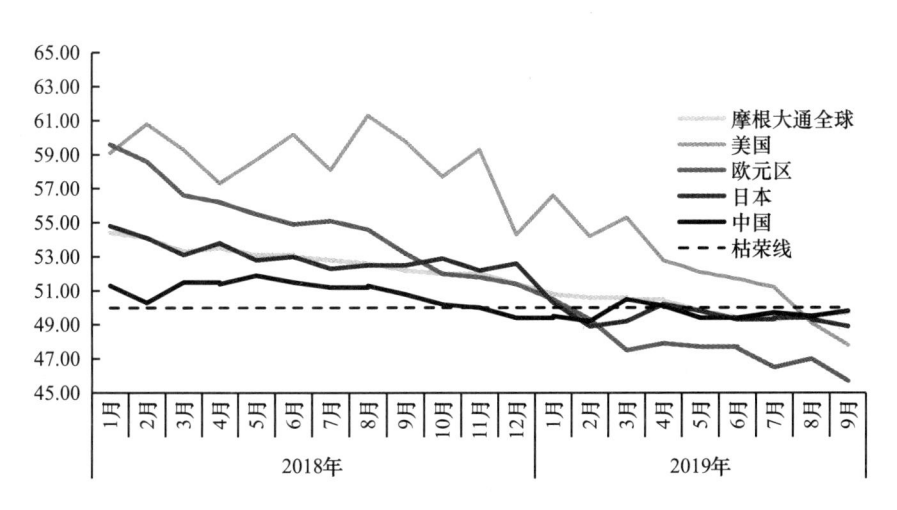

图 3　世界及主要经济体制造业 PMI 变动趋势

数据来源：Wind。

从具体国家看,目前美国、欧元区、日本和我国经济可持续发展均遇到困境。在美国,第一季度其经济增速显著回升主要依靠净出口等短期因素驱动,第二季度经济增速虽回落但仍呈现温和扩张,主要依靠强劲的消费和政府支出拉动。到了第三季度,主导其经济增长的消费已出现疲态,仅增长2.9%,较二季度下降1.7个百分点。此外,净出口走弱,其对二季度和三季度经济增长的贡献分别为-0.68%和-0.08%,拖累了整体经济增长。制造业和非制造业的增长情况均不乐观,扩张性财政政策的经济刺激效应递减,多种因素共同形成美国经济下行压力。在这种现实情况下,企业投资信心不足,导致投资持续低迷,美国Sentix投资信心指数三个季度持续走低,第三季度甚至降至5.8,CEO经济展望指数资本支出分项也已经连续6个季度下降。加之美国挑起的国际贸易摩擦对本国经济有害无利,不但贸易下降成为其经济增长的直接拖累,而且对消费者信心造成了间接影响,出于对关税成本和就业情况的担忧,第三季度消费者信心指数逐月下降,其中:美国咨商会消费者信心指数从7月的135.70大幅度降至9月的125.10;密歇根消费者信心指数从7月的98.20大幅度降至9月的92.00。由于降息等措施,10月上述两个消费者信心指数有所回升,但世界大型企业研究会消费者信心指数和彭博消费者信心指数的下降趋势未变。当然,美国仍然具备经济可持续发展的基础,但要实现经济可持续发展的目标还需依赖更为宽松的宏观经济政策,那么就需要密切关注背后的财政和金融可持续发展问题。

在欧元区,经济的长期低迷导致投资和消费信心不足或不稳定,经济可持续增长的动力缺失。欧元区19国sentix投资信心指数基本呈持续下行趋势,已从2017年11月的34.00降至2019年10月的-16.80,虽然2019年2—5月有小幅回升,但并没能扭转整体下行势头。而消费者信心指数则更加堪忧,无论是欧元区19国,还是欧盟28国,消费者信心指数长期为负,并自2017年底进一步大幅回落,进入2019年以来,基本保持低位震荡,各月指数上升和下降交替出现,显示出消费者信心处于不稳定的状态中(如图4所示)。除此之外,欧元区的就业表现良好,8月失业率已从2013年第二季度12.1%的高位持续降至

7.4%，9月小幅回升0.1个百分点至7.5%。但是，劳动生产率（即单位劳动产出，不变价GDP与就业人口之比）并没有被高就业带动，也就是说，就业扩大对经济增长基本没有贡献，并不能构成经济可持续发展的有力支撑，这一问题需要引起重视。此外，英国能否顺利脱欧也为欧元区的经济可持续发展带来极大不确定性。

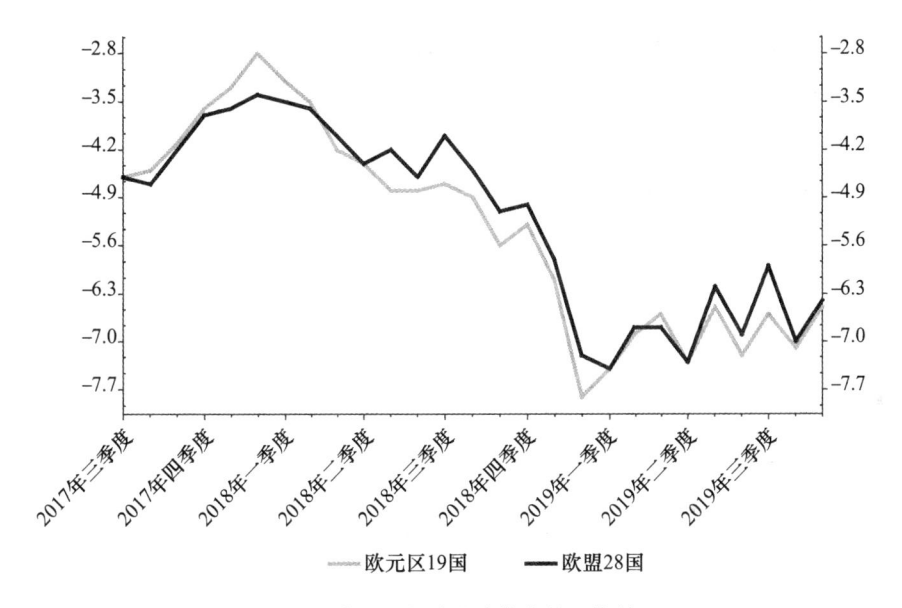

图4 欧元区和欧盟消费者信心指数

数据来源：Wind。

在日本，2019年经济保持稳定增长的原因主要是服务业表现稳健。第三季度各月日本服务业PMI分别为51.80、53.30和52.80，总体呈现扩张态势。相比之下，其工业生产则相对无力，工业生产指数（制造业和采矿业）除1月和6月同比增长外，其余各月均为负增长。日本私人消费也不景气，从商业销售额同比变化来看，日本已连续9个月处于负增长状态；从一般商品零售额来看，2018年7月以来长达13个月的负增长，2019年8月终于实现正增长0.11%；从汽车零售额来看，第一季度同比增长4.89%，第二季度则变为同比负增长0.27%。10月日本消费税税率从8%调升至10%的政策会对国内私人消费产生冲击，消费对经济可持续发展的贡献可能减弱。此外,日本失业率长期保持在较低水平,是经济可持续发展的重要支撑。7—8月,日本失业率均为2.2%,达到13个月以来的最低,但9月失业率为2.4%,较8月上升0.2个百分点,失业人数同比增加6万人,需要关注是否会形成长期趋势。此外,日本消费物价水平增速回落,自二、三季度以来,CPI与核心CPI增速不断下降,虽然9月CPI与核心CPI增速分别上涨0.2%和0.3%,但与日本央行2%的通胀目标还有相当的距离,难以支持经济可持续发展。

在新兴和发展中国家,由于这些国家的对外依赖性较强,国际环境不利影响其经济增长整体趋弱。巴西、俄罗斯、南非经济依旧在低位徘徊,印度经济增速保持高位,但一年来也持续下滑,2019年前两个季度GDP增速都跌破了6%。除印度商业乐观指数呈现逐月回升趋势外,各国的消费信心也都表现不佳,巴西、俄罗斯和南非的消费者信心指数多月来持续下降。从各国制造业PMI指数来看,印度制造业PMI指数虽处于荣枯线以上,但有震荡下降的走势;巴西前两个季度PMI指数表现不佳,但8—9月稳步回升,处于50以上;俄罗斯与南非的制造业PMI指数则在荣枯线以下震荡,9月俄罗斯的制造业PMI指数下降至46.3的历史低位。

2. 国际机构对世界经济的预测并不乐观,经济可持续发展不具备稳定的预期

国际货币基金组织(IMF)基于全球范围内经济同步放缓的现实情况,对世界经济作出了持续悲观的展望,2019年以来对世界经济增长率的预测连续三次下调,从4月的3.3%下调至7月的3.2%,再下调至10月的3%,同时对发达国家、新兴和发展中国家的经济增长率均下调0.2个百分点,认为2019年世界经济增速下行趋势加重,将降至全球金融危机以来的最低水平(如表1所示)。同时分析了两方面的主要原因:一是制造业增长不足,已至全球金融危机以来的最低水平;二是贸易局势紧张,并且存在较大变数,这不仅对贸易领域造成不利影响,也通过形成不良预期对消费和投资领域造成不利影响。由于这两方面因素短期不能消除,IMF对2020年的世界经济增长预期也

逐季下调，从 4 月的 3.6% 下调至 7 月的 3.5%，再下调至 10 月的 3.4%。尽管如此，IMF 仍然维持对 2020 年世界经济增长将提速的预期，因为其预计新兴市场和发展中经济体的经济增长率将在 2020 年出现 0.7 个百分点的回升，即从 2019 年的 3.9% 升至 4.6%，进而带动世界经济向好。

表1　　国际货币基金组织（IMF）对世界经济增长的预测　　（%）

季度预测	10月预测		与7月预测的差异		与4月预测的差异	
	2019	2020	2019	2020	2019	2020
世界经济	3	3.4	-0.2	-0.1	-0.3	-0.2
发达经济体	1.7	1.7	-0.2	0	-0.1	0
新兴市场和发展中经济体	3.9	4.6	-0.2	-0.1	-0.5	-0.2

年度预测	逐年预测情况				第四季度估算情况			
	2017	2018	2019	2020	2017	2018	2019	2020
世界经济	3.8	3.6	3	3.4	4.1	3.2	3.2	3.4
发达经济体	2.5	2.3	1.7	1.7	2.8	1.8	1.6	1.8
新兴市场和发展中经济体	4.8	4.5	3.9	4.6	5.2	4.5	4.5	4.7

数据来源：IMF：《世界经济展望——全球制造业低迷，贸易壁垒上升》，2019 年 10 月，第 10—11 页。

除 IMF 外，认为目前世界经济增长为全球金融危机以来最低水平的还有经济合作与发展组织（OECD）。并且，OECD 较之于 IMF 更加悲观，一是对世界经济增长的预期更低；二是预期下调幅度更大。在其《经济展望、分析和预测》报告中，将 2019 年世界经济增长预期下调 0.3 个百分点至 2.9%，达到近 10 年的最低水平，将 2020 年世界经济增长预期下调 0.4 个百分点至 3.0%（如表2所示）。OECD 分析了经济增长的不确定性增大、贸易增长乏力、工业生产速度降低、投资减少、就业增长缓慢等趋势，认为这些因素共同导致世界经济及主要国家的经济增速持续放缓，并据此对相关预期进行普遍性的大幅下调。

表2　　经济合作与发展组织（OECD）对世界经济增长的预测　　（%）

季度预测	9月预测		与5月预测的差异	
	2019	2020	2019	2020
世界经济	2.9	3.0	-0.3	-0.4
G20国家	3.1	3.2	-0.3	-0.4
欧元区	1.1	1.0	-0.1	-0.3
部分国家				
美国	2.4	2.0	-0.4	-0.3
中国	6.1	5.7	-0.1	-0.3
印度	5.9	6.3	-1.3	-1.1
俄罗斯	0.9	1.6	-0.5	-0.5

数据来源：OECD：《经济展望、分析和预测》（http://www.oecd.org/economy/outlook/），2019年9月。

3. 为应对经济可持续发展困境，各国竞相实施更为宽松的货币政策，在世界范围内掀起"降息潮"，但效果堪忧

10月30日美联储进行了2019年的第三次降息，下调联邦基金利率25个基点至1.5%—1.75%区间，同时，将超额准备金率从1.8%降至1.55%，维持回购操作至2020年1月且对短期国库券的购买将至少持续到2020年二季度。美国加快货币政策放宽进程和加大货币政策的宽松程度的行动，充分表明其对经济增速放缓的担忧，期望通过货币政策的放宽而阻止经济增速的进一步放缓。但是，在三次降息后，美国的实际利率已经接近为零，货币政策空间已经很小，如果政策继续放松，将导致实际利率为负，不但不利于促进经济增长，更有可能起到反作用。

欧洲央行9月宣布降息，将欧元区隔夜存款利率下调10个基点至负0.50%，并保持主要再融资利率为零不变，贷款便利利率为0.25%不变，这是欧元区自2016年以来的首次降息。此外，欧洲央行还宣布从11月1日起重启资产购买计划（即量化宽松），规模为每月200亿欧元，且无固定期限。为了货币政策传导机制顺畅，欧洲央行还推行"两级利率体系"来减轻银行压力，启动第三轮定向长期再融资操作

(TLTRO-III)来引导金融机构向实体经济提供贷款。

事实上，不只是美欧在实施更加宽松的货币政策，"降息潮"已然在世界范围内被高调掀起。国际清算银行（BIS）追踪全球38家央行的数据显示，截至9月5日，2019年全球央行合计已经降息32次，降息幅度达13.85个百分点，并预测未来12个月全球央行还会降息约58次、合计降息幅度高达16个百分点。① 可见，为了应对世界性的增长乏力、低通胀、贸易摩擦的冲击等不利情况，很多国家选择了宽松的货币政策，但是宽松货币政策对于经济增长的提振效应存在边际弱化趋势，在货币政策空间已经如此有限的情况下效果更难以发挥，因此需要财政政策助力。

（三）财政可持续发展对于世界经济可持续发展更为重要

尽管2019年已有那么多家央行降息，但成效并不显著。诸如美联储虽然多次降息，但仍收效甚微。有观点表明，未来两年美国经济可能面临更大的压力，且这种压力可能从制造业向服务业蔓延，宽松的货币政策并不能扭转不利局面。也有观点表明，欧洲央行重启宽松货币政策很可能不会增加投资和消费，而是增加储蓄。既然货币政策放宽松的举措并不奏效，那么财政政策是否可以扭转局面让经济走上可持续发展的轨道？

我们认为，财政作为国家治理的基础和重要支柱，而经济作为国家治理的重要组成部分，经济可持续发展谋求财政的力量支持是正确的方向，关键在于财政本身是否在可持续发展的轨道上，而不在于政府是否愿意花更多的钱或者减少更多的税收来支持经济增长。事实上，自2008年全球金融危机以来的十余年中，大多数国家运用宽松的财政政策应对各种外部与内部冲击，却疏于对财政本身可持续问题的重视。换句话说，在国际金融危机的背景下，大多数国家希望通过宽松的财政政策实现经济复苏，短期经济刺激任务与长期财政可持续发展之间的矛盾

---

① 中国社会科学院经济所：《全球降息潮与央行未来政策》，《经济走势跟踪》2019年第67期（总第1955期），http://www.sohu.com/a/342248288_786236。

一直在加深,以致在全球范围内,财政政策空间不断缩小,财政"健康"程度不断下降,尤其是给后人留下了巨额债务,财政可持续发展前景堪忧。IMF发布的《财政监测报告》指出,发达经济体公共债务仍居高不下,新兴市场和发展中经济体公共债务攀升(如图5所示),并对财政可持续性表示担忧,对经济形势不同的国家给出不同的财政政策建议,但建议均是在平衡增长与可持续性目标之间关系的基础上提出的。可见,在当前世界范围内的经济可持续困境中,各国应谨慎行事,只有处理好短期经济增长与长期财政可持续之间的平衡关系,才能让财政政策发挥更大作用。

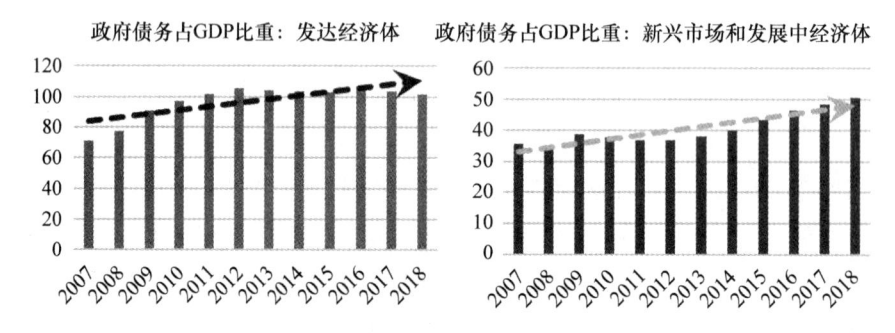

图5 政府债务占GDP的比重增长趋势

数据来源:IMF, World Economic Outlook database。

那么对于今天的财政可持续来说,其内涵和外延该如何界定呢?在相当长的一段时间里,学者们对财政可持续问题的研究均围绕着政府是否有能力偿还债务来展开,认为当财政收入不足以弥补政府发行新债的成本费用时,新债发行就存在困难,财政将不可持续。《马斯特里赫特条约》设置的债务负担率不得高于60%、赤字率不得高于3%的标准,其实质就是通过控制政府债务风险来保障一国财政的可持续。尤其是紧随国际金融危机而来的欧洲主权债务危机,更表明政府债务对财政可持续具有决定性影响。目前,如何处理好政府债务、财政可持续、经济增长三者的关系,是各国普遍面临的难题。在处理这一难题的过程中,财政可持续的概念得到了扩展,在跨期预算平衡、财政政策、财政体制、财政运行、财政职能、地方财政等领域均可以探讨财政可持续问题。因此，财政可持续的概念需要在新的理论基础和现实条件下被重新认识，尝试突破已经被固化的单一的政府债务可持续的思路框架，考虑更多维度的影响因素，将财政可持续概念完整化和全面化。只有在完整全面的概念体系下，形成财政可持续的判定方法和思路框架，才能够更加准确、科学地反映财政可持续的程度、存在的问题和面临的风险。

就目前来看，重新认识财政可持续应综合考虑财政运行的有效性、财政政策的稳定性、财政体制的合理性以及财政风险的可控性等，将政府的偿债能力内含于财政运行的有效性和财政风险的可控性之中。最终定义如下：财政可持续应是包括财政运行的可持续、财政功能的可持续、财政政策的可持续和财政体制的可持续四个方面的完整体系，它能够保障财政运行平稳顺畅、财政职能有效实现、财政政策兼顾稳定灵活、财政体制科学完善，充分发挥财政在国家治理中的基础和支柱作用。

首先，财政运行的可持续主要就是在财政支出、财政收入、赤字、债务等财政运行层面，规避财政收支、赤字和债务风险。在当前积极财政政策背景下实施的大规模减税降费，必然会加大财政赤字和债务风险，因此，减税降费关系到财政运行的可持续，关系到财政可持续的核心要义，应被重点关注。

其次，财政功能的可持续就是履行国家治理基础和重要支柱的财政基本功能，发挥其优化资源配置、维护市场统一、促进社会公平、实现国家长治久安的制度保障功能和提供各项基本公共服务的具体功能。这是财政可持续的内在要求。

再次，财政政策的可持续主要是保证财税政策的稳定性和灵活性相统一，保证政策目标的可实现，保证政策工具的可选择可运用，保证政策主体决策的准确性和科学性、执行的刚性和力度。

最后，财政体制的可持续，围绕着现代财政制度的建立健全，理顺政府间财政关系，以权责对等为标准在政府间进行财权、事权、支出责任、财力的清晰划分，同时改革和完善预算管理制度与税收制度，为财政可持续夯实制度基础。

只有在完整全面地认识财政可持续内涵的基础上，才有可能更加有效地保障财政可持续发展，进而更加有效地运用财政政策推动经济可持续发展。

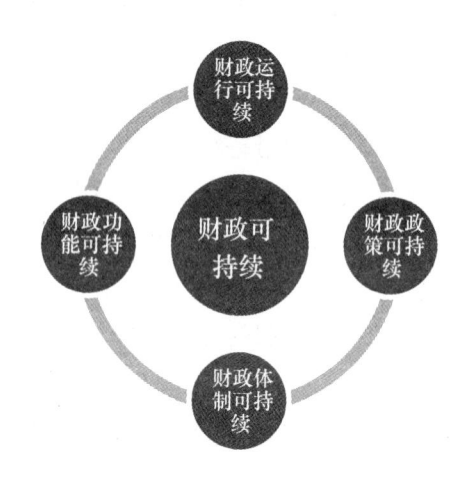

图6　财政可持续概念的拓展

二　我国经济可持续发展：以结构优化和质量提升为基础

党的十九届四中全会通过了《中共中央关于坚持和完善中国特色社会主义制度　推进国家治理体系和治理能力现代化若干重大问题的决定》（以下简称《决定》），其中提出的"持续推动拥有近十四亿人口大国进步和发展"，可以作为过去和未来中国特色社会主义制度和国家治理体系的基本出发点和立足点，要实现这样的目标和要求，就需要将可持续发展放在突出重要的位置。在经济运行层面，就不仅仅要关注经济总量和速度，更要关注经济结构，进而关注经济结构决定的经济发展质量。从现实来看，尽管前三季度经济总量受到的下行压力不断加大，但经济结构的持续优化推动经济发展质量改善，坚定了中国经济可持续发展的信心。

（一）经济增速仍全球领先，下行态势未变

2019年前三季度①，我国国内生产总值697798亿元，同比增长6.2%，增速比上半年降低了0.2个百分点，比2018年同期降低了0.5个百分点。第三季度国内生产总值同比增长6.0%，事实上，2019年我国经济增速逐季回落，每季回落幅度均为0.2个百分点。尽管从世界范围看，我国经济增长速度仍处于全球领先水平，但季度同比增速从2018年一季度的6.8%降至目前的6.0%，已持续6个季度回落（如图7所示）。

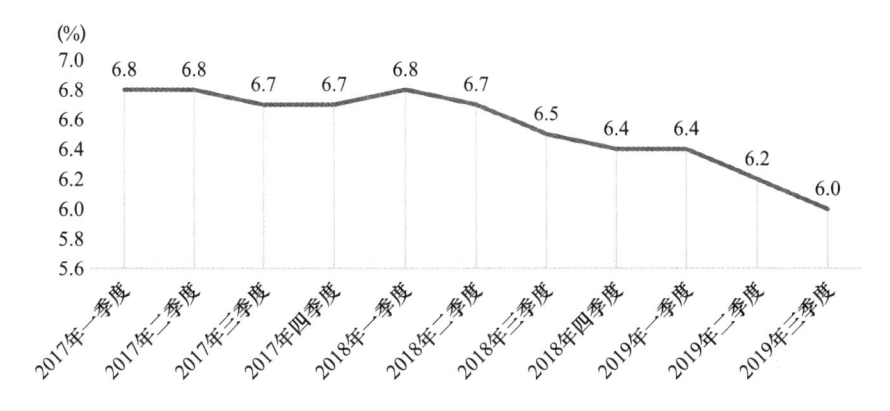

图7 我国GDP增长趋势（季度同比）

数据来源：国家统计局。

10月制造业PMI和非制造业商务活动指数分别为49.3%和52.8%，比9月分别下降0.5和0.9个百分点，均创新低。从分类指数看，在制造业PMI中，只有从业人员指数较上月回升0.3个百分点，但仍处于荣枯线以下，表明制造业企业用工量下降程度有所收窄。其他四个指数均较上月回落，但生产指数和供应商配送时间指数仍处于荣枯线以上，表明制造业生产仍在扩大，原料供应速度也在加快，但制造业新订单指数没有保持住9月的升势，回落1.1个百分点，其中受贸易摩

---

① 数据来源：国家统计局。

擦影响，新出口订单指数降幅较大。在非制造业商务活动指数中，只有业务活动预期指数较上月上升1.0个百分点，并达到60.7%的较高水平，表明非制造业企业对未来市场发展信心增强。而新订单指数、投入品价格指数、销售价格指数均有所回落，从业人员指数与上月持平，且大部分指数处于荣枯线以下，说明非制造业的市场仍不景气。

这是否预示着我国经济已经"入冬"，现在是不是已经到了最寒冷的时段，增速能否平稳下来？这一系列的问题可转化为：如何采取措施，即便经济增速呈下滑态势，也能保证可持续发展？事实上，由于世界经济增长放缓，贸易局势仍然严峻，我国经济发展所处的外部环境相对复杂，面临较大压力，国家出台了一系列宏观经济政策保障经济发展，效果已经有所显现，主要表现为经济结构优化和经济发展质量提升。

（二）经济结构进一步改善，经济发展质量有所提升

第一，产业结构进一步优化。国家统计局数据显示，2019年前三季度，我国三次产业增加值占GDP的比重分别为6.2%、39.8%、54.0%，较去年分别降低0.3、0.6和升高0.9个百分点；增长速度分别是2.9%、5.6%、7.0%，较去年分别降低0.5、0.2和0.7个百分点。三次产业增长对国内生产总值增长的贡献率分别为3.1%、36.3%、60.6%。由此可见，第三产业的比重、增长速度、对经济的贡献都是最高的，其增速高于GDP增速1个百分点，并且仍处于上升趋势，既是我国经济稳增长的"稳定器"，也是我国经济可持续发展的主力。

第二，产业内部结构进一步优化。一是农业种植结构得到优化。优质稻谷播种面积扩大，玉米面积调减，大豆面积增加；禽蛋和牛奶产量均实现增长，但猪肉产量的大幅下降带动肉类总体产量下降。二是工业结构得到进一步转型升级。前三季度，我国战略性新兴产业和高技术制造业增加值同比分别增长8.4%和8.7%，增速分别快于规模以上工业2.8和3.1个百分点，并且增速仍处于上升趋势。高技术制造业占全部规模以上工业比重为14.1%，比上半年提高0.3个百分点，其中太阳能电池和新能源汽车产量同比分别增长25.1%和21.4%。三是服务业在扩张中兼顾结构调整。前三季度，信息传输、软件和信息技术服务业，租赁和商务服务业，交通运输、仓储和邮政业，金融业实现高速增长，其增加值同比分别增长19.8%、8.0%、7.4%和7.1%，增速分别快于第三产业12.8、1.0、0.4和0.1个百分点。营业收入也体现出结构调整的结果，1—8月战略性新兴服务业、高技术服务业和科技服务业营业收入分别增长12.1%、11.9%和11.6%，增速分别快于全部规模以上服务业2.6、2.4和2.1个百分点。10月航空运输业、邮政业、互联网软件信息技术服务等行业商务活动指数仍位于55.0%以上较高景气区间。此外，我国建筑业繁荣发展，10月商务活动指数为60.4%，比9月上升2.8个百分点，并且所有分类指数均处于荣枯线之上，除了新订单指数有所下降外，其他指数均有不同程度的上升。

第三，地区经济发展结构进一步优化。从已公布三季度经济数据的29个省份来看，总量上，仍然是东部地区领先，前十名中有6个东部省市、3个中部省市和1个西部省市，且前四名均为东部省市，省市间差距较大。但是增速上，则是中西部地区名列前茅，前十名中有1个东部省市、5个中部省市和4个西部省市，且前三名均为西部省市。在增速超过全国的17个省市中，有5个东部省市、6个中部省市和6个西部省市（如表3所示）。由此可见，中西部地区经济的增长势头好于东部地区，东部地区的经济总量强于中西部地区，从全国看，随着我国重大区域战略的稳步推进，地区经济发展的均衡度逐渐改善，区域间协调联动发展的新格局正在形成。但也要看到，目前有些经济体量较大的东部省市经济增长相对缓慢，很大程度上拉低了全国经济的增长速度，同时其经济可持续发展前景不佳，对全国经济可持续发展也带来较大不利影响。当然，在这些省市中，有的省市固定资产投资高速增长，也具有较高的经济可持续增长潜力。

表3　　　　各省前三季度GDP总量和增速（按增速排序）

序号	省市（区）	GDP（亿元）	增速（%）
1	云南省	12972	8.8
2	贵州省	11513	8.7
3	西藏自治区	1156	8.7

续表

序号	省市（区）	GDP（亿元）	增速（%）
4	江西省	17176	8.6
5	福建省	25595	8
6	四川省	33893	7.8
7	湖北省	30509	7.8
8	湖南省	27981	7.8
9	安徽省	23783	7.8
10	河南省	39056	7.4
11	河北省	27981	7
12	浙江省	43199	6.6
13	山西省	12688	6.6
14	宁夏回族自治区	2997	6.5
15	广东省	77191	6.4
16	江苏省	72200	6.4
17	重庆市	16074	6.3
18	北京市	23130	6.2
19	甘肃省	6426	6.1
20	上海市	25361	6
21	陕西省	18320	5.8
22	辽宁省	19149	5.7
23	青海省	2046	5.7
24	内蒙古自治区	13266	5.6
25	广西壮族自治区	13240	5.5
26	海南省	3866	5.5
27	山东省	62309	5.4
28	天津市	15256	4.6
29	黑龙江省	10292	4.3

注：吉林省和新疆维吾尔自治区尚未公布数据。

数据来源：各省政府、统计局官网。

总之，经济结构的优化必然带来经济发展质量的提高，而较高的经济发展质量相比于较高的经济增长速度来说，对经济可持续发展保障意义更强。目前，在持续深化改革和扩大开放的进程中，我国着力推动经济发展方式从依靠要素投入规模的扩大转向依靠创新驱动下的全要素生产率的提高，正在从根本上提升经济发展质量。

（三）供给侧结构性改革继续深化，供给质量稳步提升

2019年前三季度，我国供给侧结构性改革继续深化。在去产能方面，计算机、通信和其他电子设备制造业，化学原料和化学制品制造业产能利用率均比上半年提高1.1个百分点；在去库存方面，9月末，全国商品房待售面积49346万平方米，比上月末减少438万平方米，比上年同期下降7.2%。在去杠杆方面，8月末，规模以上工业企业资产负债率为56.8%，同比下降0.5个百分点。在降成本方面，减税降费成效显著，前三季度，全国累计新增减税降费17834亿元，有效减轻企业负担。在补短板方面，前三季度，生态保护和环境治理业同比增长40.0%，比全部投资高34.6个百分点，比上年同期高6.3个百分点，教育等短板领域投资同比增长18.5%，比全部投资快13.1个百分点。

在货币供给方面，一是货币供应量回升。前三季度人民币贷款增加13.63万亿元，同比多增4867亿元。9月末，广义货币（M2）余额195.23万亿元，同比增长8.4%，增速分别比上月末和上年同期高0.2和0.1个百分点。其原因有降低存款准备金率、公开市场操作等货币政策支持，有金融服务能力和银行资金运用能力增强的推动，还有实体经济资金需求旺盛的拉动。二是社会融资规模大幅扩大。前三季度社会融资规模的增量累计为18.74万亿元，比上年同期多3.28万亿元，其中，对实体经济发放的人民币贷款增加13.9万亿元，同比多增1.1万亿元，重点投向基础设施、制造业以及民营、小微企业；企业债券净融资2.39万亿元，同比多增6955亿元；地方政府专项债的净融资2.17万亿元，同比多增4704亿元；委托贷款、信托贷款、未贴现的银行承兑汇票三项表外融资减少1.28万亿元，同比少减1.03万亿元。三是央行改革完善贷款市场报价利率（LPR）形成机制，推动市场实际利率降低，进而推动融资成本实质性降低，使得保障经济可持续发展的重点领域与薄弱环节得到金融有效支持。四是贷款结构进一步优化。截至9月末，普惠小微贷款和民营企业贷款余额同比分别增长23.3%和6.9%；

制造业中长期贷款余额同比增长11.3%,其中高技术制造业中长期贷款余额同比增长41.2%。与此同时,房地产贷款和房地产开发贷款增速均连续14个月回落,所占比重也较上年全年下降,说明贷款结构趋于合理,脱实向虚的情况得到缓解。

在劳动力供给方面,前三季度全国城镇新增就业1097万人,已基本完成全年就业目标,就业形势良好还表现在城镇失业人员再就业和就业困难人员就业,两项合计536万人。三季度末,我国农村外出务工劳动力总量达1.8亿人,比上年同期增加201万人。就业形势良好的直接原因是需求增加,国务院发展研究中心对9900多家企业的问卷调查显示,三季度有36.2%的企业用工数量增加;间接原因是我国产业结构中,服务业发展迅速,对劳动力的需求较大,对就业的贡献较高,同时,不断涌现的新业态形成对劳动力的新增需求,吸纳就业的能力较强。此外,国家出台的诸如降低社保费率、发放援企稳岗补贴、就业帮扶、就业培训等各种稳就业的政策支持力度较大。但同时还需看到,9月我国城镇调查失业率为5.2%,高于上年同期0.3个百分点(如图8所示),失业率升高的原因有大学生毕业的季节因素,也有劳动力市场供需不匹配的结构性因素。事实上,有了充分就业就有了经济可持续发展的保证,因此,我国还需要加大力度稳就业。

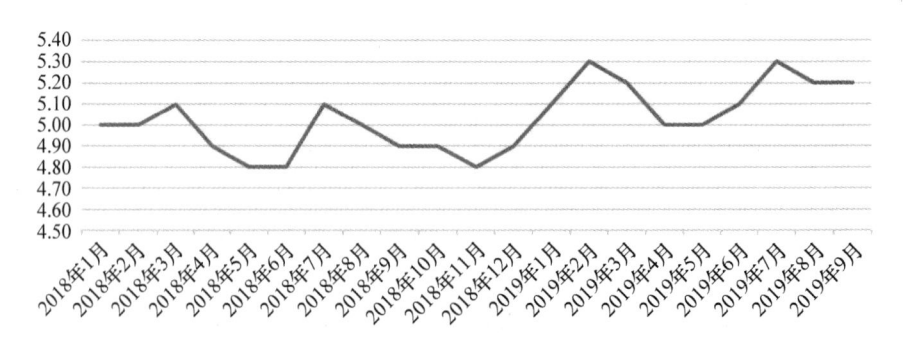

图8 城镇调查失业率变动趋势

数据来源:国家统计局。

在企业发展方面,我国有营商环境改善、财政金融支持、产权保护等多管齐下的政策支持，对于缓解我国实体经济困难有重要意义。从数据来看，前三季度我国企业发展喜忧参半。规模以上工业企业实现营业收入 77.67 万亿元，同比增长 4.5%；发生营业成本 65.51 万亿元，同比增长 4.8%；营业收入利润率为 5.91%，同比降低 0.41 个百分点。全国规模以上工业企业实现利润总额 4.59 万亿元，同比下降 2.1%，降幅比 1—8 月扩大 0.4 个百分点。但资产负债结构得到改善，9 月末，规模以上工业企业资产负债率为 56.9%，同比降低 0.3 个百分点。此外，分行业来看，前三季度在 41 个工业大类行业中，30 个行业利润总额同比增加，11 个行业同比减少，体现着工业转型升级的结果。分企业类型来看，国有控股企业、股份制企业、外商及港澳台商投资企业的利润总额均有不同程度的下降，只有私营企业逆势上扬，利润总额同比增长 5.4%，说明在政策保障下，私营企业赢得了良好的发展机会。企业出口情况也较好，前三季度规模以上工业企业实现出口交货值 90913 亿元，同比增长 2.4%，而民营企业进出口增长 10.4%，占进出口总额的比重为 42.3%，比上年同期提高 2.9 个百分点。2019 年 10 月 24 日，世界银行发布《全球营商环境报告 2020》，中国营商环境的全球排名继续上升，在去年提升 32 位的基础上，进一步提升 15 位，列全球第 31 位，说明我国营商环境正在大幅改善。其中，保护中小投资者指标的全球排名提升幅度最大，较去年提升 36 位至第 28 位，说明我国在促进中小企业和民营企业发展方面所作出的努力见到了成效，中小企业和民营企业发展将成为我国经济可持续发展的重要保证。

（四）需求结构持续优化，与供给双向发力拉动经济高质量发展

前三季度，我国总需求主要由内需支撑，外需有很大幅度的收缩（如图 9 所示）。从统计数据来看，全国固定资产投资（不含农户）461204 亿元，同比增长 5.4%，与上年同期持平；社会消费品零售总额 296674 亿元，同比增长 8.2%，增速较上年同期回落 1.1 个百分点，但扣除汽车的社会消费品零售总额增长 9.1%，且 9 月增速回调，较 8 月增长加快 0.3 个百分点；进出口总值 229145 亿元，同比增长 2.8%，增速较上年同期回落 7.1 个百分点，进出口相抵，顺差 20462 亿元，同比扩大44.2%。值得关注的是，9月进出口总额、出口额均出现同比下降，进口额下降幅度较8月扩大。上述数据也体现了内需和外需的结构优化，尽管贸易摩擦对我国经济带来了较大的外部压力，但迫使我国进行需求结构调整，对外需的依赖进一步减轻，集中精力发展内需，也是我国经济高质量发展的应有之意。

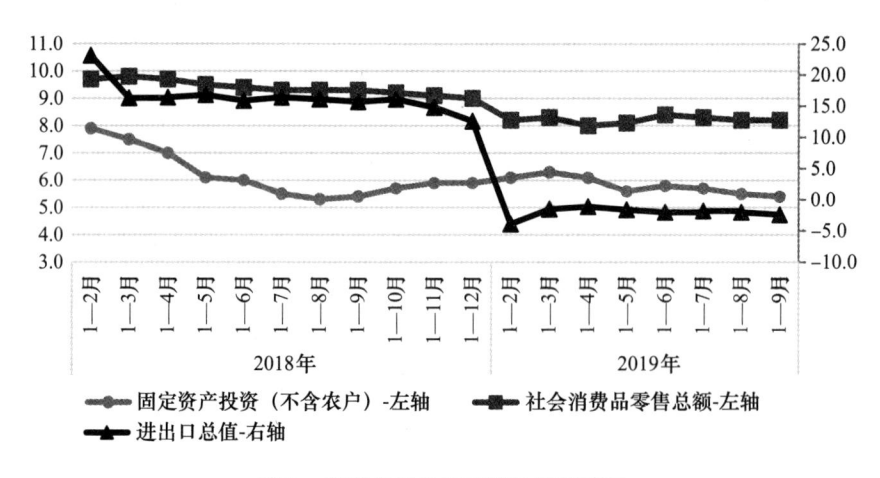

图9　我国总需求构成累计增长情况

数据来源：国家统计局。

前三季度，最终消费支出对经济增长的贡献率为60.5%，资本形成的贡献率为19.8%，包含货物和服务的净出口贡献率为19.6%。从内需结构看，最终消费贡献已达到资本形成贡献的三倍以上，也就是说，在我国经济发展转向更多依靠内需的基础上，内需结构也实现优化，从更多依靠投资转向更多依靠消费，为总需求结构更加稳固提供了重要保障。而这些积极变化的原因在于，我国消费环境不断改善，居民收入和社会保障水平不断提高，人民对美好生活的向往日益增强，加之供给侧结构性改革大幅度提升供给能力，产品和服务供给对多样化需求的满足程度提高，最终令消费潜力不断释放。

除此之外，投资结构和消费结构也处于不断优化的进程中。从投资来看，前三季度，一、二、三产业投资增长分别为-2.1%、2.0%和7.2%，投资需求扩大主要是第三产业投资的贡献，而在第三产业中，高技术服务业投资增长 13.8%，增速比全部投资快 8.4 个百分点，在第二产业中，高技术制造业投资同比增长 12.6%，增速比全部投资快 7.2 个百分点。无论是在服务业还是制造业中，高技术投资增长速度均超过了房地产开发投资增速（10.5%），也预示着我国经济增长质量具有较高的提升潜力，对投资脱实向虚的引导已有起色。从消费来看，尽管汽车消费低迷，但消费结构仍处于快速升级过程中，前三季度，限额以上单位智能家用电器和音像器材、可穿戴智能设备零售额同比分别增长 41.6%、11.1%。清洁能源消费量占能源消费总量的比重比上年同期提高 1.2 个百分点，单位国内生产总值能耗同比下降 2.7%。网上消费占比达 25%，其中实物商品网上消费占比 19.5%，较上年同期上升 2 个百分点。而数字化服务大大降低了经济运行的成本，云服务时代的资源配置，云替代的基础设施，边际成本几乎为零。此外，在全部居民最终消费支出中，服务消费占比为 50.6%，比上年同期提高 0.7 个百分点，人均服务性消费支出同比增长 10.2%，服务消费与服务业发展形成良好的互动，为整个经济可持续发展奠定了更加坚实的基础。

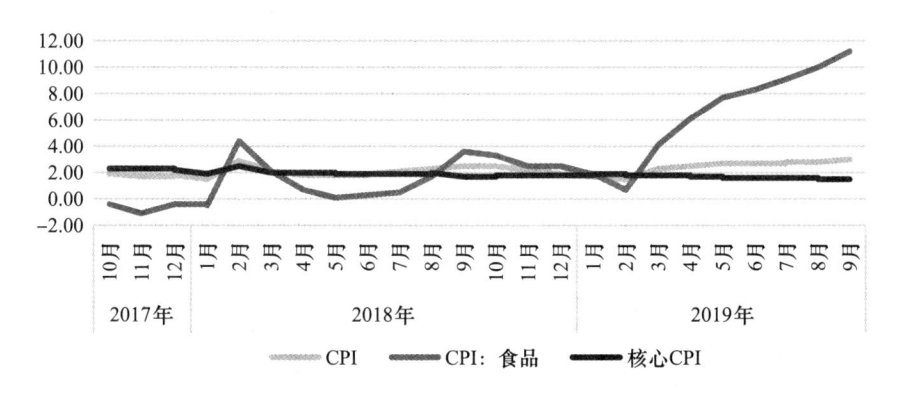

图 10　居民消费价格指数构成增长情况（月度环比）

数据来源：国家统计局，Wind。

消费需求的稳定扩大与人均收入的增长是分不开的。前三季度，全国居民人均可支配收入 22882 元，同比名义增长 8.8%，实际增长 6.1%，与经济增长基本同步，并超过人均 GDP 增速。城乡居民收入差距进一步缩小，城乡居民人均可支配收入比值为 2.75，比上年同期缩小 0.03，且农村居民收入正在以高于城镇居民收入 1 个百分点的增速增长。消费需求也受到价格因素的影响，前三季度，全国居民消费价格同比上涨 2.5%，其中，核心 CPI 同比上涨 1.7%，而受猪肉价格上涨 21.3% 的推动，食品价格上涨 6.5%，可见，CPI 上涨为总体温和、结构性的上涨，对消费需求的影响也是结构性的（如图 10 所示）。

三 我国财政可持续发展：经济可持续发展的根本保障

"财政可持续"一方面要求协调财政领域现在与未来的关系[①]；另一方面要求在六位一体的国家治理框架下，以财政支持经济、政治、文化、社会、生态、党建等领域可持续目标的实现。在经济领域，财政可持续发展是经济可持续发展的根本保障。2019 年前三季度，我国财政运行情况并不乐观，体现在财政收支对比上，收入规模和增速均显著弱于支出，收入压力和支出刚性的矛盾加大，其原因一是在经济新常态下的经济增速下行；二是稳增长的积极财政政策下的减税降费，双重压力叠加。

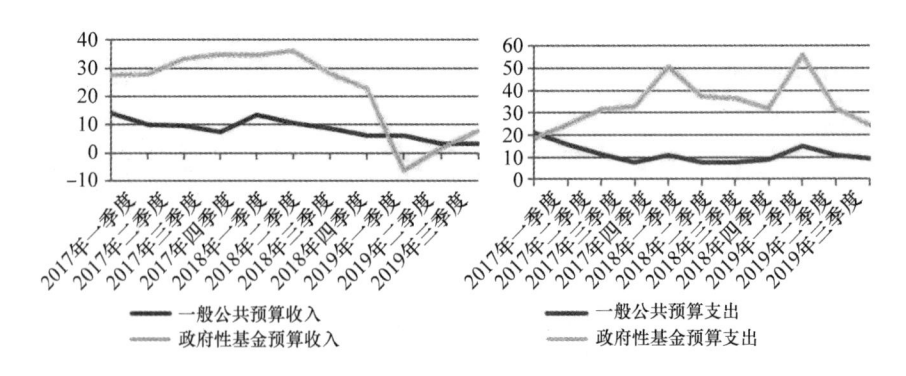

图 11 我国财政收支累计增长情况

数据来源：财政部。

---

① 数据来源：本部分所有数据均来自中华人民共和国财政部、国家税务总局，或由其数据计算得到。

前三季度累计，全国一般公共预算收入 150678 亿元，同比增长 3.3%，增幅较上年回落 5.4 个百分点；全国政府性基金预算收入 53163 亿元，同比增长 7.7%，增幅较上年回落 20.3 个百分点；全国一般公共预算支出 178612 亿元，同比增长 9.4%，增幅较上年上升 1.9 个百分点；全国政府性基金预算支出 61768 亿元，同比增长 24.2%，增幅较上年回落 12.1 个百分点（如图 11 所示）。从财政运行层面看，财政可持续发展面临较大压力。

（一）减税降费政策力度加大，效果明显

从减税到减税降费并举，从结构性减税到大规模减税降费，自 2008 年国际金融危机爆发以来，财政减收就一直是积极财政政策的重要内容，并且范围不断扩大，力度不断加强。进入 2019 年，减税降费的年度目标又上了一个台阶，《政府工作报告》中确定 2019 年全年减税降费的目标为 2 万亿元，在 2018 年实现减税降费 1.3 万亿元的基础上，又提高了 0.7 万元。[①]

从实际执行情况来看，前三季度，全国累计新增减税 15109 亿元，新增社保费降费 2725 亿元，两项合计 17834 亿元，已经完成目标的 89%，并且超进度完成任务，财政部预计全年的减税降费量将超过 2 万亿元的目标。从已完成任务的结构来看，增值税改革新增减税约占减税降费总额的 40%，小微企业普惠性政策新增减税占比约为 10%，个人所得税两步改革叠加新增减税占比约为 25%，其他减税占比约为 10%；新增社保费降费占比约为 15%（如图 12 所示）。

从政策效果看，一是行业税负普遍下降。前三季度，制造业行业税负同比下降 1.08 个百分点，批发零售业行业税负同比下降 3.27 个百分点，建筑业行业税负同比下降 0.63 个百分点，交通运输、仓储和邮政业行业税负同比下降 0.35 个百分点，上述四个行业新增减税额占总额的比重超过 60%。二是除了社保费外，行政事业性收费的负担也在同

---

① 引自 2019 年《政府工作报告》（http：//www.gov.cn/zhuanti/2019qglh/2019lhzfgzbg/index.htm）。

步减轻。仅7月1日起无线电频率占用费、商标注册收费等部分行政事业性收费标准的降低，就带来了三季度工业和信息产业行政事业性收费下降96.8%、市场监管行政事业性收费下降37.7%的政策效果。三是民营经济税费负担减轻。据统计，前三季度，包括民营企业和个体经济在内的民营经济纳税人新增减税9644亿元，占新增减税总额的64%，这对提振市场主体信心、激发市场主体活力起到重要的作用，也是经济可持续发展的动力源泉。

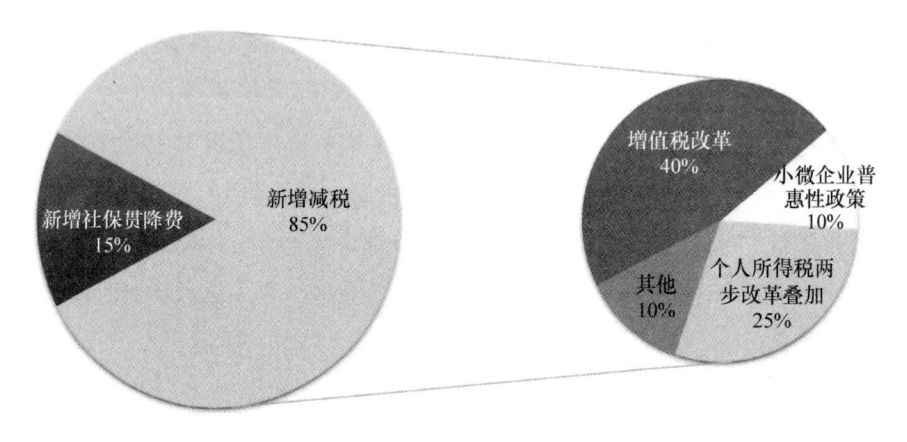

图12 前三季度我国减税降费结构图

数据来源：经财政部、国家税务总局数据计算。

然而，任何一个政策都有积极和消极两方面的影响，减税降费政策也是如此。一方面，"减税降费"发挥了重大战略作用，减轻企业和个人税费负担，增加企业利润和个人可支配收入，营造良好营商环境和市场预期，鼓励企业增加投资与重视研发，拉动社会消费增长，增强经济社会发展后劲，助力供给侧结构性改革。另一方面，如此范围广泛、规模巨大、旷日持久的减税降费与经济性减收、财政支出刚性、政府债务控制等因素相叠加，给各级财政造成了不小的压力，受到了财政可持续性的考验。各级财政如何同时完成减税降费下的稳增长和财政可持续发展两大任务，是当前需要深刻思考并回答的问题。

（二）税收收入增速、规模双降，非税收入增速、规模双升

第一，税收收入增速持续普遍下滑，规模也出现缩小趋势。进入2019年，我国税收收入的累计增速持续下滑，从1—2月的同比增长6.6%下滑至1—7月的0.3%，1—8月出现负增长0.1%，1—9月负增长的幅度进一步扩大至0.4%。国内增值税、国内消费税、企业所得税、个人所得税等主要税种也呈现总体下滑的趋势。其中，国内增值税从1—2月的同比增长11.3%降至1—9月的4.2%，月均下滑约0.9个百分点；国内消费税从1—2月的同比增长26.7%降至1—9月的15.8%，月均下滑约1.4个百分点；企业所得税从1—2月的同比增长10%降至1—9月的2.7%，月均下滑约0.9个百分点；个人所得税从1—2月的同比下降18.1%降至1—9月的同比下降29.7%，月均下滑约1.5个百分点（如表4所示）。由此可见，减税降费带来的税收收入的实质性减少，无论是增速还是规模均出现缩减，减收效应相当大。

表4　　　　　　2019年主要税种累计同比增长情况　　　　　　（%）

	税收收入	国内增值税	国内消费税	企业所得税	个人所得税
1—2月	6.6	11.3	26.7	10	-18.1
1—3月	5.4	10.7	29.3	15.8	-29.7
1—4月	4.6	12.4	22.8	9	-30.9
1—5月	2.2	6.8	23.1	9	-30.7
1—6月	0.9	5.9	23.3	5.3	-30.6
1—7月	0.3	5.4	21.1	4	-30.3
1—8月	-0.1	4.7	18.5	3.6	-30.1
1—9月	-0.4	4.2	15.8	2.7	-29.7

数据来源：财政部。

第二，非税收入呈加速增长态势，规模迅速扩大。近年来，我国财政收入结构持续优化，非税收入持续负增长，但是进入2019年之后这种结构优化的状态迅速改变，非税收入规模迅速扩大，增速迅速转负为

正。从 2018 年 12 月的负增长 4.7%跃升至 2019 年 1—2 月的增长 10.8%，且增速不断扩大，到了 1—9 月，非税收入的累计增速已经达到 29.2%，是 1—2 月增速的 2.7 倍。相应地，非税收入的规模也从 1—2 月的 3990 亿元扩大到 1—9 月的 23708 亿元，规模扩大了近五倍（如图 13 所示）。

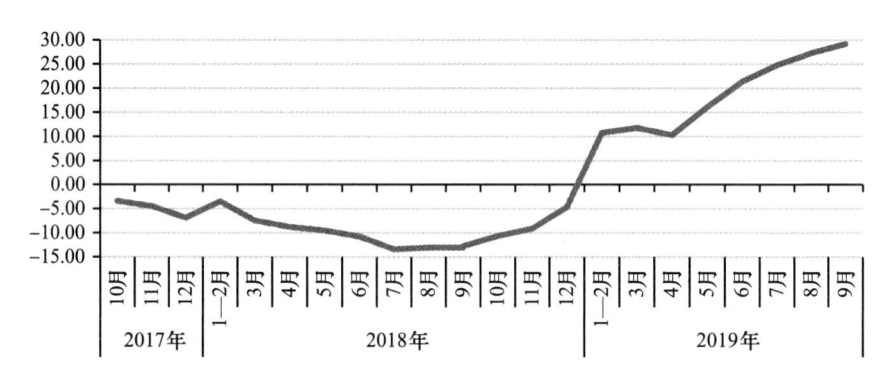

图 13　非税收入累计增长情况

数据来源：财政部。

为什么会出现非税收入增速、规模双增的情况？根本原因是为了寻找财源弥补收支缺口。在大规模减税降费政策的背景下，政府为满足支出快速增长的需要，须维持财政收入一定程度的增长，可选途径如下：一是加强征管；二是盘活财政存量资金；三是盘活政府存量资产；四是增加国有企业利润上缴。由于加强征管与减税降费降低企业税费负担的初衷相悖，盘活存量资金经过几轮之后空间有限，只能走另外两条路径。① 事实证明，前三季度我国主要是通过特定金融机构和国企上缴利润，以及多渠道盘活国有资源资产等方式增加非税收入，这两条途径增加的收入占全国非税收入额的 90%，拉高全国非税收入增幅 26 个百分点。其中，国有资本经营收入增长 3.9 倍，国有资源（资产）有偿使用收入增长 19.6%。

税收收入和非税收入结构上的此消彼长，印证了大规模减税降费影

---

① 郭庆旺：《减税降费的潜在财政影响与风险防范》，《管理世界》2019 年第 6 期。

响到财政可持续发展，尤其是地方财政为了保证可持续发展，只能通过财政收入的结构调整来减轻或消除上述不利影响，保障财政自身的可持续。

（三）财政支出快速增长，收支矛盾进一步加大

2019年1—9月，我国一般公共预算支出实现了超预算增长和超收入增长，较6.5%的预算增速高2.9个百分点，较3.3%的收入增速高6.1个百分点，且支出进度已达75.9%，快于序时进度（75%）0.9个百分点。

分支出项目看，在1—9月的十项主要财政支出中，科学技术支出、卫生健康支出、节能环保支出、城乡社区支出、债务付息支出等五项实现了两位数增长，而教育支出、社会保障和就业支出、农林水支出、交通运输支出的增速也接近10%（如表5所示）。它们共同推升前三季度一般公共预算支出以9.4%的水平高速增长。

表5　　　　　　1—9月我国一般公共预算支出分项情况

支出项目	支出额（亿元）	同比增长（%）	支出项目	支出额（亿元）	同比增长（%）
教育支出	26054	9.7	节能环保支出	4750	14.5
科学技术支出	6013	10.6	城乡社区支出	21278	12.6
文化旅游体育与传媒支出	2572	4.8	农林水支出	14484	8.7
社会保障和就业支出	23897	9.2	交通运输支出	8953	8.5
卫生健康支出	13788	10	债务付息支出	6297	13.9

数据来源：财政部。

然而，从一般公共预算收支对比来看，1—9月收支缺口约为2.79万亿元，已经超过预算所列的财政赤字2.76万亿元，收支矛盾进一步加大，要实现年度预算赤字目标，需要在第四季度加大力度增收减支。收支矛盾在地方层面更为严峻，1—9月地方一般公共预算收支缺口为74900亿元，远远超过地方财政赤字预算的9300亿元，并且收入增长速度与支出增长速度相差悬殊，后者高于前者6.3个百分点，在这种情况下，即便将已发行的16676亿元一般债券考虑进来，也远远不足以弥补地方一般公共预算收支缺口。与此同时，地方政府性基金收支也存在近万亿元的缺口，支出增速快于收入增速17.2个百分点。因此，只能寻求中央转移支付。2019年中央财政安排对地方转移支付7.54万亿元，比上年增长9%，力度为近年最大，并且截至9月末，除据实结算和应急救灾支出外，其他转移支付已基本下达完毕。此外，国务院印发《实施更大规模减税降费后调整中央与地方收入划分改革推进方案》，从保持增值税"五五分享"比例稳定，调整完善增值税留抵退税分担机制，后移消费税征收环节并稳步下划地方三个方面，明确了中央与地方收入划分改革方向，为地方缓解财政压力提供了重要的体制保障。地方政府也通过大力压减一般性支出、硬化预算执行约束、推行预算绩效评价等举措来缓解收支压力。但是，地方政府仍然感觉力不从心，对财政能否可持续发展表示担忧。

四 以财政收入为突破口缓解财政可持续之困

财政可持续包括财政运行可持续、财政功能可持续、财政政策可持续、财政体制可持续四个方面，经上文分析可知，当前我国面临的财政可持续之困在于财政运行层面，收支矛盾突出。尽管从长远来看，减税降费能够推动经济运行保持合理区间，进而可以有效地培植税源，逐步恢复税收增长速度，形成经济可持续发展和财政可持续发展的良性循环。但在当前形势下，财政运行面临着减税降费政策和经济新常态主客观两方面的减收压力，与此同时，规模庞大的刚性支出难以压减，存在着财政收支缺口扩大、增加政府债务负担的风险。由于减收压力与支出压力叠加在一起，短期内财政的统筹平衡能力受到极大考验，一旦处理不当便会影响到财政的可持续发展，进而影响到经济的可持续发展。为此，需要关注影响财政可持续的一系列问题，并从中找到突破口，有针对性地、循序渐进地采取措施，缓解财政可持续之困。

（一）影响财政可持续的一系列问题

由于财政像血液一样与国家治理的方方面面相连相通，输送着如同"氧气"一样的资金与政策，所以无论哪个层面、哪个领域发生了影响财政可持续的问题，国家治理的某个"器官"就会"缺氧"，这会导致国家治理处于"亚健康"状态，甚至会延缓国家治理现代化的全局进程。因此，需要着力保障财政的可持续发展，除了厘清财政可持续的概念，建立财政可持续的理论体系，分析财政影响自身可持续的总量性、结构性、层级性和综合性的矛盾与问题之外，还需要把握以下几个影响财政可持续的问题。

1. 提升财政收入的征管能力和深化税制改革

财税部门征集和管理财政收入的能力是财政可持续的重要支撑。在数字经济高速发展和国际税源竞争压力不断加大的今天，税收征管能力还意味着宏观数据的挖掘能力和营商环境的优化，即通过税收征管挖掘微观主体与宏观经济的基本数据，通过简化征管程序减轻纳税人负担，以更好服务经济发展，形成财政收入增长与经济增长的良性循环。此外，还需要建构可持续发展的税制体系，分析影响税收收入的因素，预测对重要税种收入的增长情况，阐释重大税制改革对财政可持续带来的影响。

2. 提升财政支出效率

要实现财政可持续发展，除了有稳定、持续的财政收入来源，还需要让有限的财政资金更为有效和更大范围地发挥作用，这就需要提升财政支出效率。财政支出是公共服务供给的基础，从公共服务的领域来看，社会保障、生态环境保护、基础设施建设、科技创新发展等领域是影响财政可持续的重中之重。

一是重视人口老龄化对财政可持续的影响。主要是体现在劳动力的减少和社会保障人口增多两个方面，劳动力供给下降必然会影响到经济增长和财政收入增长，社会保障人口增多必然会加大对公共医疗和养老服务的需求，对财政支出产生较大压力。两个方面的影响交织叠加在一起，会加剧财政收支矛盾，对财政可持续提出挑战。这便需要保证社会保险体系的可持续发展，在逐渐还清历史欠账的基础上，精准测算养老保险和医疗保险的收支缺口，关注社会保险体系的区域差异，降低社保费率对财政可持续的短期和长期影响。

二是重视生态环境保护对财政可持续的影响。"绿水青山就是金山银山"，生态环境保护是事关千秋万代的事业，必须一以贯之、坚持到底。就短期而言，生态环境的治理需要大量财政资金作为支撑，经济发展方式的转变需要财政资金作为引领，势必会形成财政支出压力。而污染企业的关停等又会造成财政收入的直接减少，无疑会影响财政可持续性。但就长期而言，更高质量和更高阶段的经济与社会发展，也会有助于财政收入的增长及财政可持续能力的增强。

三是重视基础设施建设对财政可持续的影响。基础设施建设需要的财政资金规模巨大，更需要财政支出效率的提升，这就需要高效且可持续的政府性投融资制度予以支撑。在这方面，政府与市场明确分工、清晰政府投资边界非常重要，在此基础上，需要准确测算国家对基础设施建设的投资需求，并选择高效的投融资模式，以保障政府投融资的可持续发展。目前，我国基础设施建设的重点在地方，由于地方政府债务管理体制改革之后，涌现了大量地方政府融资平台，成为影响财政可持续的重大社会关切问题，化解平台存量债务、优化平台投融资模式、推动相关配套改革是探讨政府投融资制度可持续的重点。

四是重视科技创新发展对财政可持续的影响。科学技术是第一生产力，能够带动产业的创新与发展，带动全要素生产率的提高，进而形成发展合力，推动整个经济的发展与繁荣，进而带来财政收入的增加。但是，在推动科技转化为生产力的过程中，会产生大量的资金需求，尤其是基础研究耗时长、投资规模巨大，市场主体投资意愿和投资能力不足，只能靠财政投入。同时，科技投入也存在着投入大、回报小或无回报的风险，这均会对财政可持续产生影响。

3. 保障政府债务可持续发展

政府债务是早期财政可持续关注的主题，在相关体制机制的建立完善方面已经取得了较大进展，接下来需要重点关注各级政府全口径债务可持续问题。近年来各地重点民生支出、社会公共事业发展的资金需求不断增长,一般公共服务支出的刚性增长,加之征地成本升高和债务还本付息的压力,地方政府隐性债务风险加速增长。为了实现政府全口径债务可持续,需要运用科学的方法对政府全部债务进行估算,并建立全口径债务可持续的标准,对我国各级政府全口径债务是否可持续、可持续程度等问题作出判断。对于地方政府全口径债务可持续问题,需要在化解债务风险的角度,提出风险管控与进一步完善地方政府债务管理体制的政策建议。

4. 关注和评估土地财政的可持续性

在地方政府债务管理体制改革之前,由于地方政府不能通过发债融资,地方主体税种不健全,土地出让收入成为地方财政的主体收入,也形成了"土地财政"这一特殊现象。如果在财政可持续的框架下判断土地财政的可持续性,能够得到一致的答案,即土地财政是不可持续的,源于土地资源的有限性。那么土地财政还能支撑地方财政发展多久呢?这就需要深入研究,包括以相应的指标来分析我国目前土地财政的总量和结构情况,基于现状判断和实证分析,对我国土地财政的可持续性进行衡量,并探讨地方税体系的建立健全等与土地财政相关的改革思路。

5. 落脚到经济发展

经济发展是财政之源,解决财政问题,实现财政可持续最根本的办法就是促进经济发展。经济增长的速度和经济发展的质量直接关乎财政收入的规模和质量,同时经济发展也要求财政支出在规模上的扩大和方向上的优化,为供给和需求双向发力注入动能,最终再促进更高质量的经济发展,这就在经济可持续发展和财政可持续发展之间形成总量层面的良性循环。同时,二者之间还可以形成结构层面的良性循环。因为经济结构决定税源结构,直接影响财政收入的稳定性与可持续性,而从历史经验和国际经验来看,税制结构的调整也经常成为优化经济结构的有力举措,原因是财税政策具有调整经济结构的作用,可以通过政策工具的运用满足经济结构调整的需要,这样,在经济可持续发展和财政可持续发展之间便形成了结构层面的良性循环。

除了上述对财政可持续产生重要影响的问题外,投资与消费、金融市场、居民收入差距等宏观经济问题也会间接对财政可持续产生影响。

（二）以治理财政收入低效运行为突破口

我们需要在上述影响财政可持续发展的问题中，找到一个突破口，以点带面，最终将全部问题解决，实现财政可持续发展目标。过去很长一段时间，政府更重视财政支出管理，很早就关注支出总量、结构、效益，开展财政支出绩效评价。而在财政收入一端，更多是研究税收体系的设计、税与非税的关系、宏观税负的轻重等问题，忽视了财政收入本身存在着的很多低效运行的情况。当前刚好是补上这一课的良好时机，可以发现并解决财政收入运行中的核心问题和主要矛盾，约束财政收入的规模、结构、征收以及相关制度"应该怎样"，进而为财政可持续运行找到出路。

1. 纠正财政收入与经济社会发展水平之间的偏离

当前，我国财政收入与经济社会发展水平存在一定程度的偏离。由于我国处于新旧动能转换的关键时期，经济增长速度慢下来，财政收入的增长速度必然会随之慢下来，与财政收入相关的安排应基于对经济增长进行合理预期的基础上。但是，我国制定的财政收入增长目标、财政收入预算，并不能做到与经济发展水平相适应，尤其是地方政府层面，往往是超越经济发展水平安排财政收入，经济主体税费负担较高。这容易导致以下结果：其一，财政收入预算无法成为强有力的约束，造成财政收入过度或不足。其二，为了达到财政收入增长和结构目标，财政收入存在虚增的成分，或通过某些"处理"降低非税收入占比。其三，地方间的税源竞争导致企业经常转移到税收优惠力度大的地方，造成地方税收收入不稳定，也不利于企业长远发展。为此，需要在如下方面作出努力：

一是根据经济增长的合理预期安排财政收入，保障预算法的法律权威，变预算软约束为硬约束，以法律制度遏制政府增收冲动。

二是需改变政府的政绩观，防止以经济增长的指挥棒作为政府收入最大化的动力。这样，在现实中存在的把部分政府性基金收入、部分平台公司资产处置收入、专项债券发行收入纳入一般公共预算收入的虚增收入情况，以及通过压减国库存款规模、非税收入挂账或滞留专户等方式,或者通过控制税收节奏、"打时间差"等方式,改变当期财政收入结构的问题均将被根治。同时,政府也会考虑企业长远发展,制定合理的税收优惠政策,快速扶植起产生较大税收贡献的产业。

2. 缓解减税降费政策与财政可持续发展之间的短期矛盾

从短期看,减费降税政策与财政可持续发展之间存在矛盾,前者要求财政减收,后者要求财政增收,就出现了一边减税一边增收的结果——通过行政部门收费、资产处置等方式把减少的部分补上来。这就是为什么我国减税多年,财政收入却一直保持增长的原因,事实上这背后财政收入质量一直在下降。为了缓解这一矛盾需要作出如下三方面努力:

一是认识到减税降费是一个系统工程,应整体考量财政对于减税降费的承受力,上下前后衔接好,而不是仅看财政收入数字的增长,不能简单地根据税收增长的程度推测减税降费政策效果。

二是减税降费需要考虑成本收益。包括退税成本、交易成本、其他政策执行成本的总和不能超过减税降费本身,否则就降低了政策效果。防止企业为了享受减税降费政策优惠,将企业拆分为几个小微企业,造成政策执行成本增加。

三是减税降费政策需要与金融政策统筹考虑。减税降费就是要减轻企业负担,但是企业负担也包括融资难融资贵,如果单纯降低企业税费成本而不降低金融成本,减税降费政策效果就被大打折扣,因此,减轻企业负担需要综合施策。

3. 从根本上调整我国的税制结构

由于间接税可以实现税负转嫁,会抵消减税降费政策效果,并有可能形成税负分配的马太效应,这是在我国以间接税为主体的税制结构背景下实施减税降费而内生的一个问题。为了从根本上解决这个问题,给最需要的地方减税降费,就需要从调整税制结构上做文章,提高直接税的比重,因为直接税不会出现因税收政策导致税负地区分布不均衡问题,减税精准度较高。

4. 改革"以票控税"的体制机制

充分利用现有征管技术,加强税源监管,对企业应纳税额进行准确计算，并对企业纳税申报实施监管，同时进行关联税种比对、预警指标设置。此外，还需加强部门间信息共享机制的建设，打通涉税信息的部门障碍，提高税收征管质量，促进减税降费政策全面落实。同时，防止企业通过延期开具或不开具发票达到减少纳税定额、少交税款的目的，防止企业通过收"税点"来"出售"发票，借以开发票生存。

5. 开展全方位、全流程、全层级的财政收入绩效评价

通过一系列绩效指标对财政收入规模、结构、征收效率进行标准化，可以有效提高财政收入质量，维持公平、合法、合理的税负水平，可以厘清减税降费政策的内在逻辑，在财政增收动力和减收压力之间找到最佳平衡点，进而检验政策成效，最终推动政策目标的实现。但需注意的是，绩效评价与预算挂钩并不是绩效评价结果的最佳应用，最佳应用其实是运用绩效评价结果改善财政管理，改革体制机制。也就是说，通过财政收入绩效评价对财政收入乃至财税体制改革形成外部压力，并将外部压力转化为改革的内在动力，在财税体制与财政绩效之间建起桥梁。

（三）保障地方财政可持续运行

除了以财政收入作为突破口的策略外，还需要关注财政运行可持续的薄弱环节——地方财政运行。在减税降费政策的影响下，不少地方通过变卖资产和土地出让来维持地方财政的可持续，而这样的财政可持续受制于资产和土地的有限性，最终是不可持续的。同时，还需要看到，面对减税降费的硬任务，地方税务部门必然要做好减免税、退税和统计核算工作，做到应减尽减；而面对财政的增支压力，地方税务部门又不得不加大税收的征缴力度，努力做到应征尽征。如何将减税降费与培育税源，将优化营商环境与强化税收征管有机结合起来，这是财政可持续发展的应有之义，同时也是对各级税务机关和税务人员工作能力的极大考验。为了保障地方财政可持续运行，需要明确以下问题。

1. 促进经济发展是实现地方财政可持续的根本之道

一是要继续优化营商环境，减少地方政府对企业的各种隐性干预，在"招商引资"过程中立足于地方优势，更加关注产业集聚效应和本地基本公共服务质量的提升，让企业真正能够安心舒适地投资和经营。

二是要大力缓解中小微企业面临的融资难题，实现财政金融双向发力。

三是要努力促进产学研相结合，充分发挥企业的资源优势和高校及科研机构的知识和人力资本优势，推动企业转型升级和创新发展。

四是要进一步提高"减税降费"精准度，引导各微观主体把享受到的减税优惠投入到再生产及产品研发中，以增强企业发展后劲。

2. 优化地方财政支出结构为减税降费拓展空间

一是仍需过"紧日子"，大力压减"三公"经费。虽然我国政府近几年严格控制公务员编制数量，但实践中，出于各方面需要，地方政府仍存在不少编外人员。尽管通过劳务派遣、打包入项目等方式为编外人员发放工资，不纳入相应工资科目，但实际上仍是由地方财政负担。对此，可通过减少财政供养人员规模，降低行政运行成本，为减税降费留足空间。

二是明确"三保"口径，优化支出方向。在目前的"三保"支出中，只有"保工资"口径是清晰的，而对于"保基本民生"和"保运转"的口径不太清晰。即使是"保工资"有着国家最低标准，但在地方层面上，以前年度已经提高的工资标准难以降下来，实际"保工资"压力还是很大的。而"保基本民生"和"保运转"都是非常宽泛的概念，究竟涵盖哪些支出也难以确定。因此，应该明确"三保"支出的具体口径，以方便合理安排支出结构和支出顺序。

三是取消"财政八项支出"的硬性增长要求。目前"减税降费"背景下，财政收入增速低于 GDP 增速，八项支出的增长任务超出了财政可承受能力，且各地发展水平、实际支出需求各异，强制地安排支出存在较大不合理性。因此，应当及时取消对此考核要求，让地方可以较为自主地安排支出，以更好地贴合地方实际需求，实现地方财政可持续发展。

3. 加强地方财税信息化建设，注意培养地方财税人才

我国税收征管与退税办理相当程度上还是靠人海战术，税收征管成本较高不说，且存在较大税收流失风险。[1] 同时，由于信息不对称的存

---

[1] 刘安长：《基于减税降费政策的财政可持续性问题研究》，《学习与实践》2019 年第 4 期。

在，对部分企业仍采用核定征收或定额征收的方式，也增加了税收流失的风险。为此，一是要加强财税部门与金融部门以及各支付平台的合作，充分利用大数据、人工智能等了解掌握企业和个人的业务交易情况，加大税收监控力度，做到应收尽收，从而为减税降费腾挪空间。

二是注意发掘培养既懂业务又懂技术的复合型人才，推动先进征管系统的开发与应用，努力实现税收征管的现代化。

三是打通部门间和地区间的"信息孤岛"，实现信息共建共享，以更好推动"简政放权"改革，减少审批事项，优化营商环境。

4. 推动中央与地方财政关系调整

地方财政收支矛盾并不完全是减税降费政策带来的，财政收支矛盾一直存在，只不过是大规模的减税降费政策加剧了这种矛盾而已。而地方财政收支矛盾的原因之一便是中央与地方财政关系的不合理性与不稳定性。目前，在我国现行财政体制格局下，地方政府享有较少财力却承担着重要的支出责任，央地财政关系的不稳定导致事权不断被下放，加剧了地方财政的负担。

为有效化解地方财政收支矛盾，实现地方财政可持续发展，就短期而言，在财权和事权既定划分格局下，主要是做好转移支付的文章。根据各地收支缺口大小、政策性减收程度、支出需要以及地区功能定位等因素，合理地对地方财力给予补偿。就长期而言，一方面要深化中央与地方财政事权和支出责任划分改革，理顺各级政府的财政事权和支出责任，做到权责对等；另一方面在各级政府的财政事权和支出责任合理划分的基础上，完善地方税体系等改革进行财政收入合理划分。[1] 还要将上述中央与地方财政关系调整上升至法律层面，最终实现十九届四中全会《决定》提出的"形成稳定的各级政府事权、支出责任和财力相适应的制度"。

（执笔人：闫坤　于树一）

---

[1] 杨灿明：《减税降费：成效、问题与路径选择》，《财贸经济》2017年第9期。

美国经济增长进入后半程及中国稳增长再创新成就

——2019年我国宏观经济与财政政策分析报告

2019年，世界经济在缓慢减速中度过了并不平凡的一年。中美贸易战、伊朗危机、欧日超低利率安排，成为影响2019年世界经济的三大事件，其背后则是世界经济增长动力的下滑，美国"以邻为壑""美国优先"单边经贸政策的推行，以及跨国公司在"三链"（即产业链、供应链和价值链）调整中与东道国利益的对峙等重大原因和风险。总体上看，美国主要经济指标在2019年的表现趋于分化，随着四季度主要产出指标、收益指标值的下滑，美国经济进入到整理期，随后将表现出资产市场、最终消费对经济拉动力不断增强，而生产性投资、就业增长对经济拉动力持续回落的情况，经济增长周期步入下半程。而我国则在中美贸易战的直接冲击下，保持了国内经济的平稳健康运行，"六稳"并进，"三大攻坚战"取得超出预期的成果，实体经济特别是中小微企业获得了更好的发展环境，信心重振，成为中国经济稳增长中的重要抓手和亮点。

一 美国经济运行依然稳定，后半程的特征不断显现

2019年，美国几乎是发达国家经济的一枝独秀，根据美国经济分析局（BEA）的初步数据，2019年美国经济增速达到2.3%（按现价计算，增速为4.1%），尽管比2018年回落了0.6个百分点，但总体上仍处于潜在增长区间。除经济增长保持稳定外，美国的就业和通胀指标

表现良好，轻言美国经济衰退为时尚早。但从近期的美国经济数据来看，制造业产出、收益和生产性投资增速都有所下降，经济增长更多的是依靠房地产扩张、居民消费增长来实现，资产溢价取代产出收益，居民消费取代生产投资，总体来看，美国经济进入到本轮经济增长周期后半程的特征明显。

（一）美国主要经济指标进入分化期

2019年，美国经济增速保持平稳，按不变价增速的年化值来看，四个季度的经济增速分别为3.1%、2%、2.1%和2.1%，全年经济增速为2.3%，尽管低于2018年的2.9%，但与2017年2.4%的增速基本持平。从季度运行来看，总体呈现出前高后低、平稳运行的特点，美国经济仍在经济增长周期之中，运行中的矛盾虽然逐步显现，但仍有较大的空间可供经济的惯性运行和宏观政策调整。具体来看，美国的经济指标呈现出以下特点。

1. 职工收入水平持续上升，带动居民消费能力不断提高

2019年，美国职工平均小时工资收入仍保持持续上升，相较于2018年的小时工资水平提高了2.9%（其中12月同比增速为3%），达到28.32美元/小时。按照周工作小时数34.3个小时计算，美国职工的周薪收入达到971.38美元，全年职工薪酬平均收入达到50520美元，在美国历史上首次超过5万美元。这一收入水平和增速情况，有效地保证了美国家庭的消费能力和资产投资能力。按照美国劳工统计局的习惯，我们将2019年下半年美国职工收入的情况按照环比增速进行汇总（如表1所示）。

表1　　　　　2019年下半年美国职工收入环比增长情况　　　　　（%）

月份	7月	8月	9月	10月	11月	12月
职工收入	0.1	0.5	0.3	0.1	0.5	0.3
职工可支配收入	0.3	0.6	0.4	0	0.5	0.2

数据来源：根据美国劳工统计局的数据整理。

在职工收入快速增长的推动下，美国居民的消费信心和消费能力也在不断改善。图1汇总了2019年下半年以来的美国个人消费平均增速（环比）和密歇根消费者信心指数（月末值）的情况。根据图1，我们可以明显看出美国消费支出在持续扩大，而且消费者信心指数总体处于高位的情况。持续扩大的居民消费能力和保持高位的居民消费意愿是美国经济保持稳定，并在未来一段时间内实现增长的第一个重要支撑。

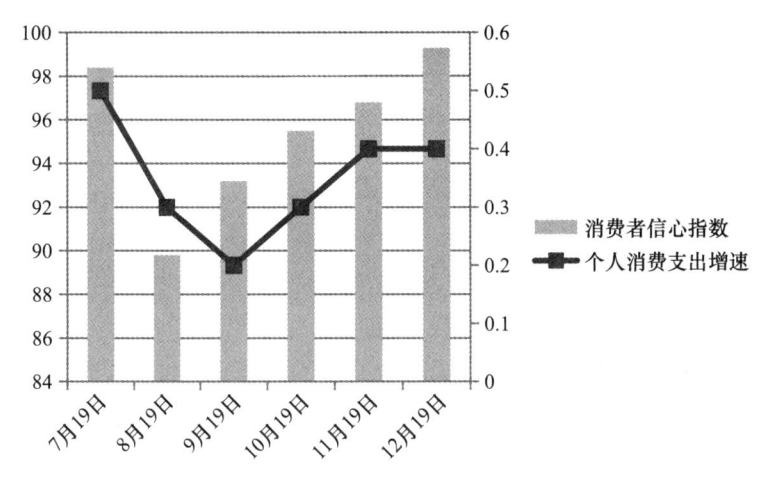

图1　2019年下半年个人消费增速（环比）和消费者信心指数情况

数据来源：根据密歇根大学数据库和美国劳工统计局数据库整理而得。

2. 制造业稳中有降，房地产快速扩张

由于美国经济分析局（BEA）对固定资产投资的数据更新较为滞后，我们很难获得符合要求的2019年相关产业的细分数据，只能按照非住宅类固定资产投资和住宅类固定资产投资情况进行大致区分和判断。2019年，美国非住宅类固定资产投资下滑1.5%，住宅类固定资产投资增长预计将超过7%，固定资产投资质量总体恶化。

从制造业的运行情况来看，美国两大权威指数对四季度的运行情况给出了截然不同的判断：据Markit制造业PMI统计，2019年9月后呈现出明显的回稳状态，但ISM制造业PMI统计却未呈现这一特点，而是继续持续回落。图 2 显示了这一特点。

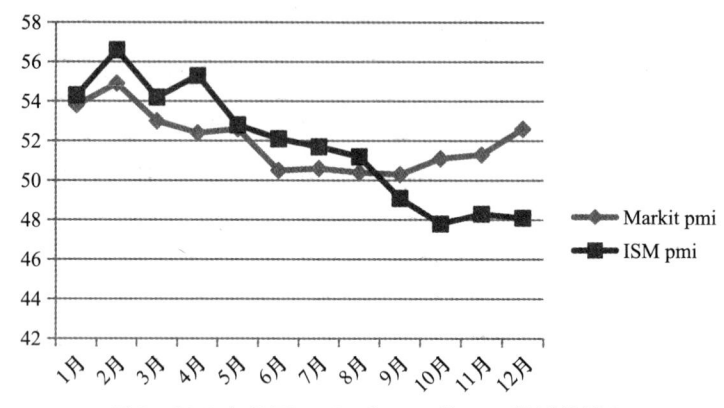

图 2　2019 年美国 Markit 和 ISM 的 PMI 统计值情况

数据来源：根据美国 Markit 和 ISM 数据库数据整理。

对于一个先行指标，我们对其差异的成因和准确度的判断也无法过多置喙，但至少说明美国经济界、企业界对美国经济的前景从前期的高度一致性，开始逐步走向分化，这也是我们对美国经济进入到增长周期后半程的重要判断依据。从运行指标来看，没有看到美国制造业显著下行的证据，但同样，也无法找到美国制造业进一步扩张的依据（如图 3 所示）。

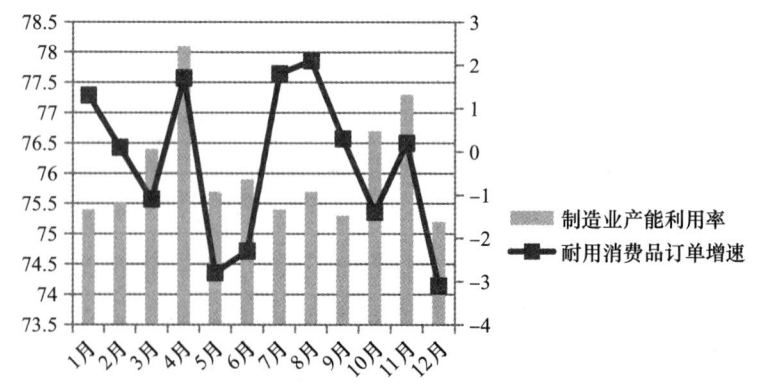

图 3　2019 年美国制造业产能利用率和耐用消费品订单增速

数据来源：根据美联储数据库和美国经济分析局数据库的数据整理而得。

根据图3，美国耐用消费品订单增速在四季度明显放缓，但全年均值保持稳定，总体无法说明美国制造业面临的发展环境恶化。而从制造业的产能利用率来看，全年最低值出现在12月份，水平为75.2%，但并没有偏离70%到80%的合意区间，考虑到累积的存量，也不能用高频数据说明美国制造业总体萎缩。所以，认为美国制造业总体衰落，并且将长期走低的判断，目前仍然是依据不足，更恰当的表述是产出能力稳中有降，产出收益开始减少，制造业新增就业能力和资产溢价能力开始下降，增长周期步入后半程的特征突出。

与制造业的数据摇摆相对应，美国房地产数据却处于高涨区，指标的一致性和指向性非常突出。2019年12月的房地产市场指数达到了76，创1996年6月以来的最高值；2020年1月指数仍高达75，是次高值。图4汇总了美国新屋开工的年化值和美国成屋销售年化值情况，可以进一步佐证房地产指数的运行趋势和判断。从图4的情况来看，2019年四季度，美国房地产市场的新开工规模和销售规模均创近年来的新高，美国经济的第二个支撑力量开始形成，成为保持美国经济高位运行，有效防范经济滑落的重要因素。

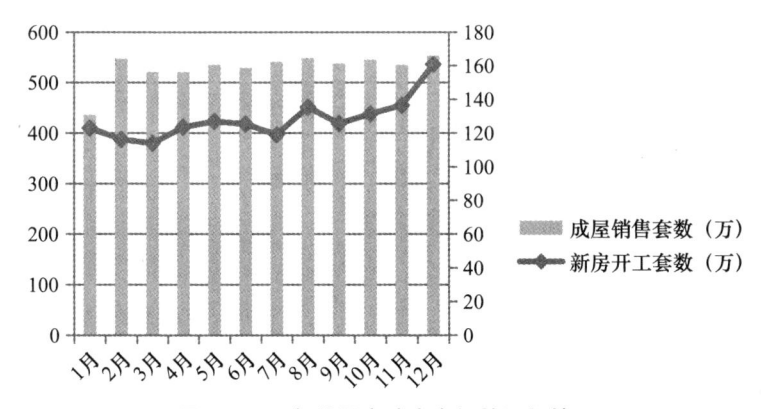

图4 2019年美国房地产市场的运行情况

数据来源：美国房地产协会数据库。

3. 物价形势总体稳定，就业形势高位稳定

美国经济在继续保持增长态势的同时，物价稳定和充分就业也取得

了较好的成绩,总体仍表现为繁荣期的特征。从目前的情况来看,美国经济依靠家庭资产负债表的惯性也可以将繁荣期持续 12 个月以上,再考虑到消费扩张、房地产活跃等因素,后半程的特点虽然显现,但经济"拐点"却并未到来。

2019 年,美国消费者物价指数(CPI)同比上升 1.8%,较 2018 年提升 0.2 个百分点。从运行情况来看,四季度的 CPI 提升明显,与全球经济回暖的关系不大,而与美国的贸易政策特别是进口政策的不断恶化关系较大。CPI 的运行情况如图 5 所示。根据图 5,2019 年 11 月和 12 月的 CPI 值均已超过 2% 的目标线,这将对美联储货币政策的运用空间构成挤压。

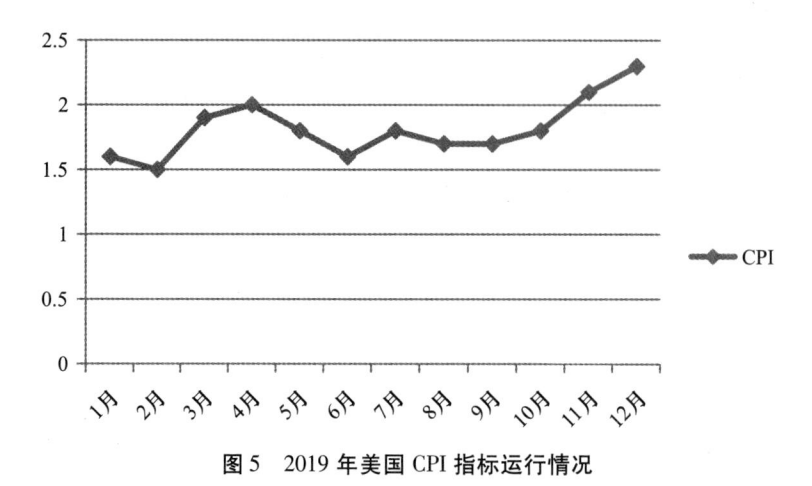

图 5　2019 年美国 CPI 指标运行情况

数据来源:根据美国劳工统计局数据库数据整理。

美国的就业情况保持着历史最好水平,体现了繁荣期充分就业的基本特征。2019 年 12 月,美国失业率降至 3.5%,登记失业人口仅为 575.3 万人,其中超过 27 周的长期失业只有 110 万人左右。图 6 汇总统计了 2019 年美国登记失业人口和失业率的相关情况。根据图 6,2019 年美国登记失业人员年末较年初减少了约 76.3 万人,在失业率低至 4% 以下的情况下,还能形成如此大的就业增长,难能可贵;而失业率也由年初的 4% 下降到 12 月的 3.5%,总体处于充分就业的状态(美联储认为存在过度就业的情况,其将充分就业区间设置为就业率在 4.5%—5.5% 之间)。

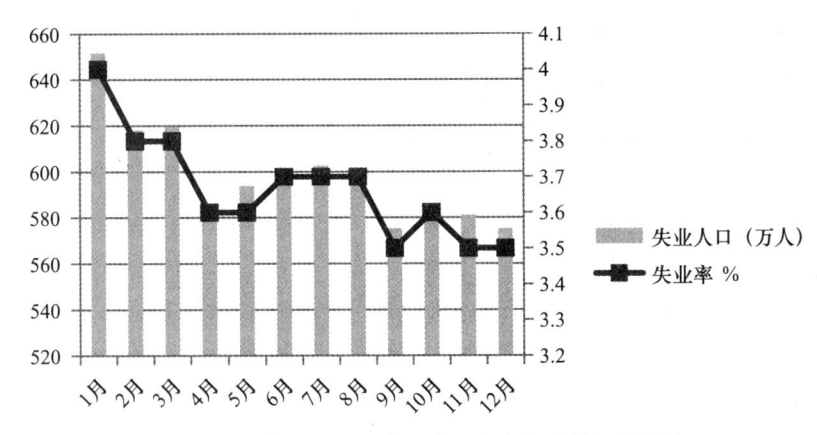

图 6 2019 年美国登记失业人口和失业率的汇总统计

数据来源:根据美国劳工统计局数据库数据整理。

结合美国职工工资的表现,我们认为美国目前的就业数据比较客观、真实,虽然在产业层面存在一些结构性的问题,如美国制造业在 2019 年新增就业人口仅为 4.6 万人,只及 2018 年 26.4 万人的六分之一,但暂时不会影响美国就业的整体形势,美国的就业结构、工资薪酬和企业收益总体匹配,目前的充分就业状态还将持续一段时间。

4. 外贸形势有所改善,但贸易条件却趋恶化

2019 年 1—11 月,美国对外贸易的出口总额达到 22956 亿美元,其中商品出口 15209 亿美元,服务出口 7747 亿美元,总体与 2018 年的情况持平(如表 2 所示);进口总额则为 28586 亿美元,其中商品进口 23121 亿美元,服务进口 5465 亿美元,总体较 2018 年的规模略有减少;而贸易差额虽仍为 5360 亿美元的巨额逆差,但较 2018 年减少了 39 亿美元,其中货物贸易逆差为 7912 亿美元,服务贸易顺差为 2283 亿美元,总体贸易形势有所改善。

表2　　　　　　　　2018—2019年的美国贸易形势　　　　　　　（亿美元）

年份	贸易平衡 合计	贸易平衡 商品	贸易平衡 服务	出口总额 合计	出口总额 商品	出口总额 服务	进口总额 合计	进口总额 商品	进口总额 服务
2018	-5669	-8064	2396	22956	15377	7579	28625	23442	5183
2019	-5630	-7912	2283	22956	15209	7747	28586	23121	5464
差额	39	152	-113	0	-168	168	-39	-320	281

资料来源：美国经济分析局数据库。

尽管美国的贸易形势在改善，但是贸易条件却在恶化。根据美国劳工统计局的数据，2019年，美国进口商品价格指数约上升了0.7%，而出口商品价格指数则下降了0.7%，从而导致美国净贸易条件的值仅为98.6（以2018年为100），净贸易条件恶化（月度数据如图7所示）。这说明，尽管美国2019年的单边贸易政策对美国的进口商品增长和商品贸易逆差起到了良好的改进作用，但并未使美国从国际贸易中获得实际的静态利益。以静贸易条件作为标准，按照2019年1—11月进出口数据中的商品贸易核算，美国出口利益损失了约105亿美元，而进口利益损失了约160亿美元，合计损失了265亿美元，而并非表面上获得的152亿美元的逆差额减少。这个数值虽然没有考虑动态因素，但从静态

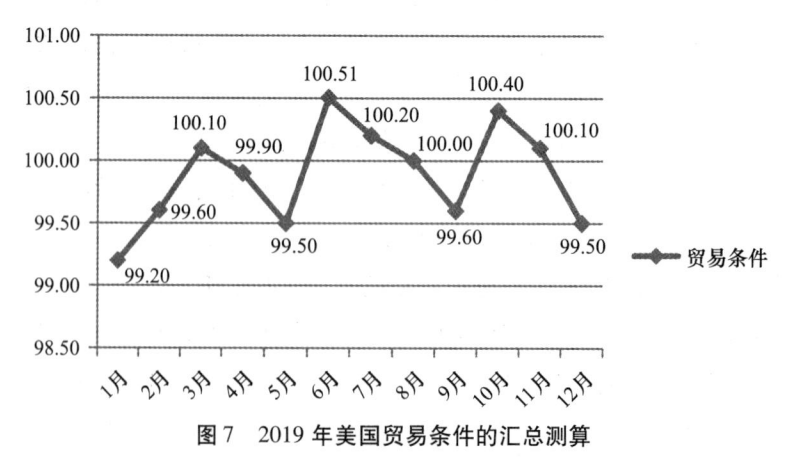

图7　2019年美国贸易条件的汇总测算

数据来源：根据美国劳工统计局数据库的数据计算而得。

的角度也足够说明,美国的单边贸易政策,只在形式上改善了所谓的逆差规模,但对于美国的消费者剩余和生产者剩余的总体福利水平,是有所降低的。

(二) 2019 年美国经济政策分析

伴随着美国经济进入到增长周期后半程的预期,2019 年美国的宏观经济政策总体保持稳定,特别是财政政策,联邦政府主要是消化吸收 2018 年减税所带来的政府财政赤字压力,在具体的国际事务、国内重大基础设施建设等领域,财政政策总体保持稳定。受到以欧元区国家和日本为代表的主要经济体进入到超低利率阶段,甚至出现了"零利率""负利率"现象的影响,美联储也开启了配合性的降息进程,却在利率曲线上形成了长短期利率倒挂的风险,压缩了美联储的货币政策空间。

1. 2019 年美国财政政策分析与预期

考虑到美国财政年度和自然年度的分离,我们分别用"X 年"来代表自然年度,而用"X 财年"(即上一年 10 月 1 日至本年 9 月 30 日)来代表财政年度。2019 年,美国政府共支出 4.45 万亿美元,其中财政赤字高达 1.02 万亿美元,较 2018 年增长 17%,较 2017 年(减税前)增长 50%。而 2019 年第四季度也是 2020 财年的第一季度,美国政府的财政收入规模为 8065 亿美元,支出规模为 1.16 万亿美元,在 2017 年税改的压力下,美国联邦政府的财政收入能力仅保持 4% 左右的增长,与名义 GDP 的水平基本同步。受到支出刚性的影响,美国 2020 财年一季度的赤字规模高达 3566 亿美元,同比增长 11.7%,美国联邦债务余额高达 23 万亿美元,约占 2019 年美国现价 GDP 的 107%,远超 60% 的安全线。

从财政政策的运行情况来看,受到 2018 财年大规模减税政策的影响,美国政府暂时无力对财政政策进行较大调整,预计在 2022 年以前,美国都将在消化 2018 财年减税所带来的赤字和债务增加中运行财政政策,政策总体保持中性。根据美国 2020 财年的预算案,可以看出,除交通基础设施建设的 1204 亿美元(占比 1.7%)之外,美国政府的财政支出重点仍在经常性支出和社会性支出(如图 8 所示)。

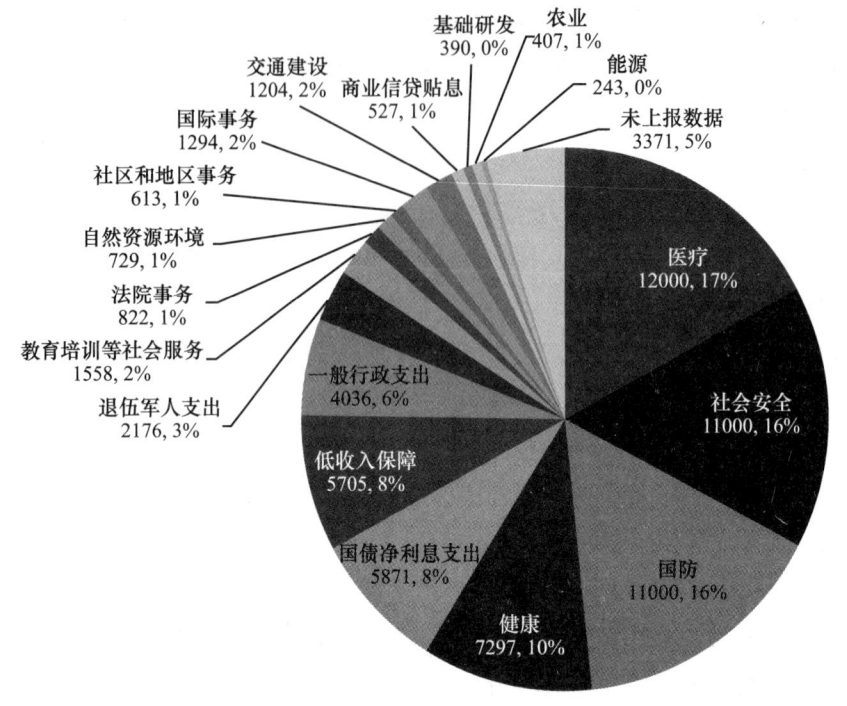

图 8 2020 财年美国联邦预算支出情况

数据来源：美国财政部数据库。

2. 2019 年美国货币政策分析及预期

2019 年 7 月 31 日，美联储在完全退出量化宽松货币政策以后的加息周期中，突然启动了降息的安排，联邦基金利率由 2.25%—2.5% 下调至 2%—2.25%。随后，美联储在 9 月 19 日和 10 月 30 日再度两次降息，将联邦基金利率的水平降低至 1.5%—1.75% 的水平，大幅度降低了融资成本，并带来了美元资金需求的快速扩张和美元资产价格水平的快速提高。截至 2019 年末，美国道琼斯指数达到 28462 点，较年初上涨了 23%，而标普 500 指数也达到了 3100 点，较年初上涨了 28.9%。这些举措有力地支持了美国的消费增长和房地产投资扩张①，从而对美

---

① 由于标普 500 指数上涨 28.9%，且美联储降息，美国股市静态市盈率上升 30.8%，所以市场认为 2019 年的美国股市上涨与上市公司的收益水平无关，更多是受到货币政策放松的推动。

国四季度的经济形势形成了良好的支撑。

美联储的降息带来了美元资产价格的上涨和美元需求量的增长，市场上的美元一度紧张，市场利率水平出现异常上升。为避免"美元荒"，美联储启动每月规模达到350亿美元的定期资产回购计划，向市场提供14天期的流动性补充，并在12月临时启动了隔夜回购操作的安排，防止年初年尾的资金过度紧张。图9汇总了2019年美国10年期国债收益率的情况，可以明显看出美联储对市场利率的干预效果。

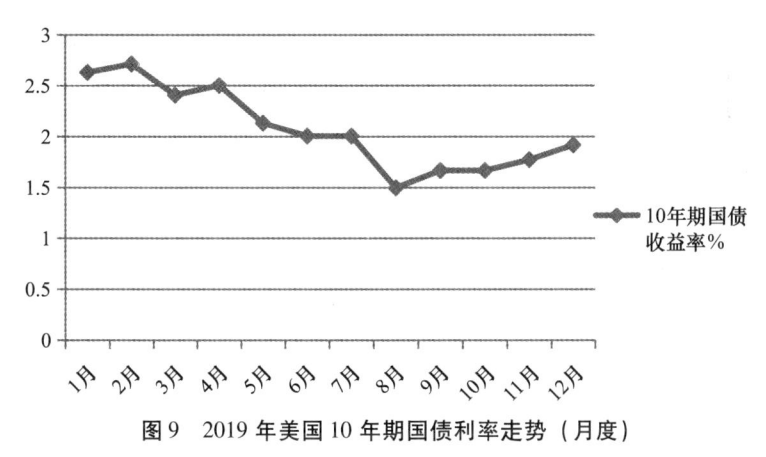

图9 2019年美国10年期国债利率走势（月度）

数据来源：根据美国财政部数据库的数据整理。

总体来看，进入到四季度以来，美联储货币政策相对宽松，对经济增长、资产市场和债务稳定的态度也比较积极，但仍然没有足够的证据证明美国的货币政策将转向降息周期，货币供给也将大幅度宽松。10月31日，美联储在议息会议的声明中明确指出，"近几个月就业增长基本稳定，失业率维持在较低水平；尽管家庭开支增长较快，但商业固定资产投资和出口仍然疲软；总体通货膨胀率和除食品、能源之外的各类商品通胀率仍低于美联储设置的2%政策目标"。这样，"鉴于全球形势对美国经济前景的影响和温和的通胀压力，美联储决定降息"。尽管美联储也承认，"美国经济前景的不确定性依然存在"，但仍坚持将降息的原因更多地归结于美国的国际责任和外部因素，而不是美国经济的内因。因此，我们无法将美联储在2019年的降息操作认为是进入到降息周期,并将持续降低利率水平和提供期限更长、规模更大的定期回购。

事实上,美联储主席鲍威尔自己也认为,美国目前的货币政策对美国国内经济形势来看是适宜的,过低的利率水平对美国经济和金融稳定是有害的,美联储无意追求超低利率的安排,保持物价形势的基本稳定和就业的合理增长依然是美联储的核心政策目标。此外,美联储对于大规模定期回购计划本身就设计了退出的时间点,从目前的情况来看,尽管市场仍高度属意定期回购计划提供的流动性支持,但美联储仍未有将该政策及其投入的资金长期化的打算。而要清晰地认识到,超低利率的状况是一种宏观经济政策和市场运行状况的扭曲结果,是需要被改善和优化的对象,并让市场机制尽快恢复到常态并有序发挥效力。

根据上述分析,我们认为美国及其他全球主要经济体超低利率运行的上半场进程已经基本结束,接下来将转入优化利率结构,形成合理的长短期利率搭配,引导金融资源流向实体经济,重视缓解并有效处置企业债务风险的下半场。这一阶段的利率水平仍将维持在低位运行,但总体上不会再采取过大幅度的降息措施,而会跟随市场利率的走势,相应地支持利率的正常波动和小幅上升。

二 我国经济存在周期性和结构性的问题交织压力

从经济运行的直观上看,我国经济总体处于下行周期,"逆周期调节"的任务依然艰巨、繁重。从表观的指标来看,我国总供给能力超过了总需求能力,表现为制造业的投资增速缓慢,新增雇佣型就业增速放缓,企业的经营性收益下降等特点;从指标间的钩稽关系来看,我国在产业、区域和金融体系上仍存在明显的结构性失衡压力,表现为金融资源配置结构与增加值的行业分布差异较大、西部地区的全要素生产率明显低于东部地区、微笑曲线"二阶导数"值进一步提高等特点;从指标的协调性和系统性来看,我国经济中仍存在较大的体制性不足,突出表现为基层政府财政收入紧张、融资成本传导不畅、要素市场配置能力不强、现代产权体系仍存在明显短板等特点。这样，本文以周期性和结构性问题为主线，通过对当前经济运行中重要节点问题进行分析，探寻我国2019年经济运行的特征与风险。

（一）我国经济下行周期压力加大，但运行亮点有所增多

从运行上看，我国经济存在下行压力仍在加大，经济的外部支撑较弱，"三驾马车"带动能力不强，一些企业经济收益下降等问题。但随着逆周期调节的政策的实施，我国经济运行中也出现了一些重要的亮点，包括：劳动生产率出现了一定程度的回升，企业创新意愿和创新能力有较明显的提高，就业形势继续保持稳定和总体改善。

1. 消费增长乏力，影响因素具有明显的长期性效应

2019年，我国的社会消费品零售总额的增速只有8%，增速水平保持中低速运行。从其构成结构来看，除了化妆品、日用品等带有"逆周期"、防通胀等特征商品保持较快增长外，其他商品的消费增长均不稳定，且总体增速水平不高。而从其渠道结构来看，典型的规模以上的流通渠道的销售额增长明显低于总体增长情况，除超市这一模式受到政策补贴激励正在加速开店布局外，百货店、专卖店等模式都呈低速增长状态，如规模以上流通企业中，百货店的销售额增速仅为1.4%，专卖店的销售额增速仅为1.5%，甚至低于同期通货膨胀的水平（同期CPI为2.5%）。从导致上述现象发生的原因来看，居民债务的快速累积是导致消费增速下降的根本原因。根据中国人民银行的数据，截至2018年年底，我国居民的宏观杠杆率达到60.4%，成为历史新高，且债务总规模达到55.5万亿元，2019年需要偿还的利息规模达到约3万亿元，而我们按照城镇常住人口计算，且设定城镇人均年收入的增速为8%，则2019年城镇居民新增收入规模约为2.6万亿元，相较于应偿还债务利息仍有约4000亿元的差距。这一情形说明两个问题：一是简单依靠提高城镇居民收入无法有效传导至消费增长；二是我国消费的中低速增长将在未来的两年内得以持续（假定居民债务不再增长，大约需要两年的时间才可以使年度新增收入达到或超过3万亿元）。

2. 固定资产投资增速放缓，投资结构不够理想

2019年，我国全社会固定资产投资（不含农户）增速仅为5.4%，增速维持在中低水平。从构成结构来看，固定资产投资增速仍主要依据房地产投资（9.9%）拉动，工业投资（制造业投资）和基础设施的投资增速仅为4.3%（制造业仅为3.1%）和3.8%，均低于平均水平。从投资的"瓶颈"来看，资金的供给保障都没有明显问题，导致工业投资增速下滑的原因主要是市场需求状况不明朗，企业缺乏设备更新改造和扩大产能的动机；而导致基础设施投资增速不及预期的原因也是因为地方政府的项目库里的项目储备不合理，公益性和准公益性的项目过多，有一定市场收益可开展市场化运营的项目过少。根据上述情况，在消费和出口形势没有明显改善的情况下，预期2020年的工业投资和制造业投资仍将保持低速增长；而随着项目库的构成调整和项目优化，预期2020年基础设施的投资力度较大，总体增速将会明显加快。

3. 进出口形势总体稳定，但出口增速明显放缓

2019年，我国货物贸易进出口总值31.5万亿元人民币，比2018年同期增长3.4%，其中，出口17.23万亿元，增长5.0%。换成美元值来看，压力则会更大一些，货物贸易进出口总值为4.58万亿美元，同比下降1.0%，其中，出口2.50万亿美元，下降0.4%。无论是人民币计价还是美元计价，从目前的情况看，进出口货物贸易总体处于"稳存量"阶段，对于贸易"增量"的获取能力显著不足，短期内倒不必过于担心，毕竟庞大的"存量"来保证我国相关产业的正常发展也是足够的，但长期的"增量"流失极易在海外形成与我国现有"存量"相直接竞争的供应链和产业链体系，一旦形成就会出现不可逆的贸易损害。这样，2020年我国仍应将美国、欧盟和日本市场的管理和拓展作为贸易工作的首位，不去追求表面上的出口地理结构多元化，而要更好地将政策形成合力，使贸易政策及其形成的政策效应更好地落在以高质量的贸易发展带动和提升中国经济增长质量的轨道上去。

表 3　　　　　　我国 2019 年对主要贸易伙伴的增长情况　　　　　　（％）

国别、地区	增速	国别、地区	增速
美国	-10.7	东盟	14.1
欧盟	8	中国香港地区	-3.2
日本	0.4	印度	1.6

资料来源：国家海关总署数据库（https：//www.cifnews.com/article/57375）。

4. 我国以制造业为主的实体经济体系正处于"去产能"和"深调整"阶段

2019 年，我国制造业企业的固定资产投资增速只有 3.1%，总体处于近年来投资增长的最低点；在产出贡献上，规模以上制造业企业的增加值增速只有 5.7%，低于同期 GDP 增速约 0.4 个百分点；而对于企业积累和利润而言，全国规模以上工业企业的利润总额下降 2.1%，营业收入利润率只有 5.91%，同比下降 0.39 个百分点。[①] 从上述指标来看，制造业运行已经进入到底部运行状态，企业必须通过对当前产能结构和产品品质的全面调整和提升，以有效控制成本、拓展市场、提升竞争力和创新力，避免底部运行持续时间过长，损害企业的积累能力，进而导致企业的存量优势下降。但在制造业的运行层面，也表现出一系列重要的亮点，说明我国制造业仍然具有良好的基础，并存在借力借势转机的条件：一是企业资产负债率为 56.9%，同比降低 0.3 个百分点，在土地等资产价格趋稳的情况下，企业杠杆率持续下降极为可贵；二是人均营业收入为 138.8 万元，同比增加 10.6 万元，说明制造业企业的生产效率正在有效提升，且具备进一步实施"机器换人"的条件；三是产成品存货周转天数为 17.3 天，同比减少 0.2 天，说明市场新订单的状况在好转，企业面对的市场空间具有进一步改善的机会和条件。

（二）四大结构性问题困扰经济发展，亟待结构性改革深入推进

2015 年以来，我国经济运行中形成了四个结构性问题，至今仍未

[①] 受到数据统计时间的影响，本处数据为 1—11 月的数据，12 月的数据暂缺。

获得有效解决，亟待我国的结构性改革的进一步推进，并以发展为前提，以社会主义市场经济体制为基础，更好地解决好我国经济的深层次结构性失衡问题。

第一，2016年以来，生产和分配关系的优化进程有所改进，但居民收入分配弹性空间明显压缩，潜在失衡压力加大。根据国家统计局的数据，2016年的初次分配结构中，企业收入（以营业盈余和折旧规模的合计值计算）占GDP的比重在2016年达到33.0%，2017年和2018年则分别达到37.2%和38.3[①]，说明政府对企业的减税政策正在发挥效果。但与此同时，2016年居民收入占GDP的比重为44.5%，2017年和2018年分别降至44.0%和43.8%，说明企业并没有向居民提供更好的分配结构，政府的减税降费对居民收入分配的直接影响也相对有限。这样，居民收入分配结构的改进情况不及预期，在居民债务保持较快增长的情况下，居民消费能力很容易被挤出，且在较长的时间内居民资产负债表难以得到有效改善。由于居民消费属于最终消费中的主体构成部分，随着居民消费增速的下降，对经济的带动能力也出现明显不足，进而导致企业的投资能力和投资意愿下降。

第二，我国的创新型产业发展较快，但是对传统产业的融合度下降，技术进步的综合带动能力较弱，总体呈现出"飞地"产业的特征。根据国家统计局的数据，2019年，我国高技术制造业和战略性新兴产业增加值分别增长8.8%、8.4%，分别比规模以上工业企业增加值增速快3.1、2.7个百分点。从运行来看，我国新兴产业的增速较快，发展势头良好。但是，高新技术制造业、战略性新兴产业的增加值增长并没有带来其他传统工业的生产效益提升和增加值改善，如关联度较大的通用设备制造业增加值增速仅为4.3%，橡胶和塑料制品业增加值增速仅为4.8%，而化学原料和化学制品制造业增加值增速只有4.7%，均表现出了这一特点。

第三，受到现代产权制度和要素市场化水平发展差异的影响，目前

---

① 国家统计局需要到2020年年中才会公布2019年的相关生产法GDP的结构数值，本处2018年即为最新数据，下同。

城乡之间仍存在明显二元结构,从而导致了产业布局、资本流入和要素流动等方面的失衡。2019年新修订的《土地管理法》将农村的三类土地产权包括其中:一是集体经营性建设用地,与城镇土地一样同权同价、同等入市;二是农村的承包地,在所有权、承包权、流转权三权分置的基础上,承包农民享有规定期限内的有限产权;三是农民的宅基地,在坚持所有权、资格权和使用权三权分置的基础上,给予农民对宅基地的用益物权。尽管农村的现代产权制度开始确权建立,但仍缺乏市场、机制、登记和支付等方面的空缺和不足,产权交易规模有限、价格发现能力明显不足、应用范围较为狭窄,从而导致了农村要素市场的发展滞后,对社会资本和优质劳动要素的引导能力明显不足,并导致现代农业的生产组织、生产方式和要素投入无法得到有效的推广和应用,形成了产业布局、资本流入和要素流动等方面的失衡。2015年以来,城乡之间的居民平均收入比出现了小幅下降,四年的比值分别为2.73、2.72、2.71、2.69,说明我国城乡居民收入差距进一步减少,发展水平的趋同性有所改善。但是,城乡居民的收入总额却没有呈现出同向的变化,2015年以来四年的总额比值分别为3.49、3.67、3.82和3.96,说明城乡之间的收入差距缩小主要与农村劳动力要素减少和农业机械化的应用有关系,城乡之间的资本积累、收入水平和消费能力的差距仍在扩大。

第四,近年来,我国以土地和房地产为主要类型的资产价格迅速上涨,而产出水平和收益水平的提升则相对有限,形成了资产溢价和产出收益之间的失衡。以新房市场为例,按照国家统计局的统计,2015年至2018年,我国新房市场的平均涨幅(每平方米售价)分别为7.4%、10.1%、5.6%、10.7%;而同期规模以上工业企业的主营业务利润率分别为5.28%、5.97%、6.46%和6.49%,除2017年外,规模以上工业企业的利润率均远远低于同期的房价涨幅。而以二手房市场来看,在一线城市市场均呈高位运行,2016年底以来,北京、上海的租售比突破了700个月,而深圳的租售比也突破了650个月,广州虽然情况较好,但也在550个月左右,这样,我国一线城市的房屋租金收益率总体维持在1.7%至2.2%之间,与同期城市商业银行实际储蓄利率水平基本相当。也即因资产价格过高,在收益率受到整体产出限制(增加值水平限制)无法有效提高的情况下,会形成资产价格(溢价)与产出收益之间的失衡。

三 财税金融运行总体平稳,净投资能力未能改善

2019年财税政策的重点是"降"和"放",以减税降费为主要手段,实现放水养鱼的经济发展目标,政策的方向是"加力"和"提效"。因此2019年财政收入的增速将会出现明显的下降,但资金的使用效果在改善,财政资金的保障和产出效益在提升。金融领域作为重大风险在当前阶段的重点领域,金融市场实现了降杠杆、降利率和降风险的"三降",为宏观经济形势的稳定和实体经济的发展以及货币金融政策的实施创造了良好的环境。从经济增长潜力和投资能力的情况来看,由于净投资能力指标仍在下行,现在轻言我国经济已经全面化解三大攻坚战,解除"三期叠加"风险还为时过早,中国经济仍将在稳杠杆、稳增长和促平衡中积蓄力量,有序提升。

(一) 减税降费成绩显著,民生保障重点突出

受到财政部数据公布的影响,我们对2019年财政收支形势总体依据1—11月的情况展开,但出于研究目的和分析需要,课题组对2019年的财政收支形势进行必要的总量预测。从总体上看,我们预计2019年我国的财政收入总额约为19万亿元,距离预算的规模相差约2500亿元,未能完成预算;而财政支出总额约为23.5万亿元,与预算基本相符;财政赤字约为27600亿元,与预算一致。收支相差的部分主要通过历年来的结余和其他渠道筹集的财政收入进行弥补。总体来看,财政收支压力较大,平衡风险较强,但坚定实现了减税降费的目标,并通过有效盘活财政存量资金和提高资金使用效率,保障了民生福祉、经济发展和社会治理各项工作的有序进行。

1. 财政收入增速不及预期,减税降费规模超出预计

1—11月累计,全国一般公共预算收入178967亿元,同比增长

3.8%，预计全年一般公共预算收入为 19 万亿元，较 2018 年增长 3.8%。其中，中央一般公共预算收入预计达到 9 万亿元左右，同比增长约 5.3%，略超过预算的规模和增速；地方一般公共预算本级收入约 10 万亿元，同比增长 3.1%，明显低于预期规模和增速。1—11 月，全国一般公共预算收入中的税收收入 149699 亿元，同比增长 0.5%；非税收入 29268 亿元，同比增长 25.4%。预计全年税收收入的规模也仅为 15.9 万亿元，非税收入规模在 3.1 万亿元，非税收入的增速创近年来的新高。

从减税降费的情况来看，总体力度超出预期。1—11 月，国内增值税收入 57948 亿元，进口增值税和消费税 14686 亿元，同比增长 2.3% 和下降 8.7%，这样，增值税总体较 GDP 的名义增速[1]的 9.9% 低约 8.7 个百分点，考虑到农产品免税、食品加工业按征收率抵免和小规模纳税人按营业收入/销售收入直接征收 3% 税率等传统优惠的影响，2019 年的增值税税率下调、增值税起征点提高等重大举措至少影响增值税增速约 8.5 个百分点，涉及的增值税税收优惠约为 5600 亿元。同样，1—11 月的企业所得税为 36888 亿元，同比增长 5.7%，这一增速较正常的企业所得税税收增速要低 3.6 个百分点，考虑到研发费用加计 75% 扣除的标准扩大到全国各行业、各区域，以及对小型微型企业的应纳税所得额的优惠标准由 100 万元/年提高到 300 万元/年，并给予更大力度的税基优惠，这样，涉及企业所得税的减税约为 1850 亿元。而 1—11 月个人所得税仅为 9502 亿元，同比下降 26.8%，相比 2018 年的情况并综合考虑专项扣除因子和起征点的影响，影响个人所得税增速大约 40 个百分点，由此而带来的税收减收约为 7350 亿元。这样，按照经验法和税基比例法进行综合测算的上述三大类收入就达到 1.48 万亿元，较预期减税规模扩大约 3000 亿元。考虑到进口关税、土地类税收和附加税收入的减少以及社会保险费用的降低，预计 2019 年减税降费的总规模在

---

[1] 由于财政收入是现价计算的，所以以名义 GDP 增速作标准更加合理。2018 年初步统计数据 GDP 值为 90 万亿元，而根据国家统计局 2019 年 11 月的修订值为 91.9 万亿元。考虑到当前仍是初步数据，我们将名义 GDP 增速按照 9.9% 来设定。

2.4万亿元左右,将年初预期的减税降费总规模扩大了4000亿元。

与往年的情况差异较大,受到二手房交易快速回落、房价进入到胶着甚至是阴跌状态的影响,2019年,我国政府性基金收入面临着较大的影响。根据财政部的数据,1—11月累计,全国政府性基金预算收入68080亿元,同比增长9.5%,预计全年政府性基金规模在8万亿元左右,同比增长6.7%。其中,最令人关注的土地出让收入约为7.1万亿元,同比增长8.5%,增速处于近年来较低的水平,更关键的是,由土地出让收入安排的支出高达7.4万亿元,连续两年出现重大收支缺口,缺口规模约为3000亿元,略低于2018年的4900亿元。

2. 财政支出稳步扩张,有效保障了民生需要和经济发展

1—11月累计,全国一般公共预算支出206463亿元,同比增长7.7%,预计2019年全年财政支出将达到23.5万亿元,增速6.5%,与预期基本持平。财政支出进度总体符合预计,而且政府支出和投资前移,有利于市场的流动性供给和投资促进。从前11个月的支出结构来看(如图10所示),投资重心主要集中在民生保障领域,约占财政支出总额的70%。此外,从增速上看,国家财政在节能环保、交通运输、城乡社区等领域的固定资产投资也有所加强(如图11所示)。

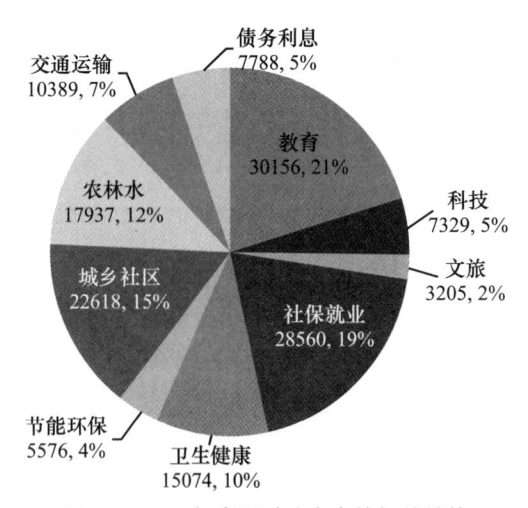

图10 2019年我国财政支出的相关结构

数据来源:财政部数据库。

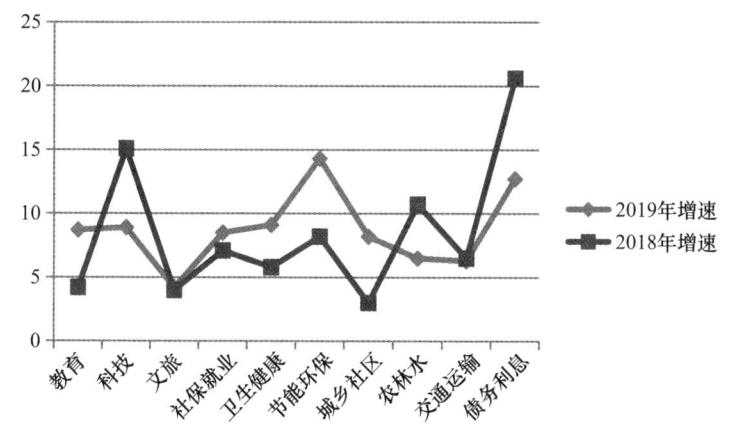

图 11　2018 年和 2019 年相关财政支出增速的比较

数据来源：根据财政部数据库的数据整理。

（二）降杠杆、降成本、降风险，货币金融政策"三降"并举

2019 年，我国金融市场的运行相对平稳，科创板市场的定价机制进一步完善，信贷配置结构进一步优化，企业融资成本稳步下降，宏观杠杆率快速上升的局面得到控制，市场对资源和要素的配置效率明显提升。

1. 宏观杠杆率增幅得到控制，金融风险有所缓解

2019 年 12 月，央行在社会融资总额的统计中，将所有的政府债券都纳入其中，即由原来的政府专项债券，扩大到国债、地方政府一般类债券和地方政府专项债券的整体，统称为"政府债券"。这样，我们用社会融资总额的存量余额，减去股权融资的存量余额，就可以得到当前社会融资中债权融资的余额。根据央行统计，2019 年 12 月末，社会融资存量余额为 251.31 万亿元，而股权融资存量余额为 7.36 万亿元，这样债权融资的存量余额为 243.95 万亿元。在宏观杠杆率的计算上，如果按照现价 GDP 核算，宏观杠杆率的值为 246%；而如果按照不变价 GDP[①]的 90.3 万亿元[②]进行核算，宏观杠杆率则达到 270%。据此比较

[①] 我国统计局在 2017 年及以后公布的均为现价 GDP，含有通货膨胀的影响；而 2016 年及以前为不变价核算，剔除了通胀的影响。

[②] 按照 2016 年实际 GDP 规模 74.6 万亿元，2017 年 GDP 增速 6.9%、2018 年 GDP 增速 6.7%，2019 年 GDP 增速 6.1% 进行测算。

国家统计局对2016年我国宏观杠杆率测算值257%，尽管宏观杠杆率仍在上升，但上升幅度得到有效控制，3年仅上升13个百分点，实际产出与新增债务之间的协调性明显改善，金融风险得到一定程度的缓解。

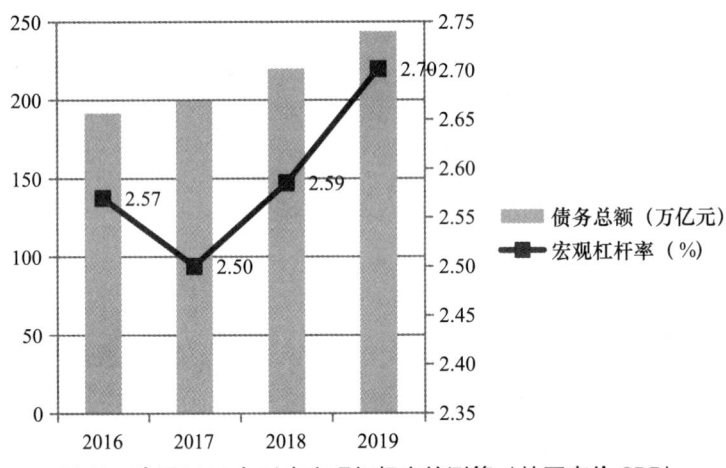

图12 我国2016年以来宏观杠杆率的测算（按不变价GDP）

数据来源：根据中国人民银行的数据库数据计算而得。

图12展示了我国自2016年以来的全社会债务总规模（含政府债务）和宏观杠杆率（按照实际GDP计算）的变化情况。从其运行规律来看，宏观杠杆率在2017年出现短暂下降之后，2018年重新转为上升，目前只是宏观杠杆率的上升幅度得到了控制，距离真正减少债务增量或余额，以及真正解决债务风险的困扰仍有相当的距离和难度。

2. 利率政策传导机制建立，企业融资成本明显降低

2019年8月，中国人民银行发布公告称，为深化利率市场化改革，提高利率传导效率，推动降低实体经济融资成本，决定改革完善贷款市场报价利率（LPR）形成机制。这是继2015年10月放开存贷款利率限制后，我国利率市场化改革向前迈进的又一重要举措。

从改革的目标和内容来看，其直接目的并不是降低市场利率水平，而是为了形成有效的利率政策传导机制，从而在央行对商业银行的利率调整以及银行间市场的利率调整后，银行对非金融机构的零售利率能够

随之变化。当然，考虑到 2016 年以来，我国事实上形成了央行贷款基准利率和市场利率的"双轨制"，LPR 改革的"单轨"方向的确可以在改革的过渡期内显著降低市场的利率水平，如 LPR 改革前，我国债务的平均收益率水平达到 5.98%[①]（2018 年的平均值），而贷款基准利率只有 4.35%，LPR 改革实施以后，8 月当月 LPR 的利率报价仅为 4.25%，随后一路下行至 4.15%，与央行利率政策操作高度一致（如图 13 所示）。

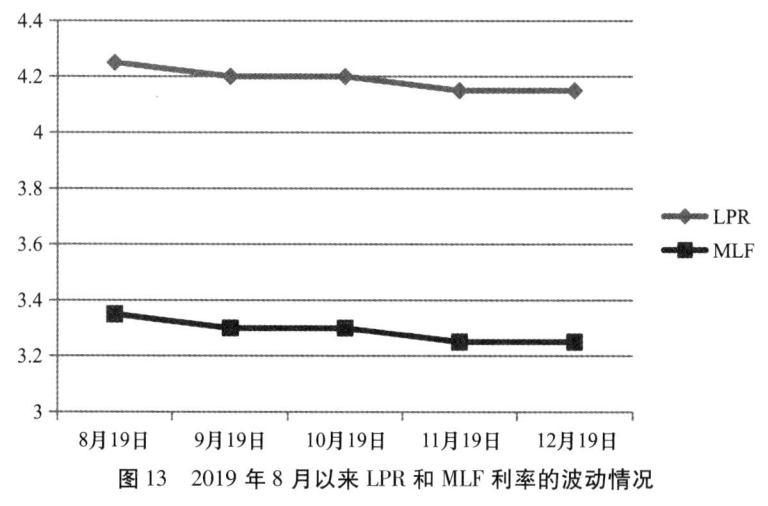

图 13 2019 年 8 月以来 LPR 和 MLF 利率的波动情况

数据来源：根据中国人民银行数据库的资料整理而得。

但就 LPR 改革本身来看，重点是传导政策意图，引导市场协调同步，并有效引进市场报价机制作为最终 LPR 利率的定价水平。根据图 13，可以明显地看出，在 LPR 改革推进以后，市场利率水平可以较好匹配央行的政策意图和中期借贷利率的调整变化。当然，在 LPR 的改革进程中，央行还综合考虑了中小银行的利益和外资银行的实际国民待遇问题，有效支持了我国金融市场的改革开放，在 LPR 的适用范围上，除了原有的大型企业等最优客户群体，将创新型中小企业、"三农"企

---

① 本处均以 1 年期的债务/贷款来进行计算。

业和城镇无房家庭购买首套住房的资金借贷成本均纳入LPR，较好地支持了中小微企业和"三农"企业的发展壮大。

市场利率水平的走低为降低企业融资成本创造了良好的外部条件。当然，除了市场利率水平的降低，2019年央行还采取了定向降准、支持商业银行发行中小企业融资专项债券、大力减少和取消企业融资过程中的不合理收费等措施；财政部也相应地对中小微企业的贷款免征贷款利息的增值税等优惠措施来降低企业的实际融资成本。根据央行的统计，2019年第四季度规模以上工业企业的平均融资成本为5.53%，较年初的5.98%有明显的下降，总降幅达到45个基点。

3. 金融市场交易量明显增大，交易效率显著提升

受到房地产市场持续上涨的影响，2019年第四季度的货币市场交易量仍在快速增长。根据央行的统计，2019年银行间人民币市场以拆借、现券和回购方式合计成交1185.01万亿元，日均成交4.74万亿元，日均成交同比增长17.9%。其中，同业拆借日均成交同比增长9.7%，现券日均成交同比增长42.9%，质押式回购日均成交同比增长15.2%。虽然货币市场成交量上升得很快，但在市场交易机制进一步完善和央行着意呵护流动性的政策下，货币市场的交易利率和成本并未上升：12月，同业拆借加权平均利率为2.09%，分别比上月和上年同期低0.2和0.48个百分点；质押式回购加权平均利率为2.1%，分别比上月和上年同期低0.19和0.58个百分点。

债券市场在部分企业"暴雷"的压力下仍然保持快速扩大，但明显存在高信用债券"挤出"低信用债券的情况。2019年，债券市场共发行各类债券45.3万亿元，较上年增长3.1%。其中，银行间债券市场发行债券38.0万亿元，同比下降0.3%，交易所的市场范围形成了一定程度的扩张。截至12月末，债券市场托管余额为99.1万亿元，债券余额与名义GDP的比例正好1:1。

12月末，上证综指收于3050.12点，较上年末上涨556.22点，涨幅为22.3%；深证成指收于10430.77点，较上年末上涨3190.98点，涨幅为44.1%。两市全年新发行股票（含增发部分）达到3500亿元，累计成交额127.42万亿，同比增长41.1%。

4. 信贷资金更多流向实体经济,但面临缺少合格抵押资产的困扰

2019年,金融机构全年新增各类贷款16.81万亿元,同比增长12.3%,同比多增6349亿元。其中,本外币企事业单位贷款新增9.36万亿元,同比多增1.35万亿元;而中长期贷款增加5.87万亿元,同比多增3897亿元。

工业贷款中的中长期贷款增速修复。2019年四季度末,本外币工业中长期贷款余额9.18亿元,同比增长6.8%,比三季度末高1.4个百分点,全年增加5912亿元。其中,重工业中长期贷款余额8.06亿元,同比增长5.8%,比三季度末高1.3个百分点,全年增加4419亿元;轻工业中长期贷款余额1.12万亿元,同比增长14.6%,比三季度末高2.6个百分点,全年增加1427亿元。

服务业贷款中,房地产中长期贷款快速增长的势头得以控制。2019年末,本外币服务业中长期贷款余额39.40万亿元,同比增长13.0%,比三季度末高1个百分点;全年增加4.45万亿元,同比多增3296亿元。其中,房地产业中长期贷款余额同比增长11.4%,总体增速水平仅略高于固定资产贷款的总体增速11.3%,信贷结构过度扭曲的情况得以改善。

普惠小微贷款保持较快增长。2019年末,普惠小微贷款余额11.59万亿元,同比增长23.1%,比上年末高7.9个百分点,全年增加2.09万亿元,同比多增8525亿元。2019年末,普惠小微贷款支持小微经营主体2704万户,同比增长26.4%,全年增加565万户,同比多增100万户。

农村贷款增速回升,农户和农业贷款增速减缓。2019年末,农村(县及县以下)贷款余额28.84万亿元,同比增长8.3%,比上年末高2.3个百分点,全年增加2.35万亿元,同比多增4103亿元;农户贷款余额10.34万亿元,同比增长12.1%,比上年末低1.8个百分点,全年增加1.19万亿元,同比多增575亿元;农业贷款余额3.97万亿元,同比增长0.7%,比上年末低1.1个百分点,全年增加714亿元,同比少增165亿元。从原因来看,农村产权改革进度偏缓,且主要产权的流动性不足是主要原因,若要商业银行等金融机构按照市场原则主动加大对农户和农业贷款的力度,仍需有效加强合格抵押资产的创造和供给。

(三) 净投资能力仍然下行，宏观经济增长压力明显

虽然金融控杠杆取得了一定程度的成效，但受到债务负担沉重、实体经济收益率水平下降、经济运行过度依赖投资等因素的影响，重大风险并未得到根本性缓解，也没有形成重大风险的有效"拐点"。突出表现在净投资能力下滑，产出收益积累不足等问题上。此外，受到中美第一阶段贸易协议达成的影响，2020年我国开放进程将加速，这一方面会倒逼我们更加注重风险管理，更好地优化业务、提升效率；另一方面也会切实加大我国企业的经营压力。

根据发展经济学的定理，净投资能力 = GDP – GDP 总消耗 – 折旧 – 当期须偿还的债务利息和必须于当期摊销的债务本金（如银行坏账）。据此测算2016年至今的净投资能力情况，且根据数据口径统一性的要求，GDP 仍按照 2016 年的不变价进行测算，则有如图14和图15所示的情形。

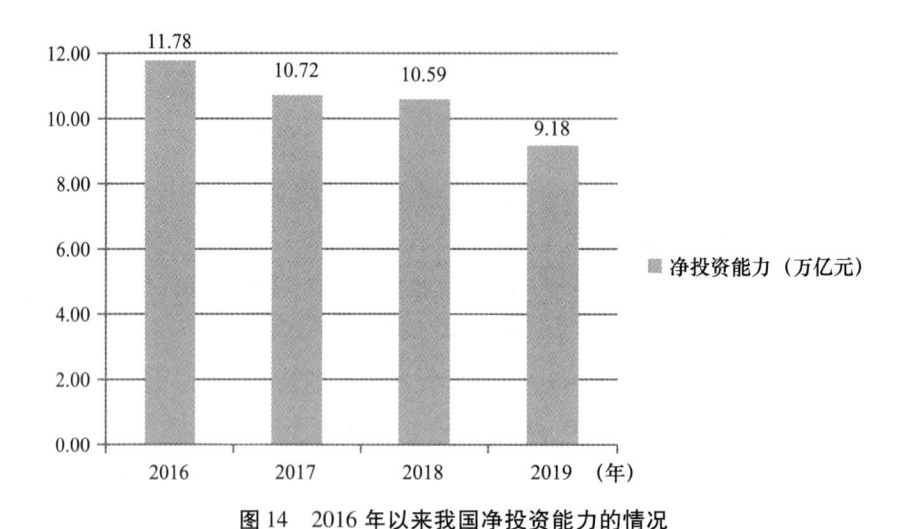

图14 2016年以来我国净投资能力的情况

数据来源：由课题组根据央行和国家统计局的数据计算而得。

根据图14所示，2016年以来，我国以实际GDP核算的净投资能力呈现出持续下降的态势，这明显意味着我国经济增长潜力和发展韧性并

未得到有效提高，宏观经济运行的稳定性和可持续性压力较大。在接下来的经济发展工作中，仍须坚持调整债务结构，使金融资源更多地配置给能够带来实际产出的领域和行业，实现在发展中真正消除和化解金融风险。

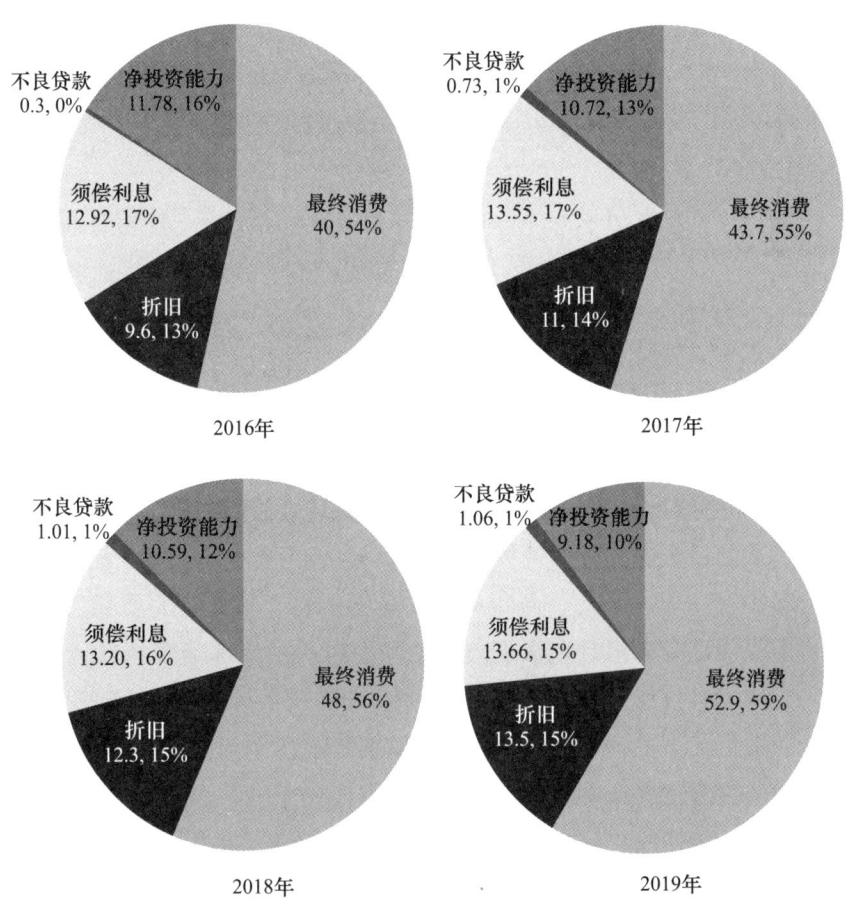

图 15　2016 年以来我国 GDP 的构成结构情况（单位：万亿元；%）

数据来源：由课题组根据央行和国家统计局的数据计算而得。

根据图 15 所示，尽管央行和财政部共同努力，使用高信用债券置换低用债券，并通过逆回购、常备借贷便利、中期借贷便利等手段来切实降低市场利率水平和企业融资成本，并支持企业债务的有序展期来避免"暴雷"或形成更多的"不良资产"。但实际上，我国债务风险的压力并没有消除，所须偿还的债务利息占 GDP 的比重虽然呈下降趋势，但在应实际偿还的债务利息规模上仍在扩张，总体由 2016 年的 12.92 万亿元，增加到 2019 年的 13.66 万亿元；不良贷款的规模也由 2016 年的 0.3 万亿元，增加到 2019 年的 1.06 万亿元。

四　应对经济下行压力挑战稳字当头实施宏观调控

2019 年 12 月 10 日至 12 日，2019 年中央经济工作会议在北京胜利召开。会议对 2019 年以来国内外风险挑战明显上升的复杂局面和我国迎难而上取得的经济社会发展的巨大成就进行了全面回顾，对在此过程中形成的主要经验进行了全面总结，针对 2020 年的经济形势给出了"全球动荡源和风险点显著增多"，"经济下行压力加大"的重要判断，并以此构建了"稳字当头"的宏观调控体系，提出了"提高宏观调控的前瞻性、针对性、有效性"的调控要求和"确保经济实现量的合理增长和质的稳步提升"的调控目标。

2020 年 1 月中下旬，新年伊始，受党中央、国务院的委托，国家卫健委高级别专家组赴武汉调查评估新型冠状病毒肺炎疫情（以下简称新冠肺炎）。随后，1 月 21 日高级别专家组成员钟南山院士接受央视专访，提出了新冠肺炎存在人传人的现象为标志，全国上下进入到以防控新冠肺炎为主要工作的阶段。1 月 23 日上午 10 时，武汉开启了对新冠肺炎阻断传播的"封城"模式；1 月 24 日，考虑到武汉与湖北其他市州的密切往来，湖北各市也陆续进入到"封城"状态；1 月 25 日，农历正月初一，中央政治局召开关于"新冠肺炎"的常务委员会会议，会议确定"把疫情防控工作作为当前最重要的工作来抓"。随后，全国各地以降低人员流动、隔离疫情传播、实施联防联控、全力救治感染患者、加强药品和物资保障工作为重点的第一阶段疫情防控和社会稳定工作随之展开。

这样，对宏观经济政策体系的设计和宏观调控框架的分析就需要基于中央经济工作会议的部署和新冠肺炎疫情防控的需要来进行展开。将中央经济工作会议确定的"稳字当头"的原则和"积极财政政策+稳健货币政策"的框架作为宏观经济政策体系的设计基础和宏观调控在2020年的"中长期"要求予以落实；与此同时，将新冠肺炎疫情防控工作作为重大突发事件和2020年的"中期管理"对象进行设计，从而将2020年经济政策的一般原则与当前及今后一个阶段的疫情防控要求有效地结合在一起，实现疫情防控、经济发展、社会稳定、人民幸福的综合目标，圆满收官"十三五"，胜利实现全面小康的宏伟目标。

（一）2020年宏观经济政策体系和宏观调控的基本框架

根据上述分析，我们将2020年的宏观经济政策体系和宏观调控的基本框架按照基础要求、构成部分（横向框架）、构成阶段（纵向框架）、政策矩阵（综合框架）来进行规划设计。具体内容如下：

1. 基础要求：积极财政政策+稳健货币政策

根据2019年中央经济工作会议的要求，2020年的宏观经济政策的基础政策仍然是财政政策和货币政策，而宏观调控的基础框架仍然是积极财政政策+稳健货币政策，并"坚持稳字当头，坚持宏观政策要稳、微观政策要活、社会政策要托底的政策框架"。这样，根据中央经济工作会议的要求，我们首先确立2020年宏观经济政策和宏观调控的四项基础要求。

（1）坚持稳字当头，宏观经济政策框架稳、方向稳、模式稳、体系稳。从当前的情况来看，国内的结构性因素和国际上的多重矛盾交织，而经济转型、结构升级和生产模式创新又需要企业有效地发挥自己的能力和潜力。因此，宏观经济政策不应过于频繁地调整，直接干预会影响市场对资源的配置，要将空间和时间交给市场，交给企业，由企业来做主、决策，并同企业一起来承担经营的成果和失败的风险。但在微观上，针对具体的企业和主体，要运用合理的手段，协助其突破关键的难关和风险点，形成对社会经济需求的有效响应机制。在社会政策上，针对市场竞争的风险和要素禀赋的差异，要建立起保障和托底制度，避免不必要的恐慌和风险情绪传递。

（2）积极的财政政策要大力提质增效。政策质量的提高和效率的提升是指更加注重政策的前瞻性、针对性、有效性，减少和降低政策成本，以及对市场不必要的扭曲。核心是要做好以下三点：一是更加注重结构调整，突出财政政策对中小企业、关键技术、短板领域和核心环节的作用，兼顾重点和全面；二是更加有效地配置财政资源，坚决压缩一般性支出，提高财政资金的使用效率，优化财政资源的配置结构；三是做好重点领域保障，集中力量实现关键领域的突破，以关键节点支撑和带动全局，坚决做好经济社会发展的保障和促进工作，支持基层保工资、保运转、保基本民生。

（3）稳健的货币政策要灵活适度。政策的灵活是指政策手段、对象和策略要保持灵活性，而不是指政策目标、机制和原则；政府的适度是指应以市场发挥决定性作用为前提，应坚持风险管理的底线思维，支持风险与收益相平衡、增长与退出相适应。要着力做好以下三个方面：一是保持流动性合理充裕，原则上不做大规模的信用扩张计划，货币信贷、社会融资规模增长同经济发展相适应，保持社会流动性的充裕稳定，避免因开工延迟和生产停滞而导致的流动性问题；二是着力推进利率市场化改革，完善资本市场的定价机制，疏通货币政策传导机制，建立融资风险发现和管理机制，降低社会融资成本；三是要深化金融供给侧结构性改革，坚持金融的本源意识和宗旨意识，增加制造业中长期融资，更好缓解民营和中小微企业融资难融资贵问题。

（4）在基础框架之外，要将财政政策、货币政策同消费、投资、就业、产业、区域等政策形成合力。也即，受到周期性、结构性和体制性问题的综合影响，我们对政策的使用不能单一化，而应有协调、成体系地使用各项政策，使政策的效力得以发挥，使政策的合力得以提升。在政策的施力方向上，要引导资金投向供需共同受益、具有乘数效应的先进制造、民生建设、基础设施短板等领域，促进产业和消费"双升级"。

2. 2020年宏观经济政策和宏观调控的"三个构成部分"

根据上述"基础要求"的内容,我们将2020年的宏观经济政策划分为三个构成部分,并构建各构成部分的"工具箱",形成2020年可供选择和使用的政策措施。具体有:

第一层次:财政、金融政策。如前所述,这属于基础性政策,既可以独立发挥作用,又可以与其他领域的政策相融合,发挥政策合力。主要的政策工具构成如表4所示。

表4　　　　　　　　财政、货币金融政策的政策工具汇总

政策名称	财政政策	货币金融政策
政策工具	财政补贴(含贴息)	再贷款(含MLF)
	政府采购(含购买服务)	再贴现
	税收政策(含收费基金等)	公开市场操作(逆回购)
	债务政策(含专项债)	利率政策(含LPR)
	股权投资政策(含PPP)	信贷政策
	政府担保和再担保	存款准备金
	国有资本管理与处置	汇率政策
	绩效管理与评价	存款保险政策
	国库管理	
	政府投资(引导)基金等	

第二层次:产业和区域政策。产业政策实际上包括两个方面:一是产业层面的支持和促进政策,如战略性新兴产业的发展支持政策等;二是企业层面的支持和促进政策,如小微企业的发展和鼓励政策等。区域政策也包括大区域政策和小区域政策:大区域政策往往是指超过一个城市范围的统一的区域政策,如成渝经济区的政策;小区域政策主要是指城市范围内部的特殊园区政策,如出口加工区、保税区等。具体的产业政策和区域政策往往要基于基础政策展开,这样就形成了如表5所示的总体情况。

表 5　　　　　　　　产业和区域政策主要政策措施汇总

政策名称	产业政策	区域政策
政策工具	产业性财政政策	区域性财政政策
	产业性金融政策	区域性金融政策
	产业性人才用工政策	区域性人才用工政策
	产业分类管理政策	区域体制管理政策
	产业专业服务措施	区域专业服务措施
	小微企业专项扶持政策	特殊园区管理政策
	高新技术企业扶持政策	区域性土地政策
	产业链扶持与生态提升政策	区域性地理标志、品牌政策

第三层次：消费、投资和贸易政策。这一类型的政策更加注重直接的政策产出效果，核心是要处理好市场在资源配置中发挥决定性作用的同时，更好地发挥政府作用。也即上述政策的立足点是完善市场体制机制，弥补市场短板瓶颈，提升市场效应效率，发挥区域的比较优势和产业的竞争优势。具体政策手段由于过繁过细，在本文中不采取直接列明的方式，而是根据具体的运行情况，坚持微观政策要活的方式进行针对性的突破和处置。

3. 2020 年宏观经济政策和宏观调控的"三个阶段"

受到"三期叠加"问题、重大风险和新冠肺炎疫情防控的共同影响，2020 年宏观经济政策的构建和宏观调控的实施需要分阶段、有重点、有步骤地展开。根据当前的情况和 2020 年经济社会发展的目标要求，大致可以分为三个阶段，即：保供应阶段、保稳定阶段、保增长阶段。

（1）保供应阶段。保供应阶段的核心是保证疫情防控所需要的各种物资的生产、物流和流通，并做到结构性匹配和系统性平衡（如不能只有口罩，而是口罩、防护服、乳胶手套、护目镜都要到位），而且供给要与实际需求匹配在一起，使真正急需的地区和人群能够获得有效而充足的保障，其他地区和人群能够获得正常的防疫保障。需要强调的是，这种供应不仅仅是生产出来，而是有效地获得，其中既要包括生产、物流、流通、保障等多个环节,也要包括信息流、物流、资金流和制度流的高度协调。

(2)保稳定阶段。在疫情得到有效控制,特别是拿出了针对性的治疗药物和方案之后,我们将进入到2020年宏观调控的第二个阶段,保持经济社会形势的基本稳定。保稳定的重点包括以下四点:一是中小企业平稳复工、复产,而不是停工、破产;二是服务业营业所需保障用品足额到位,具体全面开展生产和服务的要件;三是企业职工尤其是民营企业职工就业形势稳定,收入水平维持在合理区间;四是全球供应链和产业链上的相关企业尽快开工,避免因长时间停工而导致的国际产业链转移或是供应链替代等问题。

(3)保增长阶段。2020年是"十三五"规划的收官之年,也是全面建成小康社会的关键之年,完成各项发展任务,确保人民生活水平的有序提高是2020年经济社会发展的重要目标。在疫情得到全面控制和有效化解之后,宏观经济政策应快速转向保增长、促发展。核心的重点有:第一,扩大基础设施投资,带动产出增长和全社会总需求的增加;第二,以服务消费为重点,扩大和提升消费;第三,有效推动中美经贸协议第一阶段成果的履行,加强供应链管理和维护,确保不脱链、不转移;第四,适当容忍通胀压力,严格控制房地产等资产投资和价格波动,快速修复年度居民资产负债表,支持实体经济复产、扩产,有效带动就业增长。

4. 政策矩阵:2020年宏观调控基本框架和政策重点

根据前述分析,我们以宏观经济政策的构成部分作为横向指标,以宏观调控的阶段划分作为纵向指标,形成了如表6所示的政策矩阵模型。

表6　　　　　2020年宏观经济政策与宏观调控基本取向矩阵

指标	财政货币政策	产业区域政策	消费投资贸易
保供应	降低融资成本,保障流动性,减税降费,返还存量,加大政府采购	重点支持疫区治疗,全面防控;医疗器械、保障物资和生活必需品	保持消费平稳;支持企业保障任务产能扩张;加大医药及用品进口

续表

指标	财政货币政策	产业区域政策	消费投资贸易
保稳定	中小企业定向降准，降低社保负担，加大信用性、设备类贷款，扩大政府担保、贴息	支持非重点疫区的中小企业复工复产，有序推动职工返程，实施重点园区保障方案	支持扩大服务消费；扩大公共卫生设施投资；鼓励相关产业园区的特色产品出口扩张
保增长	完善政府投资体制机制，实施投资抵税安排，优化贷款结构，适度扩大流动性供给	重点支持重点企业、核心企业创新扩产，创新产业组织模式，改进和提升人才就业政策	支持扩大耐用消费品；扩大基建投资；以供应链和产业链为重点扩大出口

根据表 6 的内容规划，我们按照保供应、保稳定、保增长三个阶段的不同要求，将 2020 年的宏观调控政策予以设计和呈现。

（二）保供应阶段的宏观经济政策与宏观调控要点

保供应阶段主要是指在疫情的暴发期、发展期，为应对疫情蔓延，为治疗工作争取宝贵时间而实施的政策。这一阶段主要集中于 2020 年的 1 月下旬至 2 月，约 40 天的时间。保供应的核心目标和总体要求，我们按照三个层次的政策划分，提出相关的政策建议。

1. 财政政策要点

（1）对于餐饮、零售业全面实行增值税进项留抵退税政策。对于受到疫情严重影响的餐饮、零售等服务业企业，不再区分 2019 年 4 月 1 日之前还是之后形成的进项留抵，建议一次性退回给企业；此外，应简化现有申请及审批流程，缩短退税时间。对于 2019 年 4 月 1 日之后形成的进项留抵，不应再有六个月期限和退税金额限制，建议在特殊时期当月申报次月退回。取消或大幅简化现有申请及审批流程，缩短退税时间。

（2）推迟 2019 年企业所得税汇算清缴申报缴纳截止期，推迟申报缴纳三个月，对于疫情严重的地区可根据具体情况进一步延期。

（3）综合考虑职工收入结构，针对防控疫情期间所取得的加班费、全勤奖、绩效奖，以及政府提供的特定补贴等收入，减免疫情期间员工个人所得税。

（4）对参加防控疫情保供应的企业，减免 2020 年残疾人就业保证金、地方政府基金、政府规费等，如河道费、水利基金等。

（5）针对疫情期间的费用包括工资、福利费、水电费及房租，考虑到上述费用事实上成为企业的净损失，应允许150%加计扣除，并可延后至法定弥补亏损期间享受。

（6）对于企业、个人等向各级政府民政部门、卫生部门捐赠用于防护疫情的现金和实物，简化取得捐赠票据的要求（如直接捐赠医院、企业或个人的情况），并允许在缴纳所得税前全额扣除。

（7）针对疫情期间报废的原材料等物资，明确增值税进项税无须转出，企业所得税给予150%加计扣除，并可延后至法定弥补亏损期间享受。

（8）全面落实银发［2020］29号文件，对央行确定的名单制管理的疫情保供应企业的贷款给予50%的贴息安排；政府出资的担保和再担保机构要降低担保收费，取消反担保要求，对国家融资担保基金的再担保收费标准予以减半。

（9）建立保障性物资（含医疗保障、生活保障、生产防护保障）的国家收储制度和援助制度。及时公布保障性物资国家收储的清单、价格、规模和操作方法，解决企业扩产、转产和提升产品质量标准的后顾之忧。

2. 货币金融政策要点

（1）保持流动性合理充裕。继续强化预期引导，通过公开市场操作、常备借贷便利、再贷款、再贴现等多种货币政策工具，提供充足流动性，保持金融市场流动性合理充裕，维护货币市场利率平稳运行。

（2）提高2020年1—2月的法定存款准备金的容忍度。在1月上旬已经全面降准的情况下，央行应对1月下旬和2月存款准备金的考核提升容忍度，避免特定区域、特定机构的流动性异常波动。

（3）实施名单制管理，加大对疫情防控相关领域的信贷支持力度。在疫情防控期间，对生产、运输和销售应对疫情使用的医用防护服、医用口罩、医用护目镜、新型冠状病毒检测试剂盒、负压救护车、消毒机、84消毒液、红外测温仪和相关药品等重要医用物资，以及重要生活物资的骨干企业实行名单制管理。中国人民银行通过专项再贷款向金融机构提供低成本资金,支持金融机构对名单内的企业提供优惠利率的信贷支持。

(4) 主动服务相关防控单位和行业,提供全方位的金融支持和保障。金融机构要加强与有关医院、医疗科研单位和相关企业的服务对接,提供足额信贷资源,全力满足相关单位和企业卫生防疫、医药用品制造及采购、公共卫生基础设施建设、科研攻关、技术改造等方面的合理融资需求。

(5) 支持金融机构进行全系统和企业内部的整体协调和资源调动,为疫情严重地区提供更多更好的金融保障。金融机构要通过调整区域融资政策、企业内部资金转移定价、市场内部联合金融服务、实施差异化的绩效考核办法等措施,提升受疫情影响严重地区的金融供给能力。

(6) 为受疫情影响较大的地区、行业和企业提供差异化优惠的金融服务。对受疫情影响较大的批发零售、住宿餐饮、物流运输、文化旅游等行业,以及有发展前景但受疫情影响暂遇困难的企业,特别是小微企业,不得盲目抽贷、断贷、压贷。对受疫情影响严重的企业到期还款困难的,可予以展期或续贷。通过适当下调贷款利率、增加信用贷款和中长期贷款等方式,支持相关企业战胜疫情灾害影响。

(7) 完善受疫情影响的社会民生领域的金融服务。对因感染新冠肺炎住院治疗或隔离人员、疫情防控需要隔离观察人员、参加疫情防控工作人员以及受疫情影响暂时失去收入来源的人群,金融机构要在信贷政策上予以适当倾斜,灵活调整住房按揭、信用卡等个人信贷还款安排,合理延后还款期限。对感染新冠肺炎或受疫情影响受损的出险理赔客户,金融机构要优先处理,适当扩展责任范围,应赔尽赔。

(8) 提高疫情期间金融服务的效率。对受疫情影响较大领域和地区的融资需求,金融机构要建立、启动快速审批通道,简化业务流程,切实提高业务办理效率。在受到交通管制的地区,金融机构要创新工作方式,采取在就近网点办公、召开视频会议等方式尽快为企业办理审批放款等业务。

(9) 发挥金融租赁特色优势。对于在金融租赁公司办理疫情防控相关医疗设备的金融租赁业务，鼓励予以缓收或减收相关租金和利息，提供医疗设备租赁优惠金融服务。

3. 产业区域政策要点

本部分的政策内容，有多处与财政政策、货币金融政策的内容趋同，虽然角度不一样，但政策实质和目标是一致的。因此，对于趋同的内容，我们就不做重复性的分析，主要着力于一些新的政策建议。

（1）2019年上缴工会经费100%返回企业，并加大2020年工会经费企业返还比例；或者就2020年工会经费以企业实际支付额度（疫情物资等采购金额）作为缴费依据，从而鼓励企业将更多的工会经费用于员工的疫情防护上。

（2）降低企业的社会保障压力和负担，避免当前过大的现金流挤出。建议允许企业缓缴养老保险、失业保险和工伤保险，缓缴期6个月；并根据疫情期间的实际情况，阶段性地下调社会保险的缴费基数，加大中央财政对养老保险、全国社保基金的支持力度。

（3）人社部门根据就业优先政策的要求，加大失业保险金结存余额部分资金的使用管理。在疫情防控期间，阶段性地将政策重点由扩大新增就业，转向稳定就业存量，根据企业的现实压力和切身需求，给予稳岗津贴补助。

（4）降低企业用工约束，增加企业用工灵活性管理。主要包括以下四个要求：一是延长综合工时审批的时效，明确在岗位性质不变的情况下，延长一次申请的生效期，建议统一按年计算综合工时；二是开放重点企业申请综合工时和不定时工时的绿色通道，简化办理手续，缩短审批时间；三是明确开放门店全部岗位的年度综合工时申请审批，确保以法人公司为单位的综合工时批件在法人公司所辖门店的工作城市内均有同等合规效力；四是取消非全日制每天不得超过4小时的要求，允许各地社保机构为非全用工单独缴纳工伤保险。

（5）对在疫情期间感染新冠肺炎的个人创业者，对于创业担保贷款可展期一年，并继续享受原定标准的财政贴息支持。

4. 消费、投资和贸易政策要点

（1）对疫情严重影响期间，保证生产防疫物资和供应居民日常生活物资销售的企业给予企业或员工补贴。超市企业为了保证所有居民的蔬菜粮油等民众生活，也与医护人员一样的工作，参照医护人员津贴发放模式，根据商超等流通行业在落实"保供应"的实绩，给予超市企业或员工适当的补助，帮助企业渡过难关。

（2）支持医疗设备、防护用品的生产和流通，对在此过程中形成的新产能、新产品、新技术予以适当的补贴、贴息和政府购买。对运输企业、流通企业在此过程中增加的体温检验、防疫防护等设备予以支持和补贴。

（3）将重要保障品的运输企业、流通企业纳入相关防护用品的优先供应单位，确保一线工作人员得到有效防护，安全高效地开展劳动和服务，切实保障居民生活和社会必需品的供给。

（4）加大对相关医疗器械、医疗防护用品、相关医疗专利技术、相关病毒抑制性和治疗性药品的进口力度，实施简化、高效和低成本的进口管理安排，对涉及的进口环节税收比照实验室与高新技术设备和关键原材料的进口政策予以优惠。

（三）保稳定阶段的宏观经济政策与宏观调控要点

保稳定阶段应在疫情得到控制，疾病能够治疗的时期，大致为2020年的3—5月期间。保稳定的关键是中小企业稳定、就业形势稳定、保障物资与生产经营相平衡、出口供应链稳定。根据上述四个方面的要求，本阶段的政策我们建议如下：

1. 财政政策要点

（1）针对疫情期间坚持营业的保供应企业，特别是与居民生活和防疫保障直接相关的餐饮企业、运输物流企业、零售企业和酒店企业等，给予新业务、新模式开发补贴和保供应实绩情况的一次性奖励。

（2）对于疫情严重地区（如湖北省）的企业，考虑到疫情对企业生产经营的影响至少为40天的时间，约占全年的九分之一，严重影响企业利润水平，建议2020年企业所得税减半征收。

（3）根据重点保供应企业在此期间增加的设备、运输工具等固定资产投资，允许对该类扩大产能购置设备的固定资产投资在税前一次性扣除，不再受500万元的上限限制。

（4）因疫情影响遭受重大损失，纳税人缴纳城镇土地使用税、房产税确有困难的，经税务机关核准，减征或者免征城镇土地使用税、房产税。

（5）根据疫情消退后的情况，考虑企业在疫情期间的贡献和产生的实际成本和重大损失，进一步增补保供应企业名单，扩大名单制支持的范围，财政根据新增名单的情况，补贴企业疫情期间的银行贷款利息。

2. 货币金融政策要点

（1）重点加大对制造业的信贷尤其是中长期贷款的支持。考虑到制造业用工带有封闭性、稳定性的特点，可考虑允许制造业集中的地区，在确保疫情可防可控的情况下，加速相关员工返程安排，尽快恢复生产。推动金融机构根据企业的复工情况，以制造业为重点增加制造业中长期贷款投放。

（2）支持开发性、政策性银行加大信贷支持力度。国家开发银行、进出口银行、农业发展银行要结合自身业务范围，加强统筹协调，合理调整信贷安排，加大对市场化融资有困难的防疫单位和企业的生产研发、医药用品进口采购，以及重要生活物资供应企业的生产、运输和销售的资金支持力度，在支持疫情防控的同时，全力支持国内相关产业体系和稳定机制的完善。

（3）稳妥开展金融市场相关业务。金融机构要合理调配人员，稳妥开展金融市场相关交易、清算、结算、发行、承销等工作，加强流动性管理与风险应对。要合理引导投资者预期，确保金融市场各项业务平稳有序开展。对受疫情影响较大地区的金融机构，要保持正常业务往来，加大支持力度。

（4）加大电子支付服务保障力度。支持银行业金融机构、非银行支付机构在疫情防控期间，采用远程视频、电话等方式办理商户准入审核和日常巡检。鼓励清算机构、银行业金融机构和非银行支付机构对特定领域或区域特约商户实行支付服务手续费优惠。银行业金融机构、非银行支付机构要强化电子渠道服务保障，灵活调整相关业务限额，引导客户通过电子商业汇票系统、个人网上银行、企业网上银行、手机银行、支付服务 APP 等电子化渠道在线办理支付结算业务。

3. 产业区域政策要点

（1）重点人员流出、流入城市要逐步解除有劳动雇佣合同，人员流向明确的劳动者的流动限制。按照先保供应行业、本地制造企业、关键制造企业、产业链生态企业、生产性服务企业、生活性服务企业的顺序来安排员工返程、员工接入、员工防疫和员工投产。

（2）延长与国有企业签订合同履行期限。对已与国有企业签订合同的中小企业，确因疫情影响，无法按时履行合同义务的，可以适当延长合同履行期限，具体延长期限由双方协商后重新确定。国有企业要按照合同约定按时足额支付相关款项，不得形成新增逾期拖欠。

（3）支持设立创业孵化基地、园区运营补贴。对在疫情期间为承租的中小企业减免租金的省级创业孵化示范基地、示范园区，给予三个月期限的运营补贴，补贴标准可考虑为减免租金总额的 30%—40%，所需资金采用存量调整、结构优化的方式进行安排。

（4）缓解企业用能成本压力。对中小企业生产经营所需的用电、用气、用水等，实行"欠费不停供"措施。疫情结束后三个月内，由企业补缴缓缴的各项费用。

（5）稳定企业劳动关系。企业因受疫情影响导致生产经营困难的，可以与职工集体协商，采取协商薪酬、调整工时、轮岗轮休、在岗培训等措施，保留劳动关系。

4. 消费、投资和贸易政策要点

（1）全力支持扩大服务消费。重点是在疫情防控期间形成的在线服务、隔离服务、协同服务等。此外，在疫情得到有效控制的情况下，尽快支持部分生活服务业的恢复与发展，既降低企业压力，又满足公众需求，并有效提升企业职工收入，防范通货膨胀。

（2）扩大公共卫生基础设施、保障设施和生产能力的投资。调整地方政府原定的固定资产投资方案，坚持市场化和保障性并重的原则，适度鼓励公共卫生生产能力的投资，并通过收储、援助的方式形成对 25% 左右的过剩生产能力的消化。要将公共卫生基础设施、保障设施按照信息化、物联网、云服务的理念进行补短板、提效益、创新模式。

（3）在疫情可控的情况下，按照地区出口加工区、开发区、自贸区的产业发展需要，鼓励相关产业园区的特色产品出口扩大。尽快供应国际市场，确保在市场中的地位和话语权，确保现行供应链模式的稳定，避免不必要的外贸损失和压力。

（四）保增长阶段的宏观经济政策与宏观调控要点

保增长阶段是疫情已经基本消退，存量感染者的数量大幅度减少，死亡率大幅度降低的情况下，以快速恢复经济的产出能力、效益提高能力、就业保障能力和技术创新能力为目标的政策促进和支撑要求。这一时间应为 6 月以后至年底。

1. 财政政策要点

（1）扩大赤字规模和专项债规模。全力支持地方政府在大幅度降低税费的情况下，对公共服务、市场运行和企业运转的支持能力和资源调动能力，较大幅度地增加政府债务收入，并适度增加债务资金的灵活性和针对性。建议全年赤字按照名义 GDP 的 3.3% 安排，较 2018 年的赤字规模增加约 8000 亿元，有效弥补公益性投资的缺口；全国专项债进一步扩大规模，达到 3.3 万—3.5 万亿元，重点支持公共卫生项目的产能投资、基础设施投资和研发平台投资等。

（2）深入推进减税降费。重点着力于三个方面：一是探索进一步降低增值税税率的条件和空间，建议制造业在 13% 税率的基础上，再降低 1 个百分点至 12%；交通运输业、建筑业等原征收 9% 税率的行业，再降低 1 个百分点至 8%；二是原征收 6% 的企业，视其在疫情防控中的贡献和受到的损失，可以将原加计 10% 计算进项的范围进一步扩大，并将 10% 的加计扣除比例进一步提高到 20%；三是延长 2020 年到期的企业以前年度可弥补亏损 1—2 年，以缓解 2020 年企业的营利压力，并保证企业加大产出扩张能力。

（3）加大基础设施的投资力度。受到消费压力、房地产稳定压力和出口压力的影响，2020 年面临总需求不足的压力。政府应通过扩大专项债、一般债，并同时加大 PPP 和其他基础设施投融资的力度，在弥补短板、扩大有效需求的同时，支持产业链较长、拉动能力较大、投资乘数较为明显的企业尽快投产、复工。建议 2020 年的基础设施投资按照 20 万亿元的投资规模进行设计，并通过乘数效应进一步扩大其扩张和带动能力。

（4）全面实施预算绩效管理，提升财政资金的使用和产出效率。从财政职能来看，是进行财政资金管理和使用的政策手段，而从宏观调控来看，则是要提升财政资金的产出效率和效益。打通财政资金管理使用和财政资金产出效益的关键政策节点就是资金的绩效管理。2020 年要全面实施预算绩效管理，将其范围扩大到整个部门、一级政府，将其对象扩大到基本支出、政策运行等方面。

2. 货币金融政策要点

（1）货币政策坚持稳健的方向不变。尽管面临各种风险和压力，但 2020 年货币政策的基本立足点仍然不是刺激经济增长，而是保持市场环境的包容、稳定，支持市场在资源配置中的决定性作用，支持企业的自主决策、自主经营和自担风险的安排。建议 2020 年的货币政策目标顺序调整为充分就业、经济增长、物价稳定和国际收支平衡。

（2）货币供应量保证充裕平稳。2020 年的货币供应量考虑到市场的周转速度大幅度放缓，可以采用再贷款或公开市场操作的方式，向市场中注入 14 天期到 3 个月期的流动性供给，以弥补市场流动性缺口；但不宜大规模同时使用中期借贷便利（MLF）和降准的安排。建议全年降准 4 次，一是全面降准 2 次，除 1 月外，6 月的经济全面启动和稳增长也是一个重要的契机；二是定向降准 2 次，一次针对制造业，一次针对中小微企业。预计全年新增流动性（M2）供给在 20 万亿元左右，比 2019 年新增长 25%，与名义 GDP 的比例为 198%，与 2019 年水平基本相当，符合稳健货币政策的要求。

（3）坚持推进利率市场化改革，降低企业的融资成本。根据疫情过后我国企业的流动性情况，要全力支持企业债务展期、续期工作，确保流动性供给稳定。这样，适当引导市场利率下行就是货币政策的正常选择。但考虑到同期的物价形势和汇率稳定性要求，市场利率的调整不宜过大过快，可以考虑随着货币供应量的变化而有效引导，如适度调低中期借贷便利（MLF）的利率，进而引导市场最优贷款利率（LPR）的持续下降。此外，全面清理企业融资中的不合理收费和其他附加费用负担，减少不必要的金融环节，在利率之外，切实降低企业的融资成本和负担。

（4）加强小微企业、民营企业等重点领域信贷支持。在保增长阶段，金融机构要围绕内部资源配置、激励考核安排等加强服务能力建设，继续加大对小微企业、民营企业支持力度，要保持贷款增速，切实落实综合融资成本压降要求，支持企业扩大产能、改善质量、创新工艺。

（5）提高债券发行等服务效率。要优化公司信用类债券发行工作流程，鼓励金融机构线上提交公司信用类债券的发行申报材料，远程办理备案、注册等，减少疫情传播风险。对疫情较重地区金融机构和企业发行的金融债券、资产支持证券、公司信用类债券建立注册发行"绿色通道"，证券市场自律组织对拟投资于防疫相关医疗设备、疫苗药品生产研发企业的私募股权投资基金，建立登记备案"绿色通道"，切实提高服务效率。

3. 产业区域政策要点

保增长阶段的产业区域政策的核心是要着力推动高质量发展。具体政策建议包括：

（1）坚持巩固、增强、提升、畅通的方针，以创新驱动和改革开放为两个轮子，全面提高经济整体竞争力，加快现代化经济体系建设。

（2）狠抓农业生产保障供给，加快农业供给侧结构性改革，带动农民增收和乡村振兴。要加快恢复生猪、禽蛋、蔬菜和粮食生产，做到保供稳价。

（3）深化科技体制改革，加快科技成果转化应用，加快提升企业技术创新能力，发挥国有企业在技术创新中的积极作用，健全鼓励支持基础研究、原始创新的体制机制，完善科技人才发现、培养、激励机制。全面支持开始新特药品、医疗设备、医疗器械的研发和制造，积极参与国际大科学工程，逐步形成和提升我国的创新能力。

（4）支持战略性产业发展，支持加大设备更新和技改投入，推进传统制造业优化升级。要落实减税降费政策，降低企业用电、用气、物流等成本，有序推进"僵尸企业"处置。要健全体制机制，打造一批有国际竞争力的先进制造业集群，提升产业基础能力和产业链现代化水平。要大力发展数字经济。

（5）更多依靠市场机制和现代科技创新推动服务业发展，推动生产性服务业向专业化和价值链高端延伸，推动生活性服务业向高品质和多样化升级。加快建设养老服务体系，支持社会力量发展普惠托育服务，推动旅游业高质量发展，推进体育健身产业市场化发展。

（6）加快落实区域发展战略，完善区域政策和空间布局，发挥各地比较优势，构建全国高质量发展的新动力源，推进京津冀协同发展、长三角一体化发展、粤港澳大湾区建设，打造世界级创新平台和增长极。要扎实推进雄安新区建设，落实长江经济带共抓大保护措施，推动黄河流域生态保护和高质量发展。要提高中心城市和城市群综合承载能力。

4. 消费、投资和贸易政策要点

（1）全力支持扩大消费，引导消费结构有序升级。核心要做好三个方面的扩大消费：一是以耐用消费品为重点，扩大消费规模，尤其重视功能性家电、家装和搬运工具的需求，根据疫情之后的居民消费惯性进行顺势引导；二是完善流通渠道，弥补流通短板，尤其要重视支持本次抗疫中商超和餐饮企业的短板，重点加强社区商超的建设、餐饮外卖网络建设和电子支付体系建设等；三是建立和完善国家储备制度，有效加强储备管理，使储备与风险，储备与生产，储备与居民消费相衔接、相匹配。

（2）全面加强基础设施建设。要着眼国家长远发展，加强战略性、网络型基础设施建设，推进川藏铁路等重大项目建设，稳步推进通信网络建设，加快公共疫情防控和自然灾害防治重大工程实施，加强市政管网、城市停车场、冷链物流等建设，加快农村公路、信息、水利等设施建设。

（3）以保障供应链安全、维护产业链完整、实现价值链管理为重点，完善和提升我国的外贸战略。对外开放要继续往更大范围、更宽领域、更深层次的方向延伸，加强外商投资促进和保护，继续缩减外商投资负面清单。推动对外贸易稳中提质，引导企业开拓多元化出口市场。要降低关税总水平，并结合国内的关键需求，对相关重点领域和重点产品实施零关税策略。

（执笔人：闫坤　张鹏）

参考文献

1. 习近平：《中国共产党第十九次全国代表大会报告》，2017年10月18日。
2. 《中央经济工作会议在北京举行，习近平李克强作重要讲话》，新华社，2018年12月20日。
3. 习近平：《深化金融供给侧结构性改革增强金融服务实体经济能力》，新华网，2019年2月23日。
4. 李克强：《2018年政府工作报告》。
5. 中国人民银行：《关于进一步强化金融支持防控新型冠状病毒感染肺炎疫情的通知》（银发〔2020〕29号），中国人民银行网站，2019年1月31日。
6. 财政部：《关于2018年中央和地方预算执行情况与2019年中央和地方预算草案的报告》，新华社，2019年3月18日。
7. 《中共中央政治局4月19日召开会议，习近平主持》，央视网，2019年4月19日。
8. 《中共中央关于坚持和完善中国特色社会主义制度 推进国家治理体系和治理能力现代化若干重大问题的决定》，2019年10月31日。
9. 中央经济工作会议《公报》，2019年12月12日。
10. 《中央经济工作会议在北京举行 习近平李克强作重要讲话》，新华社，2019年12月12日。
11. 《2018年中央经济工作会议公报》，新华每日电讯，2019年12月21日。
12. 中共中央政治局常务委员会：《研究新型冠状病毒感染的肺炎疫情

防控工作》，新华社，2020 年 1 月 25 日。

13. 中共中央政治局常务委员会：《研究加强新型冠状病毒感染的肺炎疫情防控工作》，新华社，2020 年 2 月 3 日。

14. 白重恩、钱颖一、谢长泰：《中国的资本回报率》，《比较》2007 年第 28 期。

15. 郭庆旺：《减税降费的潜在财政影响与风险防范》，《管理世界》2019 年第 6 期。

16. 刘安长：《基于减税降费政策的财政可持续性问题研究》，《学习与实践》2019 年第 4 期。

17. 闫坤、张鹏：《积极财政政策如何加力提效》，《经济日报》2019 年 1 月 3 日。

18. 杨灿明：《减税降费：成效、问题与路径选择》，《财贸经济》2017 年第 9 期。

19. 中国社会科学院经济所：《全球降息潮与央行未来政策》，《经济走势跟踪》2019 年第 67 期（总第 1955 期），http：//www.sohu.com/a/342248288_786236。

20. 财政部数据库（http：//www.mof.gov.cn/zhengwuxinxi/caizhengshuju/）。

21. 国家统计局数据库（http：//data.stats.gov.cn/）。

22. 国家商务部数据中心（http：//data.mofcom.gov.cn/）。

23. 国际货币基金组织（IMF）专题出版物（https：//www.imf.org/external/chinese/）。

24. 中华人民共和国海关总署数据库（http：//www.customs.gov.cn/customs/302249/302274/302275/index.html）。

25. 中国人民银行数据库（http：//www.pbc.gov.cn/diaochatongjisi/116219/index.html）。

26. 美国经济分析局数据库（https：//www.bea.gov/）。

27. 美国劳工统计局数据库（https：//www.bls.gov/）。

28. 美国财政部数据库（https：//home.treasury.gov/）。

29. 美联储数据库（https：//www.federalreserve.gov/data.htm）。

30. 美联储联邦公开市场委员会（FOMC）2018年6月政策会议纪要。
31. 日本总务省统计局数据库（http://www.stat.go.jp/）。
32. 日本财务省贸易统计数据库（http://www.customs.go.jp/toukei/index.htm）。
33. 欧盟委员会数据库（https://ec.europa.eu/commission/index_en）。
34. 万得数据服务。
35. 彭博数据服务。